Read & Think
ITALIAN

PREMIUM Second Edition

Read & Think
ITALIAN

PREMIUM Second Edition

The editors of
Think Italian
magazine

Mc
Graw
Hill
Education

New York   Chicago   San Francisco   Athens   London   Madrid
Mexico City   Milan   New Dehli   Singapore   Sydney   Toronto

1 2 3 4 5 6 7 8 9 10   QFR   21 20 19 18 17

ISBN   978-1-259-83633-6
MHID   1-259-83633-9

e-ISBN   978-1-259-83634-3
e-MHID   1-259-83634-7

McGraw-Hill Education books are available at special quantity discounts to use as premiums and sale promotions, or for use in corporate training programs. To contact a representative, please visit the Contact Us pages at www.mhprofessional.com.

McGraw-Hill Education Language Lab App

Audio recordings for select readings (see page 207 for full list) and flashcards for all glossary lists are available to support your study of this book. Go to www.mhlanguagelab.com to access the online version of this application. Also available for iPhone, iPad, and Android devices. Search "McGraw-Hill Education Language Lab" in the iTunes app store, Google Play or Amazon App store for Android.

Contents

Tradizione

Celebrazione

Biografia

Costume

Le Arti

Storia

Geografia

Gastronomia

Introduction

Read & Think Italian is an engaging and non-intimidating approach to language learning. A dynamic at-home language immersion, *Read & Think Italian* is intended to increase Italian fluency while teaching you about life and culture in Italian-speaking countries.

This language learning tool is designed to build on and expand your confidence with Italian, presenting vocabulary and phrases in meaningful and motivating content emphasizing all four language skills: reading, writing, speaking, and understanding the spoken language.

Read & Think Italian brings the Italian language to life! Our diverse team of international writers is excited about sharing the language and culture with you. Read a travel narrative from Rome and a documentary on Umbrian hill towns. Discover the best markets of Capri with our insider tips, and explore the architecture on the colorful streets of Florence. And don't forget, while you are enjoying these intriguing articles, you are learning Italian.

Read & Think Italian is used by educators and students of all ages to increase Italian fluency naturally and effectively. Using this as a complement to classroom study or as a self-study guide, you will actively build grammar and develop vocabulary.

The cultural information provided in each chapter helps readers develop a deeper understanding of the traditions and cultures in Italian-speaking countries, which creates greater interest and ultimately success with learning Italian.

Read & Think Italian accommodates a range of skill sets, from beginning to advanced:

• **Beginning:** We recommend that the student have the equivalent of one semester of college- or high school–level Italian. Your previous experience with Italian may have been through studies at a private or public school, self-study programs, or immersion programs. *Read & Think Italian* will allow you to immerse yourself in the language and the culture, and your understanding of sentence structure and use of verbs will be reinforced.

• **Intermediate:** As an intermediate student, you will learn new vocabulary and phrases. You will notice increased fluency and comprehension. You will also learn nuances about the language and the culture as you experience the authentic writing styles of authors from different countries.

• **Advanced:** The advanced student will continue to gain valuable information, as language acquisition is a lifelong endeavor. The diverse topics from a team of international writers offer you the opportunity to learn new vocabulary and gain new insight into the language and the people.

Whatever your current skill level, *Read & Think Italian* is an effective, fun, and accessible way to learn Italian.

Experience the enthusiasm that comes with learning a new language and discovering a new culture. Read, speak, enjoy . . . think Italian!

Guidelines for Success

Read & Think Italian is divided into chapters guiding you through the cultures and traditions of different Italian-speaking countries. At the end of each chapter is the "Test your comprehension" section. This section encourages development of reading comprehension and the understanding of written Italian in different voices.

It is not necessary for you to read *Read & Think Italian* from start to finish or in any certain order. You can read one chapter at a time or pick an article or chapter that is of particular interest to you. You can complete the test questions by article or by chapter. This flexibility allows you to go at your own pace, reading and re-reading when needed. The high-interest articles encourage enthusiasm as you study, making the material more enjoyable to read.

• Read through the article to get the general idea of the story line. Do not get frustrated if the first time through you do not fully understand the vocabulary.

• After you gain an understanding of the article, read through the story again and focus on vocabulary that is new to you. Notice how the vocabulary is used in context.

• Practice reading the article aloud.

• If you have access to an audio recorder, practice recording the articles or ask a fluent speaker to record them for you. Listen to the recording and notice how your listening comprehension improves over time.

Repeat, Repeat, Repeat! This is especially important for memorizing important parts and forms of words. Sometimes only active repetition will secure your memory for certain hard-to-retain items. Frequent vocal repetition impresses the forms on your "mental ear." This auditory dimension will help you recognize and recall the words later. With *Read & Think Italian* you have the opportunity to repeat different learning processes as often as you'd like and as many times as you want. Repeat reading, repeat listening, and repeat speaking will aid in your overall success mastering the Italian language.

Custom Bilingual Glossary

A custom bilingual glossary is provided next to each article to facilitate ease and understanding while reading in Italian. With uninterrupted reading, comprehension is improved and vocabulary is rapidly absorbed.

Every article contains new grammar, vocabulary, and phrases as well as repetition of previous vocabulary and phrases. The repetition throughout the articles enhances reading comprehension and encourages memorization. The articles are written in different perspectives. Most articles are written in third person while some are written in first person. This change of voice allows you to recognize verbs as they are conjugated in different tenses.

Italian instructors often recommend that students "create an image" or associate foreign words with something familiar to enhance memorization of new vocabulary. As you are learning new vocabulary with *Read & Think Italian*, however, you will not have to create these images. The images will be automatically created for you as the story unfolds. Take your time as you are reading and imagine the story as it is written, absorbing the new vocabulary. If a vocabulary word is particularly difficult, try focusing on an image in the story that the word represents as you say the word or phrase aloud.

Verbs in the glossary are written first in their conjugated form as they appear in the article, followed by their infinitive form.

For example: **aprono (aprire):** they open (to open)

dobbiamo (dovere): we must (must, to have to)

Test Your Comprehension

The test questions provided at the end of each chapter are designed to further develop your reading comprehension skills and ensure your overall success with Italian. In addition to determining the general meaning of the article by word formation, grammar, and vocabulary, you will also learn how to use context to determine meaning. Understanding context allows you to make educated "guesses" about the meaning of unfamiliar words based on the context of a sentence, paragraph, or article. Answers are provided at the end of the book and within each chapter.

About the Author

Read & Think Italian is based on articles from *Think Italian*, an online language learning membership published monthly by Second Language Publishing. The writers for *Think Italian* are native Italian speakers, including college and high school Italian instructors, travel experts, and journalists. Articles in this book were coordinated and compiled under the direction of Kelly Garboden, founder and editor-in-chief of Second Language Publishing. For membership information for *Think Italian* visit: www.thinkitalian.com.

Read & Think
ITALIAN

PREMIUM Second Edition

Cultura

Caffè cultura

Se andate in Italia e **incontrate** un italiano, **quasi sicuramente**, **vi invita a prendere** un caffè, espresso naturalmente! Il **rito** del caffè per gli italiani è molto importante: li accompagna in tutti i momenti della loro **giornata**, dalla **mattina alla sera**.

La mattina **al risveglio** si prepara **subito** la macchinetta e **dopo** qualche minuto in **cucina si diffonde il profumo**, l'aroma inconfondibile del caffè. **Spesso** prima di **cominciare** a **lavorare** si fa una capatina al bar per prendere un altro espresso: un'altra dose di energia per **affrontare la giornata**. **Se volete conoscere** più a fondo gli italiani dovete assolutamente **andare** al bar **la mattina presto**; **vedete** il barista occupatissimo a preparare numerosi tipi di caffè: ristretto (molto concentrato), doppio (due caffè in una **tazzina**), macchiato (con una **goccia di latte**), in **tazza**, al vetro (in un **bicchierino di vetro**), corretto (con un po' di liquore) e molti altri. Le richieste sono moltissime e molti sono anche i **modi di berlo**: senza **zucchero**, con molto zucchero, con zucchero dietetico, con zucchero di canna, ecc.

Il caffè **torna anche a pranzo**: in casa, preparato con la **fedele** macchinetta moka o con la più moderna macchina per l'espresso, e fuori al ristorante o al bar, **seduti** o **in piedi ma sempre bevuto in un sorso**. Il caffè, infatti, deve essere preparato al momento, ma anche bevuto subito, **altrimenti** che "espresso" è?! Attenzione però: preparato al momento ma anche **con molta cura**! Un bravo barista deve, infatti, **sapere** la quantità **giusta** del caffè macinato, **scegliere la miscela migliore** e scegliere anche la tazzina giusta: la tazzina ha un ruolo molto importante, deve avere determinate caratteristiche per **poter gustare** un buon espresso. **Ma niente paura**: chi non è esperto può frequentare l'Università del caffè, perché in Italia il caffè è cultura!

Italiani: casa e chiesa?

Capita spesso di **sentir parlare** degli italiani come di un **popolo** profondamente cattolico. **Non si può certo negare** che quasi tutti gli italiani sono stati **battezzati** e **cresimati**, così come non si può negare che la grande maggioranza si considera cattolica.

D'altra parte, nelle città di oggi i riferimenti **sono aumentati a dismisura** e il peso della religione, **nella vita di tutti i giorni**, non è più **lo stesso**. **In altre parole**, italiani cattolici sì. Profondamente cattolici, non più. Il punto è che nell'Italia del **dopoguerra**, l'Italia rappresentata ironicamente dai **personaggi** di Guareschi, Don Camillo e Peppone, il **prete** e il **sindaco** (comunista) rappresentavano le due visioni del **mondo**. Nell'Italia del terzo millennio, è impossibile **pensare** a un conflitto così semplice e **sembra quasi assurdo** immaginare una vita "**casa e chiesa**", **perché** gli **spazi** sono troppo **ampi** e **contorti**, gli stress sono più complessi, le **ambizioni** sono **spesso irraggiungibili** e la **fiducia** – anche verso un prete (figuriamoci verso un sindaco) – è estremamente fragile. Peraltro, la graduale e costante riduzione dei matrimoni in chiesa e la **crescente crisi** delle vocazioni testimoniano la **perdita di carisma** della religione cattolica, **dovuta anche**, ma non solo, ai gravi danni d'immagine all'intero mondo ecclesiastico **procurati** dai recenti scandali.

Detto questo, **Tg1 e Tg5**, i telegiornali più visti d'Italia, continuano a trasmettere ogni giorno un servizio di trè o quattro minuti sulla giornata del Papa, anche quando non dice o fa niente di nuovo. **Inoltre**, i partiti politici non prendono mai una decisione rilevante **senza** prima chiedere all'amico **più in alto in carica** al Vaticano **cosa ne pensa** la Chiesa. **Insomma**, mentre il cattolicesimo **perde forza** per strade e vicoli d'Italia, la chiesa cattolica mantiene il peso di sempre **nei corridoi del potere**.

---

capita spesso (capitare): it often happens (to happen)

sentir parlare: to hear it said

popolo: people

non si può certo negare: it can't be denied

battezzati (battezzare): baptized (to baptize)

cresimati (cresimare): confirmed (to confirm)

sono aumentati (aumentare): have increased (to increase)

a dismisura: out of proportion

nella vita di tutti i giorni: in everyday life

lo stesso: the same

in altre parole: in other words

dopoguerra: postwar period

personaggi (personaggio): characters

prete: priest

sindaco: mayor

mondo: world

pensare: to think

sembra (sembrare): it seems (to seem)

quasi assurdo: almost absurd

casa e chiesa: home and church

perché: because

spazi (spazio): spaces

ampi: wide

contorti: twisted

ambizioni (ambizione): ambitions

spesso irraggiungibili: often unreachable

fiducia: trust

crescente crisi: increasing crisis

perdita di carisma: loss of charisma

dovuta anche (dovere): also due to (to be due to)

procurati (procurare): provided (to provide)

detto questo: that said

Tg1 e Tg5: *News, Italian channels 1 and 5*

inoltre: moreover, furthermore

senza: without

più in alto in carica: in the highest position

cosa ne pensa (pensare): what do people think (to think)

insomma: in a word, in short

perde forza (perdere): loses strength (to lose)

nei corridoi del potere: in the corridors of power

Il mammone

paesi (paese): countries
fino a: until
qualche anno fa: some years ago
intere: whole
vivevano sotto lo stesso tetto: lived under the same roof
parecchie: a good many
trovare: to find
genitori (genitore): parents
figli (figlio): children
nonni (nonno): grandparents
zii (zio): uncles, aunts
nipoti (nipote): grandchildren
condividevano (condividere): shared (to share)
pastorizia: sheep breeding
davano una mano (dare): gave a hand (to give)
portare avanti: to carry out
dal più piccolo al più anziano: from the youngest to the oldest

fosse scritto (scrivere): it was written (to write)
proprio: own
dettata dalle (dettare): dictated by the (to dictate)
posto di lavoro: job
infatti: indeed, as a matter of fact
costretti (constringere): compelled (to compel)
rimanere a carico dei: to stay dependent on
anche oltre: even beyond
a volte: sometimes
persino dopo: even after
essersi sposati: getting married
disponibilità economica: disposable income

secondo: according to
studi (studio): studies
intrapresi (intraprendere): undertaken (to undertake)
compresi (comprendere): included (to include)
tra: between
accudiscono (accudire): look after (to look after)
Regno Unito: United Kingdom

In Italia, come in molti **paesi** europei, **fino a qualche anno fa**, si trovavano **intere** famiglie che **vivevano sotto lo stesso tetto** da **parecchie** generazioni. Non era raro **trovare genitori**, **figli**, **nonni**, **zii** e **nipoti** che **condividevano** la stessa casa. Questo in genere accadeva nei piccoli paesi rurali che vivevano di agricoltura e **pastorizia**. Tutti **davano una mano** a **portare avanti** la famiglia **dal più piccolo al più anziano**.

Il concetto della famiglia italiana, molto unita, quasi come se **fosse scritto** sul **proprio** DNA, in realtà oggi è più una necessità **dettata dalle** difficoltà da parte dei giovani di trovare un **posto di lavoro**. **Infatti** molti di loro sono **costretti** a **rimanere a carico dei** propri genitori **anche oltre** i 30 anni. **A volte persino dopo essersi sposati** continuano a condividere la stessa casa perché non hanno la **disponibilità economica** di comprarne una. Questo fenomeno è più evidente nella parte sud dell'Italia.

Secondo studi intrapresi dal 1998 al 2000 l'85% degli uomini italiani **compresi tra** i 18 e i 33 anni vivono con i propri genitori. Mentre il 45% dei nonni **accudiscono** i propri nipoti. Questa percentuale è più del doppio di quella degli Stati Uniti, della Francia, della Gran-Bretagna e del **Regno Unito**.

Comodità o necessità? In Italia il termine più comune per definire questi giovani che ancora **dipendono dalla propria** famiglia è "mammone" termine che deriva da "mamma" e che indica l'incapacità di un figlio di **staccarsi** dalla propria madre. Oggi sono pochi i giovani che **optano per** questa **scelta** volontariamente, **purtroppo** la **scarsità** di lavoro, gli **stipendi bassi**, il costo della vita sempre più alto, **non consentono** a volte di poter sopportare le **spese** di gestione di una casa in proprio, di un'automobile e del **vitto**. **Pertanto** sono costretti a condividere le spese con i propri genitori, che se da una parte sono **felici** di **vivere** con i propri figli, dall'altra si sentono mortificati perché non vedono prospettive di indipendenza per loro.

E' normale infatti che un genitore **si auguri** per il proprio figlio di **andare avanti** con la propria vita di raggiungere dei propri obiettivi, **magari** di **cambiare città**. Questa co-dipendenza **invece** sta portando ad un fenomeno ben più grave del mammismo, e cioè sta creando i così detti "bamboccioni" cioè giovani che non vogliono **assumersi nessuna responsabilità**, che vivono di notte e dormono di giorno, che **non aspirano ad** avere una propria famiglia e che **finchè** ci sono i genitori a **provvedere** alle **loro** necessità **tirano a campare**.

dipendono dalla (dipendere): (they) are dependent on (to be dependent)
propria: own
staccarsi: to let go
optano per (optare): (they) opt for (to opt)
scelta: choice
purtroppo: unfortunately
scarsità: scarcity
stipendi bassi: low wages
non consentono (consentire): (they) don't allow (to allow)
spese: expense
vitto: food
pertanto: therefore, hence
felici: happy
vivere: to live

si auguri (augurarsi): wishes for (to wish for)
andare avanti: to carry on
magari: maybe
cambiare: to change
città: city
invece: however
assumersi nessuna responsabilità: to take no responsibility at all
non aspirano ad (aspirare): do not aspire to (to aspire)
finchè: until
provvedere: to provide
loro ... tirano a (tirare): (they) . . . aim to (to aim)
campare: to get by

CULTURE NOTE

Italian families maintain strong bonds over generations. Children, after leaving home to establish new families, maintain strong relationships with their parents. Usually they live very near to one of the two parental families, make daily telephone calls to their parents, and visit them weekly. Their relationships with their parents typically display strong reciprocal support and exchanges, including childcare, care of the elderly and ill, help with economic troubles, loans, and advice. One of the main characteristics of Italian families is the strong intergenerational solidarity that allows Italians to overcome difficulties, find jobs, look after children, and ask for loans in situations in which the family network provides what, in other Western countries, is granted by public or private institutions. This sense of connectedness explains the great relevance that family as an institution assumes in Italian culture.

Stereotipi: veri o falsi?

Ancora oggi, quando si **parla** degli italiani, c'è qualcuno che **recita il solito ritornello**: "Mafia, pizza, mandolino". **Altri fanno riferimento a** gli spaghetti, al romanticismo o alla **moda**; **talvolta** citano l'eccessiva **gestualità**, **l'essere rumorosi**, il talento musicale, la classe e la creatività.

Io sono nato in Italia, **conosco pregi** e **difetti** dei miei **compaesani**, **non ho nessun problema** a criticarli e **riconosco** che in alcuni stereotipi **c'è del vero**. **In altre parole**, **credo di essere** la persona **giusta** per **approfondire** gli stereotipi che **riguardano** gli italiani.

Partiamo dal classico ritornello ("Mafia, pizza, mandolino") utilizzato soprattutto da chi **non ama** i nativi d'Italia, come i francesi e i **tedeschi per esempio**.

La mafia c'è, in Sicilia e **non solo**. **Forse** è **meno forte rispetto al passato ma senza dubbio** c'è **ancora**, anche se **degli** eroici magistrati la combattono da **anni**. Peraltro, grazie allo **scrittore** Roberto Saviano e al suo **libro** Gomorra, tutto il **mondo** sa che in Campania esiste un'altra potentissima organizzazione criminale, la camorra. Aggiungo che la Calabria è infestata dalla 'ndrangheta e la Puglia dalla Sacra Corona Unita. Detto questo, le mafie ci sono **ovunque** e gli Italiani **onesti** sono molti di più degli Italiani mafiosi.

Ma **passiamo alla pizza**. In questo caso, non posso certo **negare** che la pizza ci rappresenta **appieno**, sia per la sua varietà che per i suoi ingredienti base, tipici della dieta mediterranea. Per di più, i colori della pizza margherita sono **gli stessi** della **bandiera** dell'Italia: la mozzarella è **bianca**, il **pomodoro rosso** e il **basilico verde**. Bisogna però ammettere che il **maggior venditore** di pizza al mondo non è italiano.

---

ancora oggi: still today
parla (parlare): talks about (to talk about)
recita (recitare): recites (to recite)
il solito ritornello: the same old story
altri fanno riferimento a: others refer to
moda: fashion
talvolta: sometimes
gestualità: gestures
l'essere rumorosi: being noisy

io sono nato (nascere): I was born (to be born)
conosco (conoscere): I know (to know)
pregi (pregio): merits
difetti (difetto): faults
compaesani (compaesano): countrymen
non ho nessun problema: I don't have a problem
riconosco (riconoscere): I recognize (to recognize)
c'è del vero: there's some truth
in altre parole: in other words
credo di essere (credere): I believe I am (to believe)
giusta: right
approfondire: to explain
riguardano (riguardare): concern (to concern)

non ama (amare): doesn't love (to love)
tedeschi (tedesco): Germans
per esempio: for example

non solo: not only
forse: maybe
meno forte: less strong
rispetto al: compared to
passato: past
ma senza dubbio: but no doubt
ancora: still
degli: some
anni (anno): years
scrittore: writer
libro: book
mondo: the world
ovunque: everywhere
onesti: honest

passiamo alla pizza: let's talk about pizza
negare: to deny
appieno: fully
gli stessi: the same
bandiera: flag
bianca: white
pomodoro rosso: red tomato
basilico verde: green basil
maggior venditore: greatest seller

In quanto al mandolino, strumento musicale utilizzato nel Meridione **tanti anni fa**, è assurdo considerarlo ancora un simbolo tricolore. **Se vogliamo** parlare di stereotipi più seri, **ci conviene dare un'occhiata** alla seconda lista: spaghetti, romanticismo e moda.

Gli spaghetti ci rappresentano, **eccome**! Sulla **tavola** italiana un **piatto** di spaghetti, o di pasta in genere, **non manca** mai e quando manca, vuol **dire** che qualcuno **si è messo a dieta**. Se vogliamo essere precisi però, **dobbiamo** dire che in alcune città del Nord la pasta è sostituita spesso dal risotto.

Dalla pasta che **non passa mai di moda**, passiamo alla moda, che ormai ci rappresenta quanto gli spaghetti, grazie alla classe e al **genio** di **stilisti storici** come Valentino e Armani, ma anche alle provocazioni creative di Dolce e Gabbana.

Ma gli Italiani sono ancora romantici e galanti? Prima di tutto consideriamo che le **donne** italiane sono molto più autonome di **un tempo** e **spesso** preferiscono **condurre il gioco**. In secondo luogo, possiamo sicuramente **osservare** che ancora oggi molti uomini italiani passano a **prendere** la ragazza a casa e **la riaccompagnano, aprono** e **chiudono lo sportello** della macchina per **farla salire** e **scendere**, e **le offrono** la **cena**.

Confermo che siamo **caotici**, parliamo molto e a **voce alta** e ci esprimiamo **con gesti**. **Se** poi **mi chiedete** di **confermare** che gli Italiani hanno un innato talento musicale, vi rispondo che mia madre è **stonatissima**.

In ogni stereotipo, di solito, c'è **un pizzico di verità**. Quel che è certo è che gli italiani **cambiano** così tanto da una regione all'altra che è veramente difficile rappresentare un **popolo** così **attraverso pochi** stereotipi.

tanti anni fa (anno): many years ago
se vogliamo (volere): if we want (to want)
ci conviene: we'd better
dare un'occhiata: to have a look

eccome: certainly
tavola: dining table
piatto: dish
non manca: it will be for sure, it never fails
dire: to say
si è messo a dieta (mettersi): went on a diet (to go)
dobbiamo (dovere): we must (must, to have to)

non passa mai di moda (passare): never goes out of fashion (to go)
genio: genius
stilisti storici: storied designers

donne (donna): women
un tempo: once
spesso: often
condurre il gioco: to take the lead
osservare: to observe
prendere: to take
la riaccompagnano (riaccompagnare): they take her back home (to take back home)
aprono (aprire): they open (to open)
chiudono (chiudere): they close (to close)
lo sportello: the (car) door
farla salire: to let her get in
scendere: to get down, to get out
le offrono (offrire): they offer her (to offer)
cena: dinner

caotici: chaotic
voce alta: loud voice
con gesti: with gestures
se ... mi chiedete (chiedere): if . . . you ask me (to ask)
confermare: to confirm
stonatissima (stonato): completely tone-deaf

un pizzico di verità: a bit of truth
cambiano (cambiare): they change (to change)
popolo: people, certain group of people
attraverso: through
pochi (poco): few

L'oro di Napoli

Sole, **mare**, **canzone**, teatro: Napoli, una delle città italiane più antiche e famose, **ricca di storia** e di cultura. **Fondata** dai **greci**, Napoli è **stata dominata** nei **secoli** da **varie popolazioni straniere** e per molto tempo ha avuto un ruolo importantissimo nella storia dell'Italia e dell'Europa. **Ancora oggi** Napoli si presenta come una metropoli ricca di arte e attrazioni turistiche, **nonché** come centro culturale, scientifico e universitario. Anche **dal punto di vista** archeologico offre molto con i suoi monumenti e con la sua città **sotterranea**, **estesa quanto la città** in superficie.

Napoli è **dunque** ricca di cultura, ma quali sono gli aspetti più **particolari** di questa bellissima **terra**? Gli stranieri che **sentono** il suo **nome quasi sicuramente** pensano alla pizza, al mandolino e al "Oh Sole Mio". In effetti, la **cucina** e la musica sono due caratteristiche importanti della società napoletana.

Chi va a Napoli **deve** assolutamente **assaggiare** la pizza, **orgoglio** dei napoletani, ma anche le mozzarelle, gli spaghetti, il ragù e tanti altri prodotti famosi, celebrati in numerosi film **ambientati in** questa città. **Ad esempio**, nel film "Sabato, Domenica e Lunedì" il ragù **diventa** il protagonista di molte situazioni ed è bellissima la scena di Sofia Loren che **litiga** con altre donne per **difendere** la **propria ricetta** di questo buonissimo **sugo** di **pomodoro** e **carne**.

Questo film è solo uno dei tanti film **tratti dalle** commedie teatrali di un famoso autore e attore napoletano: Edoardo de Filippo. Il grande Edoardo, come **viene definito**, nelle sue **opere ha cercato di** fare il **ritratto** degli **abitanti** di Napoli con le loro **manie**, **credenze** e tradizioni: il gioco del lotto **legato alla** tradizione della **smorfia**, cioè il libro di interpretazione dei **sogni** con il numero relativo da giocare; il **presepe**, protagonista principale del Natale napoletano, che ogni anno presenta delle **statuine** nuove legate ai vari personaggi famosi, politici, attori ecc.; il culto della Madonna e dei santi, primo **fra tutti** San Gennaro, **patrono** della città; il caffè, tradizionalmente preparato con la classica **caffettiera** napoletana.

Il teatro napoletano è sicuramente una delle tradizioni più antiche e famose della città che ha anche una sua **maschera** nella commedia dell'arte: Pulcinella, lo **scanzonato** e ribelle servo dal naso **curvo** e dal vestito bianco. I **miti** di Napoli, però, sono anche più recenti. Nel cuore dei napoletani, **per esempio**, c'è la **squadra di calcio cittadina** e, anche se lontano da Napoli ormai da tanto tempo, la figura di un **giocatore** in particolare: Maradona. Maradona, famoso e bravissimo **calciatore**, in realtà è argentino, ma **ha regalato** tanta **felicità** ai **tifosi** del Napoli che lo considerano, **tuttora**, un napoletano **a tutti gli effetti**.

Altro mito recente è la musica dei cantautori melodici che **spesso** cantano anche **poesie** tradizionali in dialetto napoletano. Parlando ancora di musica non si può dimenticare la "**sceneggiata**", una sorta di musical in versione napoletana, con canzoni in dialetto che **si inseriscono** tra i **brani recitati**.

Questa città **insomma** ha **veramente** tanti aspetti interessanti da **conoscere**: **bisogna** solo **avere il tempo** per **vedere** tutto l'**oro** di Napoli.

---

tratti dalle: based on the
viene definito (venire): he came to be defined (to come)
opere (opera): works
ha cercato di (cercare): has tried to (to try)
ritratto: portrait
abitanti (abitante): inhabitants
manie (mania): manias, obsessions
credenze (credenza): beliefs
legato alla (legare): related to (to relate)
smorfia: grimace
sogni (sogno): dreams
presepe: nativity scene
statuine (statuina): statuettes
fra tutti: among all
patrono: patron
caffettiera: coffee machine

maschera: mask
scanzonato: witty
curvo: curved
miti (mito): myths
per esempio: for instance
squadra di calcio: soccer team
cittadina: town, small town
giocatore: player
calciatore: soccer player
ha regalato (regalare): has offered (to offer)
felicità: happiness
tifosi (tifoso): supporters, fans
tuttora: still today
a tutti gli effetti: to all intents

spesso: often
poesie: poetry
sceneggiata: scene
si inseriscono (inserirsi): are included (to include)
brani (brano): pieces, tracks (of music)
recitati (recitare): performed (to perform)

insomma: in sum
veramente: truly
conoscere: to know
bisogna (bisognare): it is necessary (to be necessary)
avere il tempo: to have the time
vedere: to see
oro: gold

La città eterna

È impossibile **parlare** della città di Roma **senza pensare al suo passato**. La sua **storia ormai attraversa** tre millenni **inizia** dal fatto che è la prima metropoli della storia dell'**umanità**. La città era il **cuore** di uno dei più grandi imperi della storia che **ha conosciuto** diversi periodi di conquista, decadenza e **caduta**. Roma è in assoluto la città con più beni storici e architettonici al **mondo** ed è considerata il più importante patrimonio storico, artistico e culturale del mondo occidentale. **Nei secoli** questa città **si è guadagnata** diversi nomi, tra i quali *caput mundi*, la capitale del mondo, la città eterna e la città santa.

La tradizione vuole che **fu fondata** nel 753 a.C. **in seguito** del fratricidio di Remo **per mano** di Romolo. Successivamente **venne governata** dai **sette re**, fino al 509 a.C. quando **venne instaurata** la repubblica. Il terzo ed il secondo secolo a.C. furono caratterizzati dalla conquista e la fondazione dell'impero. L'età medievale **invece vide** numerose lotte **tra i barbari** e la **chiesa**.

Ma Roma è speciale anche al **giorno d'oggi**. **In nessuna altra città ci si può sentire** così **a contatto col passato** e con il futuro. **Basta fare una passeggiata** per **rendersi conto** che i diversi strati di storia **convivono** tra le **mura** di questa città che continua ad **evolversi**, ad **aggiungere** strati alla sua storia. È impossibile non sentirsi **sopraffatti** da tanta **bellezza**. Non è possibile **non voler trascorrere** più **tempo** nelle piazze di questa città a **sorseggiare** aperitivi e **osservare** il movimento caotico dei cittadini sui loro **mezzi di trasporto**.

---

parlare: to talk
senza pensare: without thinking
al suo passato: its past
storia: history
ormai: by now
attraversa (attraversare): goes through (to go through)
inizia (iniziare): begins (to begin)
umanità: humanity
cuore: heart
ha conosciuto (conoscere): has experienced (to experience)
caduta: fall
mondo: world
nei secoli (secolo): over the centuries
si è guadagnata (guadagnarsi): gained (to gain)

fu fondata (fondare): was founded (to found)
in seguito: following
per mano: by the hand
venne governata (governare): was governed (to govern)
sette re: seven kings
venne instaurata (instaurare): was established (to establish)
invece: instead
vide (vedere): saw (to see)
tra i barbari: among the barbarians
chiesa: church

giorno d'oggi: nowadays
in nessuna altra città: in no other city
ci si può sentire (sentirsi): you can feel (to feel)
a contatto col passato: in contact with the past
basta fare una passeggiata: it's enough to go for a walk
rendersi conto: to realize
convivono (convivere): coexist (to coexist)
mura (muro): walls
evolversi: to evolve
aggiungere: to add
sopraffatti: overwhelmed
bellezza: beauty
non voler trascorrere: do not want to spend
tempo: time
sorseggiare: to sip
osservare: to observe
mezzi di trasporto: means of transport

Chiunque abbia la passione per la **buona cucina** non potrà che **cercare** di trasferirsi in questa città dove le **migliaia** di **trattorie** e **osterie si sovrappongono** a ristoranti ed enoteche. Il **cibo** in questa città non è solamente **alimentazione** ma qualcosa di molto di più alla quale **bisogna dedicare il giusto tempo**.

Anche in questi tempi frenetici chi abita a Roma **riesce** a **trovare** un **buco** nella **propria** agenda per un pasto composto da diverse **pietanze**. La cucina romana **ha origini povere** ed è **saporita** e **sostanziosa**. Certamente non è per tutti anche se in molti **sembrano apprezzarla**. Alcuni piatti necessitano di un tempo di digestione che **presuppone** la possibilità di **non lavorare subito dopo pranzo**. Si fa difficoltà ad immaginare un manager **rampante** consumare dei rigatoni alla carbonara e un ossobuco e poi sfrecciare alla **prossima riunione**. La cucina Romana **rispecchia** uno **stile di vita godereccio** che si può **ricondurre** al periodo della decadenza dell'impero.

Sostanzialmente i cittadini di Roma **nascono** con questa enorme **eredità** che è la storia stessa della propria città. La **consapevolezza** di **vivere** nella città eterna e la **convinzione** che **tutte le strade portino** alla loro città conferiscono ai romani **un carattere spensierato** e **un po' sbruffone** che **sembra davvero** immune **al passare del tempo**.

chiunque abbia (avere): whoever has (to have)

buona cucina: good cusine

cercare: to look for, to search for

migliaia: thousands

trattorie (trattoria): small restaurants

osterie (osteria): taverns

si sovrappongono (sovrapporsi): drown out (to drown out)

cibo: food

alimentazione: diet

bisogna (bisognare): it is necessary (to be necessary)

dedicare: to dedicate

il giusto tempo: the right time

riesce (riuscire): can (to succeed)

trovare: to find

buco: gap

propria: own

pietanze (pietanza): dishes

ha origini povere: has origins in poverty

saporita: tasty

sostanziosa: substantial

sembrano apprezzarla (sembrare): they seem to appreciate it (to seem)

presuppone (presupporre): presumes (to presume)

non lavorare: to not work

subito dopo: soon after

pranzo: lunch

rampante: high-flying

prossima riunione: next meeting

rispecchia (rispecchiare): reflects (to reflect)

stile di vita: lifestyle

godereccio: enjoyable

ricondurre: to trace back

nascono (nascere): are born (to be born)

eredità: inheritance

consapevolezza: awareness

vivere: to live

convinzione: belief

tutte le strade portino: all roads lead to

un carattere spensierato: a carefree character

un po' sbruffone: a bit braggart

sembra davvero (sembrare): it really seems (to seem)

al passare del tempo: as the time goes by

La cultura del vino

greci (greco): Greeks
chiamavano (chiamare): they used to call
(to call)
terra: land
vigne (vigna): vineyards
vite: grapevine
appartengono (appartenere): (they) belong
to (to belong to)
fanno parte della (fare): (they) are part of
(to do, to make)
subito dopo: soon after
diffondere: to spread
mentre: while
a portare ... fu: (the people) who brought . . .
were
la civiltà etrusca: the Etruscans
invece: instead
comprese (comprendere): including
(to include)
settentrionali: northern

a quei tempi: at that time, in those days
veniva conservato (conservare): it used to be
preserved (to preserve)
soprattutto: especially
aveva (avere): used to have (to have)
sapore: taste
conosciamo oggi (conoscere): we know
today (to know)
riscaldare: to warm
bollire: to boil
raggiungere: to reach
affumicato: smoked
vagamente: vaguely
acqua: water
arricchito: enriched
spezie: spices
miele: honey
capire: to realize
poteva essere invecchiato: it could be aged
migliorato: improved
chiamato (chiamare): called (to call)
veniva ancora servito (servire): it used to be
served (to serve)
grazie ad: thanks to
centinaia: hundreds
uve (uva): grapes
non si trovano (trovarsi): (they) are not
found (to find)
mondo: world

I **greci chiamavano** la penisola italiana Enotria, la **terra** del vino e delle **vigne**. La **vite** e il vino **appartengono** all'Italia in maniera viscerale, **fanno parte della** sua cultura nel profondo. Furono i Fenici, e **subito dopo** i greci, a **diffondere** la vite nel Mediterraneo e nell'Italia meridionale **mentre a portare** la coltivazione della vite, o *vitis vinifera*, in Toscana e nel nord della penisola **fu** prevalentemente **la civiltà etrusca**. L'Impero Romano diffuse **invece** la viticoltura nel resto della penisola, oltre che in numerose zone d'Europa. Da Roma infatti il vino si diffuse nelle province dell' Impero, **comprese** quelle **settentrionali** e il Nord Africa.

A quei tempi il vino **veniva conservato soprattutto** in anfore di terracotta e **aveva** un **sapore** molto diverso da quello che **conosciamo oggi**. Veniva fatto **riscaldare** e **bollire** fino a **raggiungere** un' aroma **affumicato, vagamente** simile a quello del Madeira e veniva allungato con **acqua** e **arricchito** con **spezie** e **miele**. I Romani furono anche i primi a **capire** che il vino **poteva essere invecchiato** e dunque in certi casi **migliorato**. Esisteva un vino **chiamato** Opimian che **veniva ancora servito** dopo ben 100 anni. Oggi l'Italia è erede di questa cultura millenaria. **Grazie ad** un clima ottimale e alla varietà del terreno, la penisola produce **centinaia** e centinaia di **uve** autoctone, che **non si trovano** in nessuna parte al **mondo** se non in Italia, e offre una enorme varietà di vini dallo stile unico e personalissimo.

La vite **viene coltivata** in ogni regione del **paese, senza eccezioni**, e **rispetto ai tempi passati**, in cui dominava il "**vino del contadino**", oggi si sono fatti passi da gigante verso una produzione di qualità e i controlli si sono fatti più severi. Dal Friuli alla Sicilia, ogni regione **ha i suoi vitigni** e **le sue particolarità, legate** al **clima** ed alla terra. Dal

Piemonte che è terra di **grandi rossi** come il Barolo e il Barbaresco all'Alto Adige e al Friuli, terra di grandi **bianchi**, eleganti e aromatici, dall'Italia centrale, patria del Sangiovese, con la Toscana in testa, alle regioni meridionali, con la Campania e la sua grande varietà di vitigni, con la Puglia e i suoi vini robusti e **corposi** come il Primitivo di Manduria, con la Sicilia terra ricca di **storia** e **tradizioni**.

E come **dimenticare** il Veneto e il suo Amarone o la Sardegna e i suoi vini **scorbutici** e di grande **fascino**? In Italia l'**amore** per il vino **si lega** all'amore e alla passione per il **cibo** e la socialità e **talmente forte** è il **legame** fra il paese e il vino che numerose sono le **sagre** e gli eventi che **ovunque celebrano** questa **bevanda** dalla storia millenaria. Una su tutte la Sagra dell'Uva a Marino, nel Lazio, una delle **feste tradizionali** più note che si celebra ogni **anno** ogni **prima domenica** di ottobre. **Nata** come festa religiosa, **nel corso dei secoli** si è trasformata in una festa pagana con **fontane** che **letteralmente danno** vino **al posto** dell' **acqua**.

---

viene coltivata (coltivare): was cultivated (to cultivate)

paese: country

senza eccezioni (eccezione): with no exceptions

rispetto ai tempi passati (rispettare): compared to the past (to compare)

vino del contadino: the farmer's vine

ha i suoi: has its own

vitigni (vitigno): grape varieties

le sue particolarità: its peculiarities

legate (legare): tied to (to tie, to bind)

clima: climate

grandi: big

rossi: red

bianchi: white

corposi: full-bodied

storia: history

tradizioni (tradizione): traditions

dimenticare: to forget

scorbutici: surly

fascino: charm

amore: love

si lega (legarsi): binds (to bind)

cibo: food

talmente forte: so strong

legame: bond

sagre (sagra): festivals

ovunque: everywhere

celebrano (celebrare): celebrate (to celebrate)

bevanda: drink

feste tradizionali: traditional festivals

anno: year

prima domenica: first Sunday

nata (nascere): born (to be born)

nel corso dei: in the course of the

secoli (secolo): centuries

fontane (fontana): fountains

letteralmente: literally

danno (dare): offer, give (to offer, to give)

al posto: instead of

acqua: water

Il passatempo nazionale

Il **passatempo nazionale** italiano è certamente il **calcio**. Il **paese** della **dolce vita** e dell'eccellenza gastronomica è **ormai** inevitabilmente collegato con questo sport. **Chiunque** sia residente in Italia, **dalle isole** del **sud** alle **montagne** del **nord non può fare a meno di interessarsi** a questo **gioco** che è **sulla bocca di tutti**. Tuttavia la penisola Italiana fortunatamente è rappresentata nel **mondo anche per via** di **atleti** di altre discipline sportive.

Nonostante gli atleti italiani siano **riusciti** ad **ottenere** ottimi risultati in altri sport come lo **sci**, il **nuoto** o il volley, al calcio è **attribuito** un **posto** speciale **nel cuore** degli italiani.

Il soccer **viene esportato** dagli inglesi **alla fine del** XVIII secolo. Ed è sempre degli inglesi il merito di **avere** creato altri meravigliosi sport come il tennis o il polo, **solo per citarne** due. **In pochi si rendono conto** che l'appellativo di "Mister" tuttora usato dai calciatori **in riferimento al proprio** coordinatore tecnico non è altro che un **retaggio** degli **esordi** di questo sport. Tra i primi club **fondati** proprio dagli inglesi in Italia spicca il *Milan Football and Croquet Club,* che nel 1899 diventa l'Associazione Calcistica Milan e nel corso dei secoli successivi **diventerà** una delle squadre più premiate e famose del mondo.

Ma in quella **fase di nascita nessuno poteva** immaginarsi quanto potesse **diventare** importante per la società italiana quello strano sport che **si giocava** solamente con i **piedi**. Al **giorno d'oggi** basta **passare** qualche giornata in Italia per rendersi conto che il calcio è diventato ben più di uno sport. La televisione ed i giornali **fanno a gara per** chi pubblica più notizie. Il dato più significativo è che il quotidiano più letto dagli italiani è la *Gazzetta dello Sport,* un **quotidiano** interamente dedicato allo sport stampato su una particolare **carta rosa** che **rende riconoscibili** i suoi **lettori** anche a decine di metri di distanza. **Sebbene** questa **testata dovrebbe** occuparsi di sport in generale le **pagine** dedicate al calcio sono la quasi totalità, mentre tutti gli altri sport sono relegati alle ultimissime pagine.

La divisione del **tifo** è **feroce** e purtroppo spesso sfocia anche in scontri di natura violenta. Gli italiani in genere sono un **popolo** disunito da un forte regionalismo e da un unità d'Italia ottenuta solo in un passato relativamente recente. Il **termine** che **si sente** più spesso **per descrivere** il tifo italiano è "**campanilistico**". Con questo termine **si fa riferimento** alle **campane** delle numerosissime **chiese** situate in ogni città d'Italia, ogni cittadino è quindi accusato di interessarsi solamente alla propria causa o campana.

Solo la **squadra** nazionale **riesce parzialmente** ad unire queste **tifoserie nemiche**, ma solo in caso di vittoria. Quando "gli Azzurri" della nazionale **non vincono** ogni italiano è pronto ad attribuire la **colpa** ai giocatori della nazionale che militano nei club avversari della sua città.

Per **capire** il popolo italiano bisogna necessariamente capire il calcio, lo sport che riesce al contempo ad unire e dividere un popolo difficile da **decifrare**.

fase di nascita: phase of the birth
nessuno poteva (potere): nobody could (can, to be able to)
diventare: to become
si giocava (giocarsi): is played (to play)
piedi (piede): feet
giorno d'oggi: nowadays
passare: to spend (time)
fanno a gara per (fare a gara): they compete (to compete)
quotidiano: daily newspaper
carta rosa: pink paper
rende riconoscibili (rendere): makes recognizable (to make)
lettori (lettore): readers
sebbene: although
testata: newspaper
dovrebbe (dovere): should (must, to have to)
pagine (pagina): pages

tifo: support
feroce: bitter
popolo: people
termine: word
si sente (sentirsi): is heard (to hear)
per descrivere: to describe
campanilistico (campanilista): people who show exaggerated attachment to their town
si fa riferimento (fare): makes reference (to make)
campane (campana): bells
chiese (chiesa): churches

squadra: team
riesce (riuscire): succeeds (to succeed)
parzialmente: partially
tifoserie (tifoseria): supporters
nemiche: opposed
non vincono (vincere): don't win (to win)
colpa: fault

capire: to understand
decifrare: to decipher

La passeggiata

Le piazze italiane **raccontano** la **storia** dell'Italia. Da **nord** a **sud ogni paese**, ogni cittadina **ha la sua** piazza, **centro nevralgico** e **cuore pulsante** della **vita** della comunitá, luogo dove per **secoli** si sono **intessuti incontri d'affari** e incontri d'**amore** e dove **hanno avuto luogo commerci** e **fiere**, **mercati** e **esecuzioni capitali**, manifestazioni e celebrazioni popolari.

Oggi come **ieri**, nel Medioevo come **ai giorni nostri**. Nella piazza **si andava** spesso per **vedere** e farsi vedere e non é **cambiato** troppo, **da allora**. Ancora oggi la "vasca", o **passeggiata** in centro, da **concludere** sulla piazza principale del paese **sedendosi** ai tavolini di un bar per **osservare** i propri concittadini e **farsi vedere**, rimane una delle attivitá preferite, in cui si é attori e spettatori insieme.

La piazza era ed é **al tempo stesso** luogo di passaggio e luogo di aggregazione sociale, é uno **specchio** della societá italiana, con i suoi banchi di frutta e **verdura**, il giornalaio, il bar principale, la **pasticceria**, il tabaccaio e la **chiesa**, il municipio e **le botteghe artigiane**, oggi molto spesso **sparite** e **sostituite** da take away dalle **insegne** al neon o da boutiques di **lusso** o **banche**, segno del cambiamento dei tempi.

Si passeggiava nella piazza e nei suoi **dintorni** all'uscita della chiesa la **domenica mattina**, prima del **luculliano pranzo** domenicale, e si passeggiava prima o dopo **cena**, concludendo la **serata** con un gelato o, specialmente **per gli uomini** del paese, **bevendo** e **giocando** a **carte**. Un'immagine dell'Italia quasi cinematografica, da cartolina che, **fatte le debite proporzioni** con il **mutamento dei tempi** e delle **abitudini**, non é cambiata poi troppo, **almeno nei piccoli centri**.

Una giornata di lavoro

In Italia la tipica **settimana lavorativa** consiste di circa 40 o 45 **ore**, dal lunedì al venerdì. Il sabato e la domenica sono **giorni** dedicati al **riposo**. A seconda del tipo di lavoro che **si svolge** e a seconda delle direttive del **proprio datore di lavoro**, si arriva in ufficio **tra le otto** e **le nove e trenta** del **mattino**. Il mezzo di **trasporto** più diffuso per arrivare al lavoro è la **macchina** e anche per questo le **strade** sono spesso trafficate già dalle prime ore del mattino, anche se **sempre** più persone utilizzano spesso i mezzi pubblici, **però spesso affollati** e difficilmente **affidabili**, **soprattutto** in città come Roma e Milano. Di solito prima di **entrare** in ufficio **ci si concede** una **veloce sosta** al bar, per un cappuccino.

A metà mattina solitamente è il momento di una piccola pausa dal lavoro, per una sigaretta, un caffè o una chiacchierata con **qualche collega** di lavoro. La durata della **pausa pranzo varia** da mezz'ora a un'ora, abitualmente **si pranza** fra le

tredici e le tredici e trenta. Gli **uffici possono chiudere** fra le sei e le sette di sera, anche se non è raro **rimanere** a lavorare oltre l'orario di ufficio per qualche straordinario.

Il primo maggio **si celebra la Festa dei lavoratori** e ogni ufficio o esercizio commerciale **chiude** mentre il **mese** di vacanza per eccellenza è agosto, quando le città letteralmente **si svuotano** e alcuni uffici chiudono per l'intero mese. Durante il periodo **natalizio invece** le vacanze **iniziano** il 24 dicembre e gli uffici **possono riaprire** dopo il 6 gennaio, la Festa dell'Epifania.

settimana lavorativa: work week
ore (ora): hours
giorni (giorno): days
riposo: rest
si svolge (svolgersi): is performed (to perform)
proprio: own
datore di lavoro: employer
tra: between
le otto: 8:00
le nove e trenta: 9:30
mattino: morning
trasporto: transport
macchina: car
strade (strada): streets
anche se: although
sempre: always
però: however
spesso: often
affollati: crowded
affidabili: reliable
soprattutto: above all
entrare: get in, enter
ci si concede (concedersi): we allow ourselves (to allow oneself)
veloce: quick
sosta: break

qualche: some
collega: coworker
pausa pranzo: lunch break
varia (variare): it varies (to vary)
si pranza (pranzarsi): one has lunch (to have lunch)
uffici (ufficio): offices
possono chiudere (potere): they may close, can close (can, to be able to)
rimanere: to stay

si celebra (celebrarsi): is celebrated (to celebrate)
la Festa dei lavoratori: Labor day
chiude (chiudere): it closes (to close)
mese: month
si svuotano (svuotarsi): they empty (to empty)
natalizio: Christmas (period)
invece: however, instead
iniziano (iniziare): they begin (to begin)
possono riaprire (potere): they can open again (can, to be able to)

Prova la sua comprensione

Caffè cultura, page 4

1. If you meet an Italian what might he/she surely do?

2. What is a *ristretto*?

3. What will you receive if you order a *café al vetro*?

Il mammone, page 6

1. Who is it common to find living in an Italian home?

2. What percentage of Italians look after their own parents?

3. What are some reasons that might cause a child to have to live at home, not by their own choice?

Stereotipi: veri o falsi?, page 8

1. What are some common stereotypes according to the author?

2. The color of pizza margherita is the same as what Italian emblem?

3. What does the author say you will always find on an Italian dinner table?

L'oro di Napoli, page 10

1. Naples was founded by whom?

2. What foods are particularly popular in Naples?

Test your comprehension

La città eterna, page 12

1. What is Rome known for having the best of?

2. Roman food reflects what?

La cultura del vino, page 14

1. What did the Greeks call *la penisola italiana Enotria*?

2. The peninsula produces a number of unique grapes thanks to which two things?

3. Describe the wines of Piemonte and Friuli.

Il passatempo nazionale, page 16

1. In which country did soccer originate, and when?

2. What does the *Gazzetta dello Sport* do to make itself recognizable from a distance?

3. What word is used to describe the fans/supporters of soccer?

La passeggiata, page 18

1. What do you find in every Italian city and how would you describe it?

2. What has the piazza been used for over the centuries?

3. What would you find men using the piazza for in the evenings?

Viaggi

Le Cinque Terre

Sulla costa della Liguria, nella zona della provincia di La Spezia, c'è una **striscia di terra** bellissima che **comprende** cinque **borghi**, **in passato chiamati** "terre": Monterosso, Vernazza, Corniglia, Manarola e Riomaggiore.

Questa striscia di terra ha una caratteristica molto particolare: è un **terreno collinare**, irregolare, che **scende** verso il **mare** con **forti pendenze**. **Per poter coltivare** questo terreno, gli **abitanti** hanno creato dei terrazzamenti. **In questo modo hanno addolcito** il territorio e **il paesaggio** è **diventato** uno dei più affascinanti dell'Italia settentrionale e patrimonio dell'UNESCO.

Un'altra caratteristica è la presenza dei "**muri a secco**", cioè muretti **costruiti** con **blocchi di pietra senza leganti**, che hanno più o meno **la stessa lunghezza** della **muraglia cinese**. Il mare di questa zona è molto bello, cristallino, **quindi molti** turisti visitano le Cinque Terre per **rilassarsi nelle spiagge**, per **nuotare** o fare **pesca subacquea**.

Ma anche chi **non ama** il mare **può passare** una vacanza **piacevole facendo altre attività**. **Ad esempio** si può fare trekking o **giri** in mountain bike su sentieri bellissimi come il sentiero azzurro con la sua famosa "via dell'amore".

La via dell'amore è **una stradina scavata nella roccia**, **nata per** collegare Manarola e Riomaggiore; spesso era usata dagli innamorati per **incontrarsi**, così **un giorno** qualcuno **ha scritto** con la **calce** "via dell'amore" ai capi della stradina. **Negli anni** hanno fatto molti **lavori per renderla** più **sicura**, ma anche più **vivibile**: ci sono **panchine**, illuminazione e un **piccolo** bar-ristorante con la vista sul mare dove **si possono mangiare** i **piatti tipici liguri**. Dopo una passeggiata, **in bici** o **a piedi**, la cosa migliore da fare è **fermarsi** a gustare il pesto genovese, le **acciughe sotto sale**, il **pesce** e i vini delle Cinque Terre come il famoso "sciachetrà".

---

striscia di terra: strip of land
comprende (comprendere): includes (to include)
borghi (borgo): villages
in passato: in the past
chiamati (chiamare): called (to call)

terreno collinare: hill
scende (scendere): goes down (to go down)
mare: sea
forti pendenze: steep slopes
per poter coltivare: to be able to cultivate
abitanti (abitante): inhabitants
in questo modo: in this way
hanno addolcito (addolcire): they have softened (to soften)
il paesaggio: the landscape
diventato (diventare): has become (to become)

muri a secco: drystone walls
costruiti (costruire): constructed (to construct)
blocchi di pietra: stone blocks
senza leganti: without mortar
la stessa lunghezza: the same length
muraglia cinese: the Great Wall of China
quindi molti: therefore many
rilassarsi: to relax
nelle spiagge (spiaggia): on the beaches
nuotare: to swim
pesca subacquea: underwater fishing

ma anche: but also
chi non ama: the people who don't love
può passare: can spend time
piacevole: pleasant
facendo (fare): doing (to do)
altre attività: other activities
ad esempio: for example
giri (giro): tours, rides

una stradina scavata nella roccia: a path dug into the rock
nata per: created to
incontrarsi: to meet one another
un giorno: one day
ha scritto (scrivere): wrote (to write)
calce: lime
negli anni (anno): over the years
lavori per renderla (lavorare): works to make it (to work)
sicura: safe
vivibile: livable
panchine (panchina): benches
piccolo: small
si possono (potere): it is possible (can, to be able to)
mangiare: to eat
piatti tipici liguri: typical dishes from Liguria
in bici: by bicycle
a piedi: on foot, walking
fermarsi: to stop
acciughe (acciuga): anchovies
sotto sale: preserved with salt
pesce: fish

Città d'arte e d'amore

Chi **non conosce** la romantica storia di Giulietta e Romeo? La storia dei **due amanti sfortunati, raccontata** da Shakespeare, **si svolge** in una bellissima città italiana: Verona.

Verona è famosa **non solo** per Giulietta e Romeo **ma anche** per l'architettura e l'arte che **sono caratterizzate dagli stili** di **varie epoche**: romano, gotico, medievale, **rinascimentale**.

Un **esempio** di stile romano è l'Arena, antico **anfiteatro simile al** Colosseo di Roma, dove **in estate si può assistere** agli **spettacoli** di Opera. Molto famosa è la rappresentazione dell'Aida di Verdi che **richiama** a Verona tanti appassionati di lirica da tutto il **mondo**. Anche chi non è molto interessato a questo genere musicale, però, **può essere attirato** dall'atmosfera suggestiva di questo teatro: **vedere** l'Opera all'aperto, sotto le **stelle**, è **sicuramente** una bellissima **esperienza**.

Non lontano dall'Arena ci sono Castelvecchio, **residenza** e **fortificazione** della famiglia della Scala, signori della città nel Medio Evo, e l'arco di Gavi, dedicato a una delle famiglie più importanti dell'**epoca romana**, la famiglia Gavia.

Camminando sempre dritto, dopo l'arco, **si arriva** alla zona della città più ricca di monumenti, piazza delle Erbe. Questa piazza, simile al foro romano, era il centro della politica e dell'economia di Verona. **Qui possiamo ammirare** ad esempio la **fontana** in **marmo rosso** con la statua di Madonna Verona e la **colonna** di San Marco in marmo bianco, con la statua del Leone, simbolo di Venezia.

A Verona ci sono tanti altri **edifici**, statue, monumenti che **possiamo visitare**, ma **non dimentichiamo** Giulietta e Romeo! Non possiamo non visitare la **casa** di Giulietta, con il famosissimo balcone dove **si affacciava** per **parlare** con Romeo. **Nel giardino invece** c'è la statua di Giulietta, molto importante per le **ragazze**: **se toccano** il **seno** della scultura, possono **avere fortuna** in **amore**.

non conosce (conoscere): doesn't know (to know)
due amanti sfortunati: two unlucky lovers
raccontata (raccontare): told (to tell)
si svolge (svolgersi): takes place (to take place)

non solo ... ma anche: not only . . . but also
sono caratterizzate dagli stili: are characterized by the styles
varie epoche: different times
rinascimentale: of the Renaissance

esempio: example
anfiteatro: amphitheatre
simile al: similar to
in estate: in the summertime
si può assistere (potere): people can watch (can, to be able to)
spettacoli (spettacolo): shows
richiama (richiamare): attracts (to attract)
mondo: world
può essere attirato: can be attracted
vedere: to see
stelle (stella): stars
sicuramente: surely
esperienza: experience

non lontano: not far
residenza: residence
fortificazione: fortification
epoca romana: Roman era

camminando (camminare): walking (to walk)
sempre dritto: straight ahead
si arriva (arrivare): one arrives (to arrive)
qui possiamo ammirare (potere): here we can admire (can, to be able to)
fontana: fountain
marmo rosso: red marble
colonna: column

edifici (edificio): buildings
possiamo visitare (potere): we can visit (can, to be able to)
non dimentichiamo (dimenticare): let's not forget (to forget)
casa: house
si affacciava (affacciarsi): she used to lean out (to lean out)
parlare: to talk
nel giardino: in the garden
invece: on the other hand
ragazze (ragazza): girls
se toccano (toccare): if they touch (to touch)
seno: breast
avere fortuna: have luck
amore: love

Vacanze ad Alghero

Per chi vuole passare l'estate in Italia una **bellissima meta** è Alghero, **piccola città** della Sardegna, in provincia di Sassari. Alghero è una città italiana, **ma ha molte cose in comune** con la zona della Spagna chiamata Catalogna, **ad esempio** la **lingua**. Molto famosa è la **lavorazione del corallo rosso** che **si trova** in grandi quantità **nei fondali marini**.

Cosa posso fare ad Alghero? **Sicuramente godermi** il **mare**. Ci sono, **infatti**, tante **spiagge** con **sabbia bianca** e **molto fine**, **ma anche** scogli e **molta vegetazione**. **Dopo un anno** di lavoro **chi vuole** un po' di relax **può andare** in una delle spiagge di Alghero, **prendere il sole**, **nuotare** in un mare celeste e bellissimo e **respirare** l'aria **pulita** e **salutare dei pini**.

Non lontano dalla città c'è il promontorio di Capo Caccia noto per le sue **grotte**. Si trovano infatti in questa zona le famose Grotte di Nettuno che **si possono raggiungere** via mare, con la **barca**, o **via terra attraverso** la Escala del Cabirol, una **scalinata costruita sulla roccia** con 656 gradini: la **fatica** è **premiata** con una meravigliosa **vista** del mare e della natura **intorno**. Ma anche all'interno delle grotte possiamo **ammirare** uno spettacolo stupendo: due chilometri e mezzo di **sale**, **laghetti**, **stalattiti e stalagmiti**, alcune di forma particolare come la colonna stalatto-stalagmitica a forma di organo nella sala **chiamata infatti** "Sala dell'organo".

Arrivando alle grotte di Nettuno in barca **si può vedere inoltre** una roccia che **ricorda** il **viso** di un famosissimo poeta italiano: Dante Alighieri, **autore** de *La Divina Commedia*.

Chi preferisce invece fare sport marini può sicuramente **divertirsi** con le immersioni ed **esplorare** il **fondale** marino dove ci sono colonie di corallo rosso, **aragoste**, **murene** e **altri esemplari**.

Ma Alghero è interessante anche per chi **ama** la storia, **anzi** la **preistoria**. Non lontano dal **centro abitato ci sono** infatti **vari complessi nuragici per esempio** il Nuraghe Palmavera e il Nuraghe di Santa Imbenia.

Ma che cos'è un nuraghe? Simbolo della Sardegna, il nuraghe è una **torre in pietra** costruita intorno al II millennio a.C, **a volte isolata**, a volte **inserita** in un complesso con **capanne** o altre **torri** (villaggio nuragico). **Molti studiosi**

hanno cercato di **capire** la funzione di queste torri: **secondo alcuni**, sono delle **torri militari** di controllo; secondo altri **rappresentano** il parlamento o il **comune**, comunque un **luogo** dove **discutere** e **prendere delle decisioni**. Secondo altri studiosi sono invece dei **templi** o comunque dei **luoghi sacri**.

Storia, **mistero**, **mare**, natura fanno di Alghero una città **tutta da scoprire**.

---

arrivando: arriving
si può vedere: you can see
inoltre: furthermore
ricorda (ricordare): recalls (to recall)
viso: face
autore: author

chi preferisce (preferisce): those who prefer (to prefer)
invece: instead
fare sport marini: to do water sports
divertirsi: to have fun, enjoy themselves
esplorare: to explore
fondale: the seabed
aragoste (aragosta): lobsters
murene (murena): moray eels
altri esemplari (esemplare): other specimens

ama (amare): loves (to love)
anzi: or better still
preistoria: prehistory
centro abitato: town
ci sono (essere): there are (to be)
vari: several
complessi nuragici: Nuraghic sites
(The nuraghe is the main type of ancient building found in Sardinia, Italy. Today it has come to be the symbol of Sardinia and its distinctive culture, the Nuragic civilization.)
per esempio: for example

torre in pietra: a stone tower
a volte isolata: sometimes isolated
inserita: included
capanne (capanna): huts
torri (torre): towers
molti studiosi (studioso): many scholars
hanno cercato di capire (cercare): have tried to understand (to try)
secondo alcuni: according to some (scholars)
torri militari: military towers
rappresentano (rappresentare): represent (to represent)
comune: municipality
luogo: place
discutere: to discuss
prendere decisioni: to make decisions
templi (tempio): temples
luoghi sacri: sacred places

mistero: mystery
mare: sea
tutta da scoprire: all to be discovered

La città di Siena

L'Italia è uno **scrigno** d'arte, natura e **storia** che, **da sempre**, **affascina** i suoi visitatori. La città di Siena è **uno dei tesori** di questo magico scrigno. Non è una metropoli, è un piccolo **comune** del centro Italia, situato in Toscana e **abitato** da **circa** 55.000 **abitanti**.

Quando si arriva a Siena, si ha l'impressione di **essere stati trasportati** nel **Medioevo** dalla **macchina del tempo**. La città, infatti, ha conservato intatti i suoi **palazzi**, le sue **mura** e le sue **opere d'arte**, prevalentemente del XIII e XIV **secolo**. **Non a caso** l'UNESCO **ha dichiarato** il centro storico di Siena patrimonio dell'umanità.

La piazza principale di Siena è considerata **da molti** la più bella piazza del **mondo**. Sicuramente è una piazza unica, **grazie alla** sua originalissima forma a **conchiglia**. È qui, a piazza del Campo, che **due volte** all'**anno**, il 2 luglio e il 16 agosto, **si svolge** il tradizionale "Palio", una corsa di cavalli **montati a pelo**, **ossia senza sella**, una **gara** in cui quasi tutto è permesso, **che mette a confronto** le diverse contrade di Siena ("contrada" è il nome antico dei quartieri, **in uso ancora oggi** in alcune città italiane).

Il Palio è la versione moderna di un'antica **giostra** medievale ma per i senesi è molto di più: è motivo di **chiacchiere**, discussioni, conflitti e **scherzi per tutto l'anno**. Chi lo vince, **di solito**, **la fa da padrone** fino al Palio successivo.

È un'esperienza indimentica-bile seguire un Palio in mezzo alla **folla**, **ma anche**, quando il Palio non c'è, **sdraiarsi** in Piazza del Campo, **godersi** la bellezza dei palazzi che la **circondano**, **sorseggiare** un buon **bicchiere** di vino rosso. Il Chianti, infatti, si produce nelle **colline** senesi, le favolo-se colline che **avvolgono** Sie-na come una **madre farebbe** con il **figlio**.

A Siena **si cammina tanto**, perché **conviene andare a piedi** per scoprirne ogni **angolo**, ogni **stradina**, ogni terrazzo, e per **scambiare due parole** con un **senese**, quando **capita**. Cammina cammina, è inevitabile per chi la visita **sentire i morsi della fame** che **spingono** verso un ristorante.

E lì le belle sorprese continuano. La **cucina senese** è **in grado di deliziare** il palato di **chiunque**, con **la sua rinomata cacciagione**, gli appetitosi piatti al **sugo di cinghiale**, i pici, una specie di spaghetti grossi **fatti a mano**, la ribollita, una **zuppa** di **cavolo** nero e **fagioli**, **bollita due volte** e servita **su fette** di **pane tostato**, e poi i **dolci tipici**, il panforte e i Ricciarelli.

È una città che **vizia** i turisti, **eppure non si concede mai fino in fondo**. È una città ironica e fiera, che adora **prendersi in giro** e **vantarsi**, **di tanto in tanto**, della sua storia e della sua unicità.

folla: crowd
ma anche: but also
sdraiarsi: to lay down oneself
godersi: to enjoy oneself
circondano (circondare): (they) surround (to surround)
sorseggiare: to enjoy tasting, to sip
bicchiere: glass
colline (collina): hills
avvolgono (avvolgere): embrace (to embrace)
madre: mother
farebbe (fare): would do (to make, to do)
figlio: child

si cammina tanto (camminare): people walk a lot (to walk)
conviene (convenire): it's better (to be better)
andare a piedi: to go on foot
angolo: corner
stradina: alley
scambiare due parole con: to chat with
senese: from Siena
capita (capitare): it happens, it comes up (to happen, to come up)
sentire i morsi della fame: to be very hungry
spingono (spingere): push (to push)

cucina senese: Siena's cuisine
in grado di deliziare: is able to delight
chiunque: anyone
la sua rinomata: its renowned
cacciagione: game
sugo di cinghiale: wild boar sauce
fatti a mano: handmade
zuppa: soup
cavolo: cabbage
fagioli (fagiolo): beans
bollita due volte (bollire): boiled twice (to boil)
su fette: on slices
pane tostato: toasted bread
dolci tipici: traditional sweets

vizia (viziare): spoils (to spoil)
eppure: nevertheless
non si concede mai fino in fondo: it never gives itself thoroughly
prendersi in giro: to make fun of itself
vantarsi: to brag
di tanto in tanto: now and then

Brindisi e San Teodoro

patrono: patron
viene celebrato (celebrare): is celebrated
  (to celebrate)
cittadini (cittadino): city dwellers
settimana: week
coinvolgono (coinvolgere): involve
  (to involve)
viene allestita (allestire): is organized
  (to organize)
fiera: fair
parco: park
divertimenti (divertimento): amusements
sagre (sagra): festivals
luminarie (luminaria): lights
addobbano (addobbare): decorate
  (to decorate)
civile: civil
attesa: awaited

processione a mare: procession on the sea
prendere il via: to get under way
natante: craft

particolare interesse: particular interest
durante: during
gara: competition
pescatori (pescatore): fishermen
barche (barca): boats
si contendono (contendersi): contend
  (to contend)
imbarcazione: dock
Santo patrono: patron saint
seguita: followed
molte altre barche: many other boats
fedeli (fedele): believers
precedute (precedere): preceded (to precede)
a bordo: on board
a cavallo: on horseback
le maggiori: the greatest

terra ferma: land
viene portato (portare): is carried (to carry)
verso: toward
risiede (risiedere): resides (to reside)
avviene (avvenire): occurs (to occur)
una volta all'anno: once a year
dura (durare): lasts (to last)
concludendosi (concludersi): ending (to end)
fuochi pirotecnici: fireworks

San Teodoro è il **patrono** della città di Brindisi e **viene celebrato** dai **cittadini** la prima **settimana** di settembre con festeggiamenti che **coinvolgono** tutta la città. **Viene allestita una fiera**, **un parco divertimenti**, **sagre**, e tante **luminarie addobbano** la città. Per la cittadinanza è la più importante festa sia religiosa che **civile attesa** da grandi e piccoli.

La tradizionale "**processione a mare**", che **prende il via** dal Castello Aragonese, trasporta la statua del Santo su un **natante** e da il via alle celebrazioni.

Di **particolare interesse durante** i festeggiamenti è la manifestazione del Palio dell'Arca, una **gara** in cui i **pescatori** con le loro **barche si contendono** la vittoria per arrivare per primi all'**imbarcazione** dove sono depositate le reliquie del **Santo patrono**. La competizione è **seguita** da **molte altre barche** illuminate colme di **fedeli**, **precedute** dalla barca principale con **a bordo** la statua del Santo **a cavallo** e **le maggiori** autorità ecclesiastiche e civili.

Arrivati sulla **terra ferma** il Vescovo **celebra** la Santa Messa, dopo di che il Santo patrono **viene portato** in processione dai fedeli **verso** la cattedrale, dove **risiede** normalmente. Questa celebrazione **avviene una volta all'anno** e culmina con una grande festa che **dura** tre giorni **concludendosi** con uno spettacolo di **fuochi pirotecnici** sul porto della città.

San Teodoro di Amasea era un **soldato** di cui **non si conosce per certo** la **città natale**. **Proveniva** dall'oriente e secondo la tradizione **fu arruolato** nell'**esercito** romano e **trasferito** con la sua legione ad Amasea. Allora era in atto la **persecuzione avviata** da Diocleziano **contro** i cristiani. Egli **si rifiutò** di **rinnegare la propria fede** cristiana e **fu quindi rinchiuso** in **carcere** e **condannato** prima alla **morte** per fame, da cui si **sarebbe** miracolosamente salvato, e poi **al rogo**. Venne **seppellito** nella **vicina** Euchaita. In seguito furono dedicati a questo Santo diversi **edifici** di culto **in molte località**: Amasea, Costantinopoli, Ravenna, Venezia.

Nel 1225, in occasione delle nozze di Federico 2° di Svevia con la regina di Gerusalemme, le reliquie del Santo furono trasportate a Brindisi. Le **spoglie, giunte avvolte** da materiali preziosi come **seta** e **oro, trovarono** collocazione in un'arca **le cui facce** sono completamente **rivestite** di **lastre d'argento** realizzate per la maggior parte nella prima metà del 13° secolo e **raffigurano episodi** della vita del Santo, della sua morte e della traslazione delle reliquie a Brindisi.

Verso la fine del 1700 ebbe **inizio** la tradizione di **portare** il Santo in processione **per onorarlo**, tradizione **che prosegue** fino **ai giorni nostri** in diverse città italiane.

---

soldato: soldier
non si conosce (conoscere): nobody knows (to know)
per certo: for sure
città natale: hometown
proveniva (provenire): came from (to come from)
fu arruolato (arruolare): was enlisted (to enlist)
esercito: army
trasferito (trasferire): moved (to move)
persecuzione: persecution
avviata (avviare): started (to start)
contro: against
si rifiutò (rifiutarsi): refused (to refuse)
rinnegare: to deny
la propria fede: his own faith
fu quindi rinchiuso: was therefore locked up
carcere: jail
condannato: condemned
morte: death
sarebbe (essere): would be (to be)
al rogo: at the stake
seppellito: laid to rest
vicina: nearby, neighboring
edifici (edificio): buildings
in molte località: in many towns

spoglie: remains
giunte (giungere): arrived (to reach, to arrive)
avvolte (avvolgere): wrapped (to wrap)
seta: silk
oro: gold
trovarono (trovare): found (to find)
le cui facce (faccia): whose sides
rivestite (rivestire): covered (to cover)
lastre d'argento: silver plates
raffigurano (raffigurare): depict (to depict)
episodi (episodio): episodes

verso la fine del: toward the end of
inizio (iniziare): beginning (to begin)
portare: to bring
per onorarlo: to honor him
prosegue (proseguire): that continues (to continue)
ai giorni nostri: nowadays

Le colline umbre

colline (collina): hills

una delle zone: one of the areas

incantevoli: enchanting

proprio: indeed, in fact

il fatto di essere: the fact that it is

a non avere: which doesn't have

sbocco sul mare: access to the sea

forse: maybe

anche per questo: also for this reason

campagna: countryside

del paese: of the country

paesini (paesino): small villages

costruiti: built

mondo: world

le sue cime (cima): its peaks

pianure (pianura): plains

nel quale convergono quasi tutti gli altri:
  into which almost all the others flow

delle più apprezzate: of the most appreciated

essendo (essere): being (to be)

del passato: of the past

molto antiche: very ancient

all'inizio: at the beginning

secolo: century

si allea (allearsi): allies, form an alliance
  (to ally, to form an alliance)

si sviluppa (svilupparsi): develops
  (to develop)

durante: during

successivamente alla caduta: after the fall

vive una fase buia: goes through a dark phase

risorge (risorgere): rises again
  (to rise again)

strade (strada): streets

che ne compongono il centro: that constitute
  its center

sul pendio: on the slope

collegate tra loro: connected among them

vicoli (vicolo): alleys

gradoni (gradone): terraced slope's

Le **colline** umbre costituiscono **una delle zone** più **incantevoli** d'Italia. La particolarità dell'Umbria è **proprio il fatto di essere** l'unica regione della penisola italiana **a non avere uno sbocco sul mare**. **Forse anche per questo** la **campagna** di questa regione è tra le più belle **del paese** ed i **paesini costruiti** su queste colline sono tra i più pittoreschi del **mondo**. L'Umbria è prevalentemente collinare e montuosa, **le sue cime** maggiori raggiungono i mille e cinquecento metri. Le **pianure** sono limitate e determinate dalle valli dei fiumi, il principale è il Tevere **nel quale convergono quasi tutti gli altri**.

Gubbio è una **delle più apprezzate** fra le cittadine collinari **essendo** ricchissima in testimonianze **del passato**. Le sue origine sono **molto antiche, all'inizio** del III **secolo** a.C. **si allea** con Roma e **si sviluppa** enormemente **durante** l'impero.

Successivamente alla caduta di Roma **vive una fase buia** ma **risorge** dopo l'anno 1000. Oggi Gubbio è una delle cittadine più pittoresche d'Italia per via del suo aspetto medievale. Le cinque **strade** parallele **che ne compongono il centro** sono situate su diversi livelli **sul pendio** della montagna e **collegate tra loro** da **vicoli** e **gradoni**.

Assisi è probabilmente **la più conosciuta** grazie alle imprese del Santo che **porta il suo nome**. Assisi è adagiata sul **monte** Subasio e la quiete della sua natura **ha invitato nei secoli** allo studio e alla meditazione. Questa cittadina **sorge** in prossimità del territorio **etrusco** ma diviene municipio di Roma nel III secolo. Questa cittadina **ha conosciuto** una storia **molto travagliata**. Con la **caduta** dell'impero **fu rasa al suolo** dai Goti, **rioccupata** dai Bizantini solo **per essere conquistata** dai Longobardi.

Successivamente al dominio imperiale e papale, **subì il potere** perugino dei Visconti e quello degli Sforza. Inoltre **il suo essere divisa** in due, tra Parte de Sopra e Parte de Sotto, **le ha fatto conoscere** lunghi periodi di **guerre intestine**.

La cittadina di Narni ha conservato splendidamente il suo carattere medievale. **Arroccata** su un colle ricco di **ulivi**, questa cittadina vanta numerose fontane e piazzette tra gli splendidi **edifici**. Le prime **notizie storiche risalgono addirittura** al 600 a.C. ma nel 299 a.C. diventa ufficialmente colonia di Roma con il nome di Narnia. La sua posizione dominante e strategica **la espose** alle invasione barbariche e solo nel XIII secolo **poterono fiorire** gli **artisti** che **portarono** Narni all'attenzione di tutti. Tuttavia questo portò alla sua distruzione nel 1527 **per mano dei** Lanzichenecchi. La **ripresa** fu **lenta** ma stabile e consacrò questa cittadina tra i maggiori luoghi d'arte del **bel paese**.

Al giorno d'oggi è possibile **trascorrere** delle vacanze indimenticabili tra queste colline. Immersi in un **paesaggio meraviglioso, si possono apprezzare** i **lavori** degli artisti protetti da **antiche fortezze** che **costituiscono ormai** l'unico **ricordo** delle **lontane battaglie**.

---

la più conosciuta: the most famous
porta il suo nome: named after him
monte: mountain
ha invitato (invitare): has invited (to invite)
nei secoli (secolo): during the centuries
sorge (sorgere): rises (to rise)
etrusco: Etruscan
ha conosciuto (conoscere): has known (to know)
molto travagliata: very troubled
caduta: fall
fu rasa al suolo: was razed to the ground
rioccupata: reoccupied
per essere conquistata: to be conquered

subì il potere: was subjected to the power
il suo essere divisa: the fact that it was divided
le ha fatto conoscere: has made her know
guerre intestine: internal wars

arroccata: perched
ulivi (ulivo): olive trees
edifici (edificio): buildings
notizie storiche: historical news
risalgono (risalire): go back to (to go back to)
addirittura: even
la espose (esporre): exposed it (to expose)
poterono fiorire: could flourish
artisti (artista): artists
portarono (portare): brought (to bring)
per mano dei: by the hand of
ripresa: recovery
lenta: slow
bel paese: beautiful country (*one of the nicknames of Italy*)

al giorno d'oggi: nowadays
trascorrere: to spend, to pass
paesaggio meraviglioso: wonderful landscape
si possono apprezzare: people can appreciate
lavori (lavoro): works
antiche fortezze (fortezza): ancient fortresses
costituiscono (costituire): constitute (to constitute)
ormai: by now
ricordo: memory
lontane battaglie (battaglia): distant battles

La costiera amalfitana

La costiera amalfitana è **uno dei luoghi** più magici e **affascinanti** d'Italia. E' un **tratto** di costa situato nel **sud** della penisola, nella regione della Campania. E' famosa in tutto il **mondo** per la sua **straordinaria bellezza**, **riconosciuta** a livello mondiale. E' stata infatti nominata dall'UNESCO nel 1997 "Patrimonio dell'umanità", **proprio per le sue eccezionali** caratteristiche **ambientali**, **storiche** ed **artistiche**. Il tratto costiero si estende per circa **quarantatre** km, dal **comune** di Vietri sul Mare **fino a** Punta Campanella, e **prende il suo nome** dalla città di Amalfi, suo centro geografico e storico.

Questo luogo è sempre stato una **terra** di **pescatori** e agricoltori, e per la sua posizione strategica **è stato sottoposto** ad **invasioni straniere**, che **non sempre** sono state negative. Il **contatto** con gli ottomani e il mondo musulmano **ha portato** conoscenza e **nuove scoperte**, come gli **agrumi**, le **albicocche**, le **melanzane**, il caffè e soprattutto tecniche di **lavorazione che in seguito hanno fatto** la futura fortuna di **molti paesi** della costa.

E' stato proprio il mondo arabo a **trasmettere** la conoscenza della fabbricazione della **carta**, della produzione dei maccheroni e la costruzione dei **mulini**. Oggi Amalfi è amata in tutto il mondo per le sue attrazioni uniche – il Duomo con la sua inconfondibile architettura, la splendida costruzione gotica del Chiostro del Paradiso, e **ovviamente** la natura **selvaggia** e **rigogliosa**, le **belle spiagge** e il **mare** cristallino. Anche le **altre piccole** città della costiera sono **stupefacenti**, ed ogni paese ha il suo carattere particolare e le sue tradizioni.

Conca dei Marini è famosa per la Grotta dello Smeraldo, una cavità incontaminata **raggiungibile** solo via mare, e **per essere** il paese della sfogliatella, **un dolce tipico** della tradizione **campana**. Scala **invece** è il paese più **antico** della costiera amalfitana. Anche questo **ricco di luoghi** di interesse, **ospita** una manifestazione **chiamata** "Scala incontra New York". Una **kermesse** di arte, musica e cultura **nata** per **non dimenticare** le **vittime** dell'11 Settembre 2001, durante la quale il paese più antico della costiera **incontra** la metropoli americana più moderna.

La cittadina di Tramonti è **diversa da tutti gli altri comuni**, poichè è situata tra le **montagne** e non sul mare. Ricca di bellezze naturali, è famosa per il conservatorio di San Giuseppe e San Teresa, tra **le cui mura** è nata una **prelibatezza** tipica: il Concerto, un liquore **così chiamato** per la perfetta armonia delle **erbe** con cui si prepara.

Ma un'altra specialità è **legata** a questo comune. Qui è infatti possibile **assaggiare** una delle pizze più buone d'Italia, fatta con ingredienti prodotti in questo luogo: mozzarella fresca, **pomodori** e **basilico**. La pizza tipica è detta "alla tramontina", ed è rigorosamente **cotta** in **forno a legna**, dalla pasta **piuttosto alta e soffice**. Da **non dimenticare** Positano, considerata la **perla** della Costiera Amalfitana.

Un paese unico, **arrampicato** su una **ripida scogliera** che **si affaccia** direttamente sul mare, con le case e **le ville circondate** dalla tipica vegetazione mediterranea. Secondo la leggenda **fu fondata** dal **dio** del mare Poseidone, **per amore** della **ninfa** Pasitea. **Insieme agli altri** comuni, questi luoghi rappresentano una ricchezza infinita dell'Italia, e sono stati **meta** di **pittori**, **scrittori** e artisti da tutto il mondo, che sono stati ispirati e **grazie alle loro opere** hanno **richiamato** visitatori da ogni continente, che qui **trovano** natura, **storia**, **moda**, bellezza e **pace**.

raggiungibile: reachable
per essere: to be
un dolce tipico: a typical sweet
campana: of Campania
invece: instead
antico: ancient
ricco di luoghi: full of places
ospita (ospitare): hosts (to host)
chiamata (chiamare): called (to call)
kermesse: celebration
nata (nascere): born (to be born)
non dimenticare: to not forget
vittime (vittima): victims
incontra (incontrare): meets (to meet)

diversa da tutti gli altri comuni:
  different from all the other cities
montagne (montagna): mountains
le cui mura: whose walls
prelibatezza: delicacy
così chiamato: so called
erbe (erba): herbs

legata (legare): related (to relate, to tie)
assaggiare: to try
pomodori (pomodoro): tomatoes
basilico: basil
cotto: baked
forna a legna: wood-fired oven
piuttosto: quite
alta e soffice: thick and soft
non dimenticare: not forget
perla: pearl

arrampicato: perched
ripida scogliera: steep cliff
si affaccia (affacciarsi): looks out onto
  (to look out onto)
le ville circondate: the mansions surrounded
fu fondata (fondare): was founded (to found)
dio: god
per amore: for love
ninfa: nymph
insieme agli altri: together with the others
meta: destination
pittori (pittore): painters
scrittori (scrittore): writers
grazie alle: thanks to the
loro opere: their works
richiamato (richiamare): attracted (to attract)
trovano (trovare): they find (to find)
storia: history
moda: fashion
pace: peace

Venezia romantica

mille volti (volto): many faces
Ponte dei Sospiri: Bridge of Sighs
ebraica: Jewish
palazzi (palazzo): buildings (building)
calli (calle): alleys
gioiosa: joyful
mordi e fuggi: grab and go
macchina fotografica: camera
in mano: in hand
ore (ora): hours
compreso: included
speranza: hope
catturare: to catch
città: town
non conosce (conoscere): doesn't know
  (to know)
bassa stagione: low season

sfuggire: to avoid
masse (massa): crowds
prezzi alti: high prices
mangiare bene: to eat well

se invece: if instead
andare a caccia: to go hunting
tesori artistici: artistic treasures
(se) andassimo (andare): (if) we went
  (to go)
se riuscissimo ad (riuscire): if we could
  (can, to be able to)
evitare: to avoid
trappole (trappola): traps
folle rumorose: noisy crowds
locali blasonati: much-heralded restaurants
con molto: with much (money)
(se) andassimo alla ricerca: (if) we went
  searching
respirare: to breathe
vivere: to experience, to live

il bacaro: *the name of a typical Venice tavern*
osteria: tavern
si servono (servirsi): they serve (to serve)
cicchetti: small side dishes
ghiotti: delicious
anche se: even if
non amano (amare): they don't love
  (to love)
paragone: comparison

Venezia ha **mille volti**. C'è la Venezia romantica di Casanova e del **Ponte dei Sospiri**, immortalata in centinaia di film. C'è la Venezia delle gondole, la Venezia di Piazza San Marco e dell'acqua alta, la Venezia **ebraica** della Giudecca e della sua storia millenaria, quella dei **palazzi** dei Dogi e dei **calli**, quella **gioiosa** del Carnevale, quella glamour del Festival di Venezia e della Biennale e quella popolare del turista **mordi e fuggi**, **macchina fotografica in mano** e quattro **ore** di tour tutto **compreso** nella **speranza** di **catturare** in una istantanea la magnificenza di questa **città che non conosce bassa stagione**.

Difficile **sfuggire** agli stereotipi, alle **masse** e ai **prezzi alti**. Ancor più difficile **mangiare bene** in una città dove apparentemente dominano i menù turistici.

E **se invece** di **andare a caccia** di **tesori artistici andassimo** a caccia di tesori gastronomici? **Se riuscissimo ad evitare** le **trappole**, le **folle rumorose** o i **locali blasonati** dove si mangia poco **con molto** e **andassimo alla ricerca** di luoghi alternativi e genuini dove **respirare** un'atmosfera più autentica e **vivere** il momento del pasto alla maniera dei veneziani?

Il locale tipico dei veneziani è **il bacaro**, una sorta di bar/**osteria** dove **si servono** i **cicchetti**, **ghiotti** spuntini simili alle tapas, **anche se** i veneziani **non amano** il **paragone**.

Tipica l'offerta di **pietanze** della **cucina** tradizionale veneziana come **acciughe, carciofi, polpette di carne** o **pesce, sarde in saor, baccalà mantecato, seppie** e **moscardini** detti folpeti, ostriche e **altre squisitezze**, da accompagnare ad **bicchiere** di vino, **denominato ombra, seduti al bancone** del bar. La maggior parte di questi locali tipici infatti **non ha tavoli** ma **accoglie** i suoi ospiti con antipasti e stuzzichini da consumare ad un **bancone di legno, in piedi,** un modo perfetto per socializzare, in una atmosfera di solito informale e **rilassata**.

Se gli anglosassoni hanno il pub crawl, i veneziani il **giro** d'ombre: **si inizia** la **serata** da un bacaro per poi visitarne più di uno. Il termine "bacaro" **si dice** derivi dal veneto *far bacara*, che **vuol dire fare baccano**, festeggiare, mangiare e **divertirsi in compagnia**.

Un indirizzo prezioso è Alla Vedova (Cannaregio 3912), uno dei bacari più antichi della città, molto noto fra i veneziani e famoso per le sue polpette e per il **fritto misto**.

Poco distante l'Anice Stellato (Cannaregio 3272), **piccolo ma accogliente**, dove **gustare** cicheti di pesce e fegato alla veneziana.

Dò Mori (San Polo 429) è conosciuto come il più antico bacaro di Venezia. In attività già alla fine del 1400, non ha tavoli ma serve la sua specialità, i francobolli, **piccoli tramezzini ripieni** di salumi, gorgonzola e **verdure**, su un bancone di legno. Non lontano dal ponte di Rialto, nel cuore della Venezia da cartolina, si trova All'Arco (San Polo 436). Situato a pochi passi dal **mercato del pesce**, offre una selezione di pesce freschissimo servito su **fette di pane**, un'esperienza gastronomica paradisiaca. Venezia è magica **anche per questo**.

---

pietanze: dishes
cucina: cuisine
acciughe (acciuga): anchovies
carciofi (carciofo): artichokes
polpette di carne: meatballs
pesce: fish
sarde in saor: *typical recipe for sardines*
baccalà mantecato: creamy codfish
seppie: cuttlefish
moscardini: a type of mussel
altre squisitezze: other delicacies
bicchiere: glass
denominato: called
seduti al bancone: sitting at the counter
non ha tavoli: it doesn't have tables
accoglie: to welcome
bancone di legno: wood counter
in piedi: standing
rilassata: relaxed

giro: tour
si inizia (iniziarsi): they start
  (to start)
serata: evening
si dice (dire): they say (to say)
vuol dire (voler dire): it means
  (to mean)
fare baccano: to make a racket
divertirsi in compagnia: to have fun
  in company

un indirizzo prezioso: a valued destination
fritto misto: mixed fried foods

piccolo ma accogliente: small but cozy
gustare: to enjoy

piccoli tramezzini ripieni: small stuffed
  sandwiches
mercato del pesce: fish market
fette di pane: slices of bread
anche per questo: also for this reason

La Basilicata

Alcune regioni italiane **sono più conosciute di altre**. Chi **non ha sentito parlare**, **per esempio**, della Toscana e della Sicilia? La Basilicata è una delle regioni **meno note**, **anche se** ha una storia **antichissima** e una geografia originale e intrigante.

Quando Mel Gibson **si è innamorato dei** Sassi di Matera e **ha scelto** di **girarvi** la *Passione di Cristo*, molti italiani **si sono domandati** cosa ci **avesse trovato** il **regista** e attore australiano.

In effetti la Basilicata, **chiamata** anche Lucania, è una regione da cui tendenzialmente **si scappa**, perché **non ci sono** grandi città . Potenza e Matera, i due capoluoghi di provincia, hanno rispettivamente 68.000 e 60.000 **abitanti** e **di conseguenza** c'è **poco lavoro**. Tanti emigranti lucani **hanno cercato fortuna altrove**, nel Nord Italia come **all'estero**. I **nonni** di Francis Ford Coppola, **per citare** il **nome** di chi la fortuna l'ha trovata, **erano nati** a Bernalda, **un paesino vicino** a Matera.

L'attenzione di Gibson, **comunque**, **ha acceso** un inedito interesse turistico **verso** la Basilicata, un interesse che, **a dire il vero**, è **più che motivato**, dato che le sue **ricchezze** ambientali, **paesaggistiche**, **storiche** ed **artistiche** sono ampie e importanti.

I Sassi di Matera sono patrimonio dell'UNESCO. Il Pollino e il Val d'Agri sono due parchi naturalistici nazionali. Le necropoli di Pisticci **raccontano** l'**antico popolo** degli Enotri. Le **rovine** di Heraclea, **a pochi passi** da Policoro, **ricordano** la Magna Grecia. La bella Melfi **svela** la prima costituzione democratica del **mondo**. Due **mari**, lo Jonio e il Tirreno, **bagnano** le splendide coste e i **massicci** dell'Appennino **raggiungono vette oltre** i 2.000 metri, **altezze insolite per** il Sud Italia.

Lago di Como

"Quel **ramo** del **lago** di Como, che **volge** a **mezzogiorno**". È così che **inizia** uno dei romanzi più importanti della letteratura italiana, *I promessi sposi* di Alessandro Manzoni.

È difficile **trovare** un italiano che **non ne conosca** a memoria le prime **parole**, sia perché **si studia in ogni scuola** italiana, sia perché **è stato adattato** in serie tv.

In realtà, è **ancora più difficile** trovare un italiano **non al corrente** della **storia d'amore** tra la showgirl Elisabetta Canalis e l'affascinante divo hollywoodiano George Clooney. **Promessi sposi** anche loro?

Chissà quante volte Clooney ed Elisabetta **si saranno rilassati insieme** sulle **rive** del lago! Certo è che l'indimenticato protagonista di *E.R.* **ha comprato** la villa sul lago nel 2003, in **località** Laglio. **Fino ad allora** pochi italiani **avevano sentito parlare** di quel **paesino**, che **da allora ruba** la scena al mitico ramo **descritto** dal Manzoni.

Il Lario, comunemente **chiamato** lago di Como, è uno splendido lago di origine glaciale situato nel nord Italia, fra le province di Lecco e Como. Pochi passi oltre, c'è la Svizzera. È il **terzo** lago italiano per superficie e il **quinto** d'Europa **per profondità**, un lago romantico e docile che **stimola**, da **sempre**, serenità e amore. È **forse per questo** che artisti **del cuore** come Manzoni, Stendhal e Byron **lo hanno raccontato**.

Oggi calma, **pulizia** e bellezza di queste rive sono un'attrazione **irrinunciabile** per turisti di **primo piano**, **ben informati** e **buongustai**. È **intorno** a queste acque che un'infinita **fila di ulivi regala** un **olio da intenditori**. Ed è in questi ristoranti che, quando la polenta taragna, il fritto misto di lago o il *missultin* compaiono sul piatto, i clienti possono considerarsi fortunati. Sarà per questo che Clooney **viene sempre qui**?

---

ramo: branch
lago: lake
volge (volgere): turns (to turn)
mezzogiorno: south
inizia (iniziare): begins (to begin)

trovare: to find
non ne conosca (conoscere): doesn't know (it) (to know)
parole (parola): words
si studia (studiare): it is studied (to study)
in ogni scuola: in every school
è stato adattato (adattare): has been adapted (to adapt)

ancora più difficile: even more difficult
non al corrente: not aware
storia d'amore: love story
promessi sposi: betrothed (*Literally: promised to be married*)

chissà: who knows
quante volte: how many times
si saranno rilassati (rilassarsi): they relaxed (to relax)
insieme: together
rive (riva): shores
ha comprato (comprare): bought (to buy)
località: locality
fino ad allora: until then
avevano sentito parlare (sentire): they had heard about (to hear)
paesino: village
da allora: since that moment
ruba (rubare): steals (to steal)
descritto (descrivere): described (to describe)

chiamato (chiamare): called (to call)
terzo: third
quinto: fifth
per profondità: in depth
stimola (stimolare:) stimulates (to stimulate)
sempre: always
forse per questo: maybe for this reason
del cuore: of the heart
lo hanno raccontato (raccontare): they told about it (to tell about)

oggi: today
pulizia: cleanliness
irrinunciabile: irresistible
primo piano: very important
ben informati: well informed
buongustai: gourmet
intorno: around
fila di ulivi: row of olive trees
regala (regalare): gives (to give)
olio da intenditori: boutique olive oil
viene sempre qui (venire): he always comes here (to come)

Prova la sua comprensione

Le Cinque Terre, page 24

1. What is *Le Cinque Terre*?

2. How would you describe and translate *muri a secco*?

3. What did "someone" do to a limestone wall in one of the cities?

Città d'arte e d'amore, page 25

1. What is Verona famous for?

2. What eras of architecture will you find in Verona?

3. What can you admire while walking around the *piazza delle Erbe*?

Vacanze ad Alghero, page 26

1. Alghero has a lot in common with what other region?

2. What are some things you can do while vacationing in Alghero?

3. What is the symbol of Sardinia?

La città di Siena, page 28

1. When you arrive in Siena what might you notice?

2. What makes the central piazza of Siena unique?

3. What food is Siena renowned for?

Test your comprehension

Brindisi e San Teodoro, page 30

1. What is the *Palio dell'Arca*?

2. What does *il Vescovo* celebrate and how does this celebration end?

3. Describe the *reliquie del Santo* and how it was when it arrived in Brindisi.

Le colline umbre, page 32

1. What makes the area of Umbria unique?

2. What city is considered the most famous of the Umbria region?

3. Name some characteristics of the city of Narni.

La costiera amalfitana, page 34

1. Why is Amalfi Coast renowned?

2. What is produced in this region?

3. What is the city of Tramonti famous for?

Venezia romantica, page 36

1. What stereotypes of Venice is it difficult to avoid?

2. What is *il bacaro*?

3. What is the *bacari* on *Alla Vedova* famous for?

Tradizione

Le maschere veneziane

Il carnevale di Venezia è una delle più note ed **apprezzate** celebrazioni al **mondo**. Questa tradizione può **vantare** origini **antiche** che **vanno indietro nel tempo** di **mille anni**. Le **maschere** e i costumi **garantivano** al **popolo** l'anonimità e con essa la possibilità di **dimenticare, seppure per poco**, le **forti divisioni** sociali che **regnavano** nella Repubblica di Venezia. Questo costituiva quindi un'**ottima valvola di sfogo nei confronti** dei **soprusi** dell'aristocrazia che, **saggiamente**, **tollerava** questi festeggiamenti che **alleviavano** le tensioni sociali ed i **malumori** del popolo.

Una delle maschere più comuni nel carnevale antico è la Bauta, **indossata** sia dagli uomini che dalle donne. È una maschera **composta** da tre elementi essenziali, la classica maschera **bianca**, **nota** come larva, da indossare sotto ad un **tricorno** ed un **avvolgente mantello** nero, che insieme formano il costume carnevalesco per eccellenza. Il fascino particolare di questa maschera consiste nel fatto che **concedeva di bere** e colloquiare **agevolmente** pur **mantenendo** il completo anonimato. Questo **la rende** la maschera perfetta per **corteggiare** o essere corteggiati.

L'altra maschera tipica di Venezia è conosciuta col **nome** di Gnaga. Questo travestimento era costituito semplicemente da **indumenti** femminili d'uso comune, **abbinati** ad una maschera con le **sembianze** di una **gatta**. Questo travestimento era **facile da realizzare** e destinato agli uomini disposti ad atteggiarsi da popolana.

La maschera più popolare tra le donne era invece la Moretta. Questo era un **travestimento malizioso** in quanto **non concedeva** a chi **lo indossava** la possibilità di **parlare**. Una piccola maschera di **velluto**, **sorretta** dalla **bocca**, e il **corpo abbigliato** con indumenti dalle **raffinate velature**, **rendevano** questa maschera, e chi la indossava, **oggetto** di attenzioni e corteggiamenti.

Il presepe

Una delle più belle opere d'arte che si possono **trovare** in Italia durante il periodo di **Natale** è la rappresentazione della Natività, **composta** da **oggetti** generalmente **fatti a mano** e che compongono il presepe.

Il presepe è un **esempio** meraviglioso di "arte povera". Nella **fase iniziale**, le figure e le varie parti **destinate a comporre** il presepe sono fatte di **cartapesta**, che successivamente **viene modellata** e **dipinta**. Sembra che il primo presepe fu rappresentato da S. Francesco durante **la vigilia di Natale** del 1223 e rappresentava un momento di **vita quotidiana durante** la Natività.

Inizialmente, le chiese erano **le uniche** ad aver rappresentato il presepe durante il Natale, ma **presto** l'uso si estese anche fra i cittadini più ricchi e importanti. **Alcuni**, **addirittura**, **incaricarono** scultori ben noti di rappresentare il loro personale presepe privato. I **personaggi avevano vestiti** di **stoffe pregiate fatti su misura** ed erano **ornati** di **gioielli** e **monili**. **Luoghi** e **gente del posto venivano** sempre **raffigurati** nel presepe, che rappresentava così **spaccati di vita quotidiana**. Ben presto l'uso di avere un presepe si estese anche tra la gente più **umile**.

Se siete in Italia durante questo periodo di festa, **vi consigliamo** di **fermarvi** ad ammirare i vari presepi. **Soprattutto se vi trovate** a Napoli, **non mancate** di visitare S. Gregorio Armenio, una zona particolare di Napoli che **vanta** una serie di artigiani che **tutto l'anno** lavorano alla costruzione dei presepi, **portando avanti** una tradizione antichissima con i loro pezzi di **altissimo valore**.

Agriturismo

Un agriturismo è **in primo luogo** un'**attività ricettiva** che **fornisce** ospitalità e servizi per i turisti, nella natura, **usando** la **propria** struttura e i propri prodotti. Il requisito primario è poter dare ospitalità sul proprio **podere**, nelle abitazioni rurali e **offrire** ai turisti prodotti tipici provenieni dallo stesso agriturismo.

Tra gli **anni** '50 e '70 l'agricoltura in Italia **ha subito un forte calo**. L'attività agricola infatti **attraversó** allora una profonda crisi e **coltivare** i **campi** non era più **vantaggioso**, così molti **coltivatori abbandonarono** la terra per cercare **lavoro** nelle grandi città. Ma l'**amore** degli italiani per le tradizioni e i prodotti di produzione della **piccola scala alimentare hanno dato** origine, verso gli anni '80, ad un nuovo tipo di impresa per **promuovere** l'agricoltura ed **integrarla** con il turismo, l'artigianato, e i propri prodotti tipici. Questa iniziativa **ha riscosso molto successo**, tanto, che nel 1985 è stata varata una **legge** che **regola** l'attività di un Agrotirosmo.

È stata data ai proprietari l'opportunità di **avviare** un´attività turistica di agriturismo dove il turista può **apprezzare** sia la natura che i prodotti alimentari coltivati nella stessa struttura. Tutto ciò **ha permesso** ai piccoli coltivatori di **aumentare** il proprio **reddito** continuando a coltivare la propria terra, e ai turisti di **conoscere** ed apprezzare un tipo di vacanza alternativa dove **gustare dei cibi genuini** e aprezzare lo **stile di vita** rurale in Italia.

Il **concetto** di agriturismo in Italia è gia un grande successo apprezzato in tutto il **mondo**. L'iniziativa, **nata per valorizzare** il patrimonio artistico rurale e la

nostra agricoltura, nasce dall'idea di **trascorrere** una **giornata** di **festa** in **campagna** tra natura, animali e buon vino. Visto il successo dell'iniziativa, il progetto **ha cominciato** ad **acquisire risvolti inaspettati**. I **contadini** e i **proprietari** di **masserie** abbandonate possono **ricevere**, infatti, un contributo statale per **ristrutturare** le proprie **fattorie** ed avviare un'attività di agriturismo.

Molti agriturismi **hanno affiancato** alla loro attività allevamenti di **cavalli** con relativo **maneggio**, o ingrandito la loro **azienda** con strutture ricettive più moderne come **piscina** o campi da tennis, per **consentire** agli ospiti un **soggiorno** più **piacevole**. Altri invece hanno conservato l'aspetto più semplice privilegiando un turismo eno-gastronomico, dove il turista può apprezzare la buona **cucina** italiana. Altri ancora offrono all'ospite la possibilità di **interagire** con l'attività **contadina**, **aiutando** a coltivare la terra, a **raccogliere** i frutti, a **mungere** le **vacche**.

Questa forma di turismo, ormai consolidata in Italia, è fonte di **notevole guadagno** in quanto ad essa sono affiancate feste patronali, **sagre** ed eventi che **attirano** il turista alla ricerca di una forma di vacanza alternativa molto apprezzata proprio perché **raccoglie** le diverse **esigenze** individuali, ma soprattutto perché concilia l'esigenza di vacanza, **riposo**, buona cucina e sano **divertimento**. Viva l'agriturismo!

---

concetto: concept
mondo: world
nata (nascere): was born (to be born)
per valorizzare: to enhance
trascorrere: to spend
giornata: day
festa: celebration, party
campagna: countryside
ha cominciato (cominciare): started (to start)
acquisire: to acquire, to gain
risvolti inaspettati: unexpected results
contadini (contadino): farmers
proprietari (proprietario): owners
masserie (masseria): manor farms
ricevere: to get
ristrutturare: to rebuild
fattorie (fattoria): farms

hanno affiancato (affiancare): have placed side by side (to place side by side)
cavalli (cavallo): horses
maneggio: riding stables
azienda: farm
piscina: swimming pool
consentire: to allow
soggiorno: stay
piacevole: pleasant
cucina: cuisine
interagire: to interact
contadina: of country life
aiutando (aiutare): helping (to help)
raccogliere: to pick
mungere: to milk
vacche (vacca): cows

notevole guadagno: considerable profit
sagre (sagra): religious festivals
attirano (attirare): attract (to attract)
raccoglie (raccogliere): gathers (to gather)
esigenze (esigenza): needs
riposo: rest
divertimento: fun

Il Natale italiano

feste (festa): holidays
durante: during
anno: year
attesa (attendere): awaited (to wait)
Natale: Christmas

giorno: day
nascita: birth
cominciano (cominciare): begin (to begin)
molto tempo prima: long before
decorare: to decorate
case (casa): houses

albero: tree
palline (pallina): little balls
luci colorate (luce): colorful lights
oggetto: object
nato (nascere): born (to be born)
capanna: hovel, shack
statuine (statuina): statuettes
bue: ox
asinello: donkey
intorno: around
botteghe (bottega): shops
altri personaggi (personaggio): other
    characters
paesi (paese): villages
si può assistere (potere): you can watch
    (can, to be able to)
dal vivo: live
sacro: sacred
visitando (visitare): visiting (to visit)
vivente: living
si ricostruiscono (ricostruirsi): are
    reconstructed (to reconstruct)
negozi (negozio): shops
vestite (vestito): worn
popolano (popolare): populate
    (to populate)
facendo finta (fare finta): pretending
    (to pretend)
artigiani (artigiano): craftsmen
lavandaie (lavandaia): laundresses
non mancano (mancare): (they) do not lack
    (to lack)
bambino: baby
lo hanno riscaldato (riscaldare): they have
    kept him warm (to keep somebody warm)
fredda: cold
pane: bread
mangiare: to eat
bere: to drink
bicchiere: glass
quasi magcia: almost magical

In Italia ci sono molte **feste durante** l'**anno**, ma ce n'è una molto importante e molto **attesa** da tutti gli italiani: il **Natale**.

Il **giorno** di Natale è il 25 dicembre, giorno in cui si ricorda la **nascita** di Gesù. I festeggiamenti, però, **cominciano molto tempo prima**. Già dalla fine di novembre in tv ci sono gli spot pubblicitari di alcuni prodotti tipici del Natale e molti italiani cominciano a **decorare** le loro **case**.

L'ornamento più popolare è sicuramente l'**albero**, decorato con **palline** e **luci colorate**. C'è però un altro **oggetto** decorativo, più tradizionale e suggestivo: il presepe. Il presepe è la ricostruzione della notte in cui Gesù è **nato**: c'è la **capanna** con le **statuine** di San Giuseppe, Maria, il **bue** e l'**asinello**; **intorno** ci sono altre case o **botteghe** e **altri personaggi** e animali. In alcuni **paesi si può assistere** alla rappresentazione **dal vivo** del **sacro** evento **visitando** il presepe **vivente**: nelle grotte naturali **si ricostruiscono** case, **negozi** e la capanna, mentre delle persone, **vestite** come in quel periodo, **popolano** la scena **facendo finta** di essere pastori, **artigiani**, **lavandaie**. Naturalmente **non mancano** San Giuseppe, Maria, il **bambino** e i due animali che **lo hanno riscaldato** in quella notte **fredda**. A volte nelle grotte si prepara realmente il **pane**, così chi va a visitare il presepe può **mangiare** e bere un **bicchiere** di vino in un'atmosfera bellissima e **quasi magica**.

Gli italiani amano festeggiare anche in casa e nel periodo natalizio di solito **si incontrano** da **amici** o parenti, **giocano a carte** o a tombola (un **gioco** simile al bingo) e mangiano i **dolci tipici** del Natale, come ad esempio il **pandoro** e il **panettone**.

Durante questo periodo, per quasi un **mese**, i **negozi** sono **affollati** perché tutti sono **impegnati** a **cercare un regalo** per amici e parenti; i più **indaffarati** sono i **genitori** che **devono soddisfare le richieste** dei loro bambini. I bambini, infatti, giorni prima scrivono una lettera a **Babbo Natale**, **facendo la lista** dei giocattoli che **vogliono trovare** sotto l'albero.

Anche i supermercati però sono sempre molto **pieni**. Eh sì, perché gli italiani **amano trascorrere** il tempo mangiando in buona compagnia e in questo lungo periodo di festa le occasioni **per incontrarsi** non mancano: nelle case si preparano **lunghe tavolate** con **piatti di ogni genere**, dall'antipasto al **dolce**, **apparecchiate** con **tovaglie rosse** e le **candele**.

Finalmente arriva il 24 dicembre, giorno della **vigilia**. Gli adulti sono occupati nei preparativi della grande **cena**, mentre i piccoli aspettano con **ansia** il momento in cui **poter aprire i regali**. Di solito la cena è a base di **pesce**, ma i piatti possono **cambiare** a seconda della zona. Mangiando, **brindando** e **giocando si aspetta mezzanotte** per festeggiare la nascita di Gesù. I più religiosi **vanno in chiesa** ad ascoltare la Santa Messa; altri restano a casa e aprono i regali tutti **insieme**. Chi non va a **messa** la notte precedente, può partecipare alla messa della mattina.

È molto bello **andare in giro** la mattina del 25 dicembre perché tutti sembrano felici: **si abbracciano**, **si baciano**, **si danno gli auguri**, **si scambiano** i regali, **sorridono** e **sembrano dimenticare** i dolori e lo stress. All'**ora di pranzo** però tutti di nuovo a casa a mangiare e brindare.

anche: also, even
ha subìto: has been subjected
tempi moderni: modern times
quaranta anni fa (anno): 40 years ago
era piuttosto: was rather more
donne (donna): women
si occupavano (occuparsi): took care
   (to take care)
figli: children
casa: home
solo poche: only a few
di loro lavoravano (lavorare): of them
   worked (to work)
mura domestiche: home
maggiore: for the most part
tempo trascorso insieme: (time) passed
   together
si riuniva (riunirsi): gathered, got together
   (to get together)
sono cambiate (cambiare): have changed
   (to change)
contiuna a rimanere: remains
saldo: solid

ai giorni d'oggi: these days
genitori: parents
entrambi: both
detenga (detenere): has, holds (to hold)
un triste primato: a sad record
natalità: birthrate
divorzio: divorce
allargate: widened
le coppie senza: couples without (children)
matrimonio: marriage
che avrebbe: that would have
inorridire: to horrify

età: age
si è alzata (alzarsi): is on the rise,
   has increased (to rise, to increase)
ci si sposa: you get married
più tardi rispetto ai: much later in respect to
nostri nonni: our grandparents
perché spesso: because often
non lo permettono (permettere): don't allow
   (to allow)
stipendio: salary
si percepisce (percepirsi): you receive
   (to receive)
piuttosto: quite
basso rispetto: low (with) respect
acquistare: to acquire
mettere: to start (a family)

La famiglia in Italia

Anche in Italia la famiglia **ha subìto** l'evoluzione dei **tempi moderni. Quaranta anni fa** la famiglia **era piuttosto** numerosa, le **donne si occupavano** principalmente dei **figli** e della **casa** e **solo poche**

di loro lavoravano fuori dalle **mura domestiche. Maggiore** era il **tempo trascorso insieme** e i pasti rappresentavano un momento di molto importante in cui la famiglia **si riuniva.** Oggi molte cose **sono cambiate,** anche se la famiglia **contiuna a rimanere** un punto di riferimento **saldo** e importante.

Ai giorni d'oggi i **genitori** di solito lavorano **entrambi** e il numero dei figli è drasticamente diminuito. È un dato di fatto che l'Italia **detenga un triste primato:** uno dei più bassi tassi di **natalità** d´Europa. Il **divorzio** è molto diffuso e molte sono le famiglie cosidette **allargate,** così come le unioni di fatto, **le coppie senza** figli o figli nati fuori dal **matrimonio,** qualcosa **che avrebbe** fatto **inorridire** gli italiani di qualche generazione fa.

L'età del matrimonio **si è alzata,** infatti **ci si sposa** molto **più tardi rispetto ai nostri nonni** e ai nostri genitori. Questo **perché spesso** le condizioni economiche **non lo permettono:** non si ha un lavoro stabile e lo **stipendio** che **si percepisce** è **piuttosto basso rispetto** agli standard europei e non è sufficiente ad **acquistare** una casa o a **mettere** su famiglia.

Anche per questo i figli decidono di **non lasciare** il **nido** e **scelgono** di **rimanere** a **vivere** con i genitori **ben oltre** i 35 anni di età, il più delle volte per reale necessità, qualche volta però anche per mentalità: difficile per molti rinunciare ai pasti della mamma, agli **abiti lavati** e **stirati** e alle **comodità** di casa.

In una società dove l'**aiuto** dello **Stato** è **minimo**, la famiglia si **prende cura** dei figli anche in età adulta, **aiutandoli** spesso anche finanziariamente. I nonni **svolgono un ruolo molto importante** nella **crescita dei nipoti**. Al pari di perfette babysitter, non è raro che aiutino a **crescere** e a **educare** i nipoti, accudendoli quando i genitori **si trovano** a lavoro. Non sono rari i casi in cui gli anziani **rimasti vedovi vanno** a **vivere** in casa con i figli, una soluzione molto più popolare rispetto all'**andare** a vivere in **case di riposo**.

Se è vero che **si ha meno tempo per sedersi** a tavola insieme, **incontrarsi** e **parlare**, è altrettanto vero che ci **si riunisce sempre** per le **ricorrenze** familiari e religiose, **siano esse le feste natalizie** o **battesimi** e **compleanni**. A dispetto di una generale crisi della famiglia e dei cambiamenti di abitudini e mentalità, i rapporti di solidarietà sono dunque, **al di là di** ogni retorica, **ancora** fondamentali nella società italiana e la famiglia **rimane** il centro della **vita** affettiva e sociale.

non lasciare: to not leave
nido: nest
scelgono: choose
rimanere: to remain
vivere: to live
ben oltre: well over
abiti: clothes
lavati (lavare): washed (to wash)
stirati (stirare): ironed (to iron)
comodità: comfort

aiuto: help
stato: state
minimo: minimal
prende cura (prendere): takes care of (to take)
aiutandoli (aiutare): helping them (to help)
svolgono: play
un ruolo molto importante: a very important role
crescita dei nipoti: development of their grandchildren
crescere: to raise
educare: to educate
si trovano (trovarsi): are (to be)
rimasti vedovi: left a widower
vanno (andare): go to (to go)
vivere: to live
andare: to go
casa di riposo: rest home

se è vero: if it's true
si ha meno tempo: you have less time
per sedersi: to sit
incontrarsi: to meet
parlare: to talk
si riunisce sempre: (they) get together always
ricorrenze (ricorrenza): anniversaries
siano esse: whether they would be
le feste natalizie: Christmas holidays
battesimi: baptisms
compleanni: birthdays
al di là di: apart from
ancora: still
rimane (rimanere): remains (to remain)

festa: celebration
mondo: world
paese: country
storicamente: historically
sede: seat, center
giorno: day
anno: year
compreso: takes place
preceduta (precedere): preceded (to precede)
penitenza: pentence
Quaresima: Lent
durante: during
prevista: planned
alimentare: dietary

tremila: three thousand
nord: north
sud: south
susseguono (susseguire): (they) follow one
 another (to follow)
sacre: sacred
sagre (sagra): festivals
interi: entire
paesi scendono (scendere): towns descend
 to (to go down)
ricordare: to remember
morte: death
resurrezione: resurrection

Scoppio del carro: *tradional act, particular of
 this celebration, of setting a cart on fire*
usanza: custom
risale: refers to *(a specific period in ancient time)*
addirittura: quite
tempi (tempo): times
crociate (crociata): crusades
ovvero: that is
guerre (guerra): wars
tra: between
dodicesimo: 12th
secolo: century
liberare: to free
racconta (raccontare): recounts (to recount)
portarono (portare): brought (to bring)
pietre: jewels
sfregandole: slashing them
fuoco: fire
popolo: population, people

La Pasqua

La Pasqua è una **festa** cattolica che viene celebrata in tutto il **mondo**. In Italia questa occasione è molto importante, visto che questo **paese** è **storicamente** la **sede** della religione cristiana. Il

giorno preciso della festività varia ogni **anno**, ma è sempre **compreso** tra il 22 Marzo e il 25 Aprile. La Pasqua è **preceduta** da un periodo di **penitenza** della durata di quaranta giorni, detto "**Quaresima**", **durante** il quale è **prevista** moderazione **alimentare**.

In tutta la penisola italica la Pasqua è festeggiata con tantissime rappresentazioni, più di **tremila**. Da **nord** a **sud** si **susseguono** processioni, riti religiosi, feste popolari, rappresentazioni **sacre**, **sagre** e tradizioni folcloristiche. **Interi paesi scendono** in piazza, durante la "Settimana Santa", per celebrare e **ricordare** il dramma sacro della **morte** e della **resurrezione** di Cristo.

A Firenze, in Toscana, durante il periodo di Pasqua è possibile assistere ad un'antica tradizione detta lo "**Scoppio del carro**". Storicamente questa **usanza risale addirittura** ai **tempi** delle **crociate**, **ovvero** le **guerre** di religione che vennero combattute **tra** il **dodicesimo** e il tredicesimo **secolo** dai cristiani per **liberare** la Terra Santa (Gerusalemme). La storia **racconta** che dopo la liberazione di Gerusalemme nel 1101 d.C., i crociati **portarono** a Firenze alcune **pietre** prese dal Santo Sepolcro di Gesù. **Sfregandole**, accesero un **fuoco** santo, che venne distribuito al **popolo** fiorentino come simbolo di purificazione.

Nel corso degli anni questa **ricorrenza è diventata** tradizione ed è stata poi introdotta l'**usanza** di trasportare il fuoco santo con un carro. Da allora ogni **mattina** di Pasqua, un monumentale e **antico** "Carro di Fuoco", detto "Brindellone", viene trasportato da due **candidi buoi bianchi** fino a Piazza del Duomo, **insieme** ad un **corteo** di tradizionali figuranti in costume, **trombettieri** e **sbandieratori** del **calcio** storico fiorentino. L'Arcivescovo **accende** la **miccia** di un **razzo** che simboleggia la **bianca colomba** di Pasqua. **Una volta** accesa questa **scorre** lungo un **cavo d'acciaio**, attraversa tutta la Cattedrale, e **si scontra infine** con il Carro, il quale esplode in tutto il suo splendore. Lo spettacolo pirotecnico **dura** circa venti minuti.

L'imponente carro viene avvolto da **nubi, scoppi** e **scintille** sempre più luminose. **Le luci diventano** lentamente una **pioggia** coloratissima di verde, viola, rosa, rosso, bianco e blu. Uno spettacolo unico e meraviglioso. Questa antica festa ha sempre richiamato moltissimi **fedeli**, turisti, **cittadini** e numerosi **contadini** della **campagna** fiorentina, i quali **pregano** che il **rito si svolga** senza nessun ostacolo. La tradizione infatti dice che se la cerimonia si svolge **senza intoppi**, per Firenze si preannuncia un anno positivo. L'ultima volta che la colomba fallì **il suo percorso** dalla Cattedrale al Carro, fu il 1966. A novembre di quello stesso anno ci fu la **tremenda** e **tristemente** famosa **alluvione** di Firenze, uno dei più disastrosi eventi mai accaduti in Italia.

Dopo il rituale dello Scoppio del Carro, le famiglie si ritrovano per il consueto pranzo di Pasqua. I piatti tipici della Pasqua fiorentina sono i "Biscotti Quaresimali", **squisiti** biscotti al cioccolato a forma di lettere dell'alfabeto. **Inoltre**, la tradizione vuole che sulle **tavole** non manchi "l'uovo benedetto". Si tratta di **uova sode che vengono portate** in **chiesa** la mattina per essere benedette dal **prete. Dopodichè vengono** servite durante il **pranzo,** e chi le **mangia godrà** della **benedizione**.

---

ricorrenza: anniversary
è diventata (diventare): become (to become)
usanza: custom
mattina: morning
antico: ancient
candidi buoi bianchi: snow-white cows
insieme: together
corteo: parade
trombettieri (trombettiero): trumpeters
sbandieratori (sbandieratoro): banner twirlers
calcio: soccer
accende: to light, to turn on
miccia: fuse
razzo: rocket
bianca colomba: white dove
una volta: once
scorre (scorrere): runs (to run)
cavo d'acciaio: steel cord
si scontra infine (scontrarsi): (it) finally crashes (to crash)
dura (durare): lasts (to last)

nubi (nube): clouds
scoppi: explosions (made by fireworks)
scintille: sparkling
le luci diventano: the lights become
pioggia: rain shower
fedeli (fedele): believers
cittadini (cittadino): citizens
contadini (contadino): farmers
campagna: country
pregano (pregare): praying (to pray)
rito: rite, ceremony
si svolga (svolgarsi): continues (to continue)
senza intoppi: smoothly
il suo percorso: to follow its road
tremenda: tremendous
tristemente: sadly
alluvione: flood

squisiti: delicious
inoltre: furthermore
tavole (tavola): tables
uova sode: hard-boiled eggs
vengono portate (portare): are brought (to bring)
chiesa: church
prete: priest
dopodichè vengono: after which they are
pranzo: lunch
mangia (mangiare): eats (to eat)
godrà (godere): will enjoy (to enjoy)
benedizione: blessing

Buon anno!

Il Capodanno italiano varia da regione a regione, **ma anche** da **città** a città. Il Capodanno di metropoli come Roma, Napoli e Milano è una cosa. Il Capodanno di una città di provincia o di un **paesino** è tutt'altra cosa. Ovviamente **si festeggia** ovunque, ma la grandezza della **festa**, le **modalità** e **persino** la partecipazione sono **senz'altro diverse**.

Una delle tradizioni più **antiche** e particolari del Capodanno italiano è quella di **lanciare** dalla **finestra cocci**, **piatti**, **bicchieri** e **oggetti** della **cucina** che sono **ormai vecchi**, per **scacciare** tutto il **male** che si è accumulato nel corso dell'**anno**. **Ancora oggi**, in tante case meridionali, la **scaramanzia** mantiene **viva** questa **usanza** popolare.

E **se siete** a Napoli tra la **notte** del 31 dicembre e il **pomeriggio** del 1° di gennaio, **vi consiglio** di **non passeggiare vicino** alle finestre… **Pensate** che **una volta** un mio **amico ha visto cadere** giù una **lavatrice**!

Mentre cade qualche lavatrice, **esplodono** i **fuochi d'artificio**. Del resto, i fuochi d'artificio **abbelliscono** da sempre le feste di tutto il mondo e nel giorno di Capodanno, a Roma e nel Meridione, **diventano una vera e propria** mania. **Tutti vogliono sparare** i **botti dopo la mezzanotte**, non solo per **celebrare** l'arrivo dell'**anno nuovo** ma soprattutto, come nel caso degli oggetti vecchi lanciati dalla finestra, per **cacciare via** gli spiriti cattivi. Ogni anno i botti regalano **divertimento** e **meraviglia**, ma anche un consistente numero di **feriti**.

Ci sono delle tradizioni **uguali** in tutta Italia. Tutti, per esempio, **mangiano lenticchie** e qualche **chicco d'uva**, o l'**uva passa**, **perché** lenticchie e uva, **secondo** la **credenza** popolare, **portano fortuna** e

denaro. Per lo stesso motivo si mangia anche il **cotechino**, **chiamato** anche **zampone**, che non è un **piatto abituale** della cucina italiana.

Mettere un dito in un **bicchiere** di spumante e **passarlo dietro il proprio orecchio**, o dietro l'orecchio di un'altra persona, è un **augurio** di buona fortuna per il proprietario dell'orecchio. E così, a Capodanno, **sono in molti a farlo**.

Inoltre gli italiani, sia maschi che femmine, il 31 dicembre indossano dell'intimo di colore rosso, perché oltre a portare fortuna, il rosso **assicura amore** e fertilità. Ma attenti, la tradizione **indica** che la **biancheria** intima **indossata** a Capodanno deve essere **buttata via il giorno dopo**. Quando l'anno nuovo arriva, l'importante è come **inizia**!

Secondo i veri superstiziosi, se la prima persona che **vedrete sarà un vecchio** o un **gobbo**, **avrete** fortuna e anche una vita **lunga** e **felice**; se **invece** la persona che **incontrerete** per prima sarà un **bambino** o un **prete**, avrete una grande sfortuna che porterete con voi per tutto l'anno. Per tutti gli altri italiani, sarà la prima cosa che **farete** a **indirizzare** il vostro anno… Molti, infatti, scelgono di fare l'amore.

Insomma, il Capodanno italiano è la festa della superstizione. **Pochi ci credono** sul serio, ma dopo tutto sono usanze così economiche e **facili** che è sempre **meglio non dimenticarsi** di **metterle in pratica**.

uguali: same
mangiano (mangiare): they eat (to eat)
lenticchie: lentils
chicco d'uva: grapes
uva passa: raisins
perché: because
secondo: according
credenza: belief
portano fortuna (portare fortuna): they bring good luck (to bring good luck)
denaro: money
cotechino: large boiled pork sausage
chiamato (chiamare): called (to call)
zampone: pig's trotter stuffed with minced pork meat and spices
piatto abituale: common dish

mettere un dito: to put a finger
bicchiere: glass
passarlo dietro il proprio orecchio: to run it over your ear
augurio: wish
sono in molti a farlo: many people do that

inoltre: besides
assicura (assicurare): assures (to assure)
amore: love
indica (indicare): indicates (to indicate)
biancheria: underwear
indossata: worn
buttata via: thrown away
il giorno dopo: the day after
inizia (iniziare): it begins (to begin)

vedrete (vedere): you will see (to see)
sarà un vecchio (essere): will be an old man (to be)
gobbo: hunchback
avrete (avere): you will have (to have)
lunga: long
felice: happy
invece: instead
incontrerete (incontrare): you will meet (to meet)
bambino: child
prete: priest
farete (fare): you will do (to do)
indirizzare: to give direction

pochi ci credono (credere): few people believe that (to believe)
facili: easy
meglio: better
non dimenticarsi: not to forget
metterle in pratica: put them into practice

mondo: world

cucina: cuisine

riferimento: reference

esempio: example

piatti (piatto): dishes

cucinati (cucinare): cooked (to cook)

amplissima: enormous

comprendere: to understand

a fondo: fully

bisogna (bisognare): needs (to need)

primo luogo: in the first place

sottolineare: to stress, to emphasize

vera e propia: real

signora: madam

marchigiana: of the Marche region

molisana: of the Molise region

valdostana: of the Valdosta region

non avrà mai (avere): will never have
   (to have)

formazione: background

ligure: of the Liguria region

basta spostarsi: it is enough to move

ma anche: but also

a volte: at times

avere: to have

sostanzialmente: substantially

un complesso insieme: a whole complex

portate: dishes, courses
   (i.e., a five-course meal)

in altre parole (parola): in other words

ovunque siamo: wherever we are

propone (proporre): proposes, offers
   (to propose)

scelta: choice

zuppa: soup

carne: meat

pesce: fish

contorno: side dish

verdura: vegetable

dolce: sweet, dessert

Se mangi italiano

Tutto il **mondo** considera la **cucina** italiana come un **riferimento** importante e un **esempio** straordinario di qualità e ricchezza. La varietà di **piatti** tradizionali **cucinati** nel territorio italiano è in effetti **amplissima**, impressionante, ma per **comprendere a fondo** la singolarità italiana **bisogna** in **primo luogo sottolineare** che non esiste una **vera e propria** cucina nazionale.

Uno chef del Veneto, così come una **signora marchigiana** o **molisana** o **valdostana**, **non avrà mai** una **formazione** simile a quello di uno chef siciliano o di una signora toscana o **ligure**. **Basta spostarsi** anche di 50–100 chilometri, non solo da regione a regione o da provincia a provincia, **ma anche**, **a volte**, da comune a comune, per **avere** un panorama gastronomico **sostanzialmente** diverso.

È questa la particolarità assoluta della tradizione italiana, **un complesso insieme** di tradizioni con un unico comune denominatore: la presentazione del menù in cinque **portate**. **In altre parole**, in Italia, **ovunque siamo,** il menù **propone** una **scelta** di antipasti, una scelta di primi piatti (pasta, riso, **zuppa** o minestra), una scelta di secondi piatti (**carne** o **pesce**), un **contorno** (solitamente di **verdura** o patate) e un **dolce**.

Detto questo, **se ci sediamo** a **tavola** in Lombardia, non è difficile **incontrare** la **cotoletta** alla milanese e il brasato e in alcune zone la **cassoeula**, che **si trova** anche in Piemonte. Se ci sediamo a Venezia, la polenta con il **nero di seppia**, i **bigoli** e le **sarde** in **saor** sono imperativi, così come a Genova le **trofie** con il pesto alla genovese, e a Bologna il **bollito** e gli **agnolotti**.

Se poi ci sediamo a tavola a Firenze, la tradizione **offre** la **ribollita** e la fiorentina. A Siena, i **pici** con i **funghi porcini** e il **panforte**, a Livorno il cacciucco e in Maremma l'acquacotta e le pappardelle col **cinghiale**.

A Roma piatti tipici sono la pasta alla carbonara o alla amatriciana, la **porchetta** e **così via**. Se scendiamo in Campania e ci sediamo tavola a Napoli, in particolare, scopriamo che la **vera** pizza si cucina in due versioni, la Margherita e la napoletana, e nei ristoranti che conservano **il vecchio stile**, **si mangia** ancora su un tavolo di **marmo**, senza piatto. Ma le tradizioni del Sud **non finiscono** a Napoli, perché la Puglia è la patria del pesce **crudo**, la Calabria presenta salumi saporitissimi e la Sicilia ha una tradizione culinaria **senza fine**, che **mescola** influenze arabe, **spagnole** e francesi.

È vero che a Natale **dolci tipici** come il pandoro e il panettone **si trovano dappertutto**, e **lo stesso accade a** Pasqua con le **colombe**, ma anche in questo caso non si può **parlare** di tradizione nazionale, ma di ottima distribuzione territoriale, dato che il pandoro è un dolce veronese e il panettone è milanese.

Insomma, **se fossi** un turista **straniero** in visita in Italia, **mi fiderei** di più di un ristorante che si presenta come marchigiano, sardo, toscano o siciliano, **piuttosto** che di uno che **si propone** come italiano.

---

se ci sediamo (sedersi): if we sit down (to sit)
tavola: table
incontrare: to meet
cotoletta: veal or beef cutlet
cassoeula: thick soup
si trova (trovarsi): you find (to find)
nero di seppia: black seppia (cuttlefish ink)
bigoli: *typical pasta of Venezia*
sarde: sardines
saor: sweet and sour sauce
trofie: *typical pasta of Genoa*
bollito: boiled meats
agnolotti: filled pasta

offre (offrire): offers (to offer)
ribollita: *typical Tuscan soup*
pici: *typical pasta*
funghi porcini: porcini mushrooms
panforte: *specific type of cake made in Siena*
cinghiale: wild boar

porchetta: roast pig
così via: and so on
vera: real
il vecchio stile: the old way
si mangia (mangiare): it is eaten (to eat)
marmo: marble
non finiscono: doesn't end, finish
crudo: raw
senza fine: without end
mescola (mescolare): mixes (to mix)
spagnole: Spanish

é vero che: it's true that
dolci tipici: local desserts
si trovano dappertutto (trovarsi): you find everywhere (to find)
lo stesso accade: the same happens
Pasqua: Easter
colombe: *cake eaten during Easter*
parlare: to speak

se fossi (essere): if I was (to be)
straniero: foreigner
mi fiderei (fidarsi): I'd trust (to trust)
piuttosto: rather than
si propone (proporsi): one that proposes

Le tradizioni di matrimonio

Cambiano i **tempi** ma molto **spesso, quando si tratta** di **convolare a giuste nozze,** in Italia alcune tradizioni **si perpetuano** nel tempo, **immutate.** In alcuni casi **si fa anche ricorso a** idee diverse e inconsuete (**pensiamo** ai **matrimoni** sulla spiaggia, **tanto in voga** negli Stati Uniti), in **un incrocio** di **vecchio** e **nuovo.**

In fatto di matrimoni **esistono comunque abitudini** e **consuetudini ormai** consolidate, anche se l'Italia è una nazione eterogenea e le tradizioni nuziali possono presentare delle differenze a seconda della regione. **Soprattutto** nei **piccoli paesi resistono** usi e costumi di grande **fascino** e suggestione, mentre nelle grandi città alcuni di essi sono **stati abbandonati.** Nell'Italia **settentrionale solitamente** le **nozze** sono un **avvenimento** più **sobrio** mentre **al meridione,** dove le famiglie sono più numerose, si tratta di una **festa** a cui possono partecipare anche **centinaia e centinaia** di invitati.

Se le **spose** dell'Antica Roma **si vestivano** con **abiti** dai **colori sgargianti, la scelta** dell'abito bianco **rimane** ancora la più popolare, nonostante qualche sposa **non disdegni** l'idea di un abito di nozze più eccentrico e dai colori insoliti. In Italia la sposa **non ha l'abitudine** di avere delle **damigelle,** come invece **avviene** nei paesi anglosassoni. Al contrario, sia lo sposo che la sposa **possono avere fino a** tre **testimoni** di nozze **ciascuno.**

Sono in genere i testimoni ad **aiutare** lo sposo ad organizzare una **serenata nel cuore** della notte **sotto** il balcone della futura **moglie**, un'abitudine che si sta sempre più **diffondendo**.

La tradizione vuole che si acquistino delle **bomboniere** da **dare** a **ciascun invitato**: si tratta di **un oggetto da regalare** a parenti e **amici** che partecipano alla cerimonia come **ricordo** delle nozze. Le più classiche sono realizzate in porcellana o **argento**, **anche se ne esistono** di innumerevoli tipi, a seconda dei gusti e delle **disponibilità economiche** degli sposi. **Insieme** alle bomboniere si consegnano sacchetti di confetti, **mandorle sbucciate ricoperte** di **zucchero**. Il numero dei confetti deve essere sempre dispari, per favorire la **buona sorte**. In alternativa, a volte dopo il **taglio** della torta **gli sposi passano** ai **tavoli** di ciascun invitato offrendo confetti sciolti, sempre in **numero dispari**.

A proposito di **torta nuziale**, in tempi passati **si aveva l'abitudine** di conservare una fetta di torta **per darla a coloro** che **non avevano potuto** partecipare alle nozze. Una delle usanze più tipiche della tradizione culturale italiana era quella di preparare la **dote** per la futura sposa sin da bambina. Mamme e nonne **iniziavano** da subito a preparare **il corredo raccogliendo** e **mettendo** da parte **lenzuola** ricamate, **asciugamani**, **tovaglie di pizzo** e a volte anche preziosi servizi di piatti e **bicchieri**. Oggi si tratta di una tradizione in buona parte abbandonata **ma ancora viva** in alcuni piccoli centri.

Se in Italia **vi capitasse** per caso di imbattervi in un rumoroso corteo di macchine, **sappiate** che si tratta degli invitati alle nozze che, **dirigendosi verso il ricevimento**, suonano il clacson per **annunciare** a tutti le avvenute nozze e per **celebrare** la felicità della nuova **coppia**.

---

aiutare: to help
serenata nel cuore: serenade from the heart
sotto: underneath
moglie: wife
diffondendo: catching on, spreading

bomboniere: *small wedding gifts given to the wedding guests from the bride and groom*
dare: to give
ciascun invitato: everyone invited
un oggetto da regalare an object to give as a gift
amici (amico): friends
ricordo: memory
argento: silver
anche se ne esistono: even if there are
disponibilità economiche: economic assets
insieme: together
mandorle (mandorla): almonds
sbucciate: peeled
ricoperte: covered
zucchero: sugar
buona sorte: good fortune
taglio: cutting
gli sposi passano: the newlyweds move
tavoli (tavolo): tables
numero dispari: uneven numbers

torta nuziale: wedding cake
si aveva l'abitudine: it was common
per darla a coloro: to give it to those
non avevano potuto: has not been able
dote: dowry
iniziavano: started
il corredo: *traditional collection of linens for the bride, prepared by the mother*
raccogliendo: collecting
mettendo: placing
lenzuola: bed sheets
asciugamani: towels
tovaglie di pizzo (tovaglia): lace tablecloths
bicchieri (bicchiero): glasses
ma ancora viva (vivere): but it lives on (to live)

vi capitasse (capitare): if you encounter (to meet)
sappiate (sapere): you should know (to know)
dirigendosi verso: going towards
il ricevimento: the wedding party
annunciare: to announce
celebrare: to celebrate
coppia: couple

Prova la sua comprensione

Le maschere veneziane, page 44

1. In the early days, what did the masks do for the people?

2. What is the shape of the mask of Gnaga?

3. Describe the mask worn by women during *la Moretta*.

Il presepe, page 45

1. How are the objects for *il presepe* generally made?

2. When was the first *presepe* made and what did it represent?

3. Initially, where was the only place you could find *il prespe*?

Agriturismo, page 46

1. How or why did *agriturismo* start?

2. How does *agriturismo* benefit both the farmer and the traveler?

3. What have some farmers added to their locations to make them more pleasant for travelers?

Il Natale italiano, page 48

1. What is a popular Christmas decoration?

2. Friends and family gather at home during Christmas for what kind of activities?

3. What dish is often served for Christmas Eve Dinner?

Test your comprehension

La Pasqua, page 52

1. What animal pulls the cart?

2. What does the rocket symbolize?

3. How long does the fireworks show last?

Buon anno!, page 54

1. What is the ancient New Year's Day tradition?

2. Fireworks are shot off in the streets for what two reasons?

3. What do people eat on New Year's Day to bring good luck?

Se mangi italiano, page 56

1. Whenever you are in Italy what will you find offered on the menu?

2. What dish might you find on the menu in Venice?

3. What food will you be offered in Florence and in Sienna?

Le tradizioni di matrimonio, page 58

1. How do weddings differ in Northern and Southern Italy?

2. What is unusual about the wedding dresses in Ancient Rome?

3. What does the husband do for the bride the night before the wedding?

Celebrazione

La Festa della Repubblica

La Festa della Repubblica italiana è la **principale** festa nazionale civile italiana, **paragonabile in qualche modo** al 4 luglio **statunitense** o al 14 luglio francese. **Per molto tempo** questa festa fu **ignorata**, ma fortunatamente, **dopo decenni** di **oblio**, é stata **ripristinata** e considerata festa nazionale **grazie all**'allora Presidente della Repubblica Ciampi, che nel 2000 **ha restituito la giusta importanza** a questa **ricorrenza**.

Questa data è importante **perchè ricorda** il referendum istituzionale del 2 e 3 giugno in cui gli italiani **dovettero esprimere la propria** preferenza per la Repubblica o la monarchia dei Savoia. Dopo 85 **anni** di **regno** della monarchia, **colpevole** di **aver appoggiato** il regime fascista e di conseguenza di **aver trascinato** l'Italia in **guerra,** gli italiani **votarono** a favore della Repubblica.

L'articolo 1 della Costituzione italiana **afferma** che la Repubblica italiana è una società democratica **fondata** sul **lavoro** e che la **sovranità appartiene** al **popolo**.

La Costituzione italiana è un **insieme** di norme e di **valori** ai quali si **ispira** la società italiana, formata da leggi fondamentali che **rispettano** la sovranità del popolo. La Festa della Repubblica rappresenta quindi per gli italiani la festa della propria **libertà**, in una Repubblica pacifica e democratica.

Festa de la Madonna Bruna

La Madonna della Bruna, patrona della citta di Matera, **si tiene** ogni **anno** durante il **mese** di Luglio.

La festa, che **ha onorato** la Madonna della Bruna **per centinaia** di anni, **inizia** con la processione "dei pastori" con la quale i **quartieri antichi si sveglia**no alle prime **luci** dell'alba per salutare il Quadro della Vergine, il cui passaggio è **annunciato** dai **botti pirotecnici**. **Intanto** i **cavalieri**, **scorta** del **carro** processionale, **si radunano** lungo le **vie** e nei "**vicinati**".

Come **vuole** la tradizione, la **mattina** del 2 luglio la statua di **SS** Maria **viene portata** nella **chiesa** di Piccianello, per poi essere portata in processione sul carro trionfale per tutto il **pomeriggio** lungo le **strade** principali **gremite di gente**, **fino ad arrivare**, **in serata,** nel piazzale del Duomo dove **si compiono** i "**tre giri**", simbolo della presa di possesso della città da parte della SS patrona. La statua, accompagnata dalla Curia Arcivescovile, **verrà deposta** in Cattedrale.

Il carro è **circondato** da "cavalieri" con cavalli **bardati** di **fiori di carta** e **velluti** e l'**auriga incita i muli** verso la piazza, a **poche centinaia di metri**, **per restituire** alla **folla ivi radunatasi** il simbolo della festa. Con **lo stesso rito secolare** quindi, l'anima popolare **si esalta confondendo** il sacro con il profano e nello stupore generale, in un **tripudio** di massa, il carro, frutto di un **lavoro artigianale** di mesi, viene **assaltato** e **distrutto** (**verrà ideato** e **ricostruito** l'anno dopo).

La festa si conclude in **tarda** serata con un brillante spettacolo pirotecnico che illumina il **cielo sopra** l'antico quartiere di Sassi, con le antiche **abitazioni di roccia** di Matera che ora sono un sito protetto dall'UNESCO World Heritage.

si tiene (tenersi): is held (to be held)
anno: year
mese: month

ha onorato (onorare): has honored (to honor)
per centinaia: for hundreds
inizia (iniziare): starts (to start)
quartieri (quartiere): neighborhoods
antichi: ancient
si svegliano (svegliarsi): (they) wake up (to wake up, to awaken)
luci (luce): lights
annunciato (annunciare): announced (to annouce)
botti pirotecnici: fireworks
intanto: meanwhile
cavalieri: knights
scorta: escort
carro: cart, wagon
si radunano (radunarsi): (they) are assembled (to assemble)
vie (via): roads
vicinati (vicinato): neighborhoods

vuole (volere): (*as the tradition*) has it (to want)
mattina: morning
SS: Santissima, very holy
viene portata: is brought
chiesa: church
pomeriggio: afternoon
strade (strada): roads
gremite di gente: very crowded with people
fino ad arrivare: until it arrives
in serata: in the evening
si compiono (compiersi): it makes (to make)
tre giri: three turns
verrà deposta: will be put

circondato (circondare): surrounded (to surround)
bardati: dressed for the festival
fiori di carta (fiore): paper flowers
velluti: velvet drapes
auriga: driver of the cart
incita i muli (mulo): directs the mules
poche centinaia di metri: few hundred meters
per restituire: to hand back
folla ivi radunatasi: the crowd gathered there
lo stesso: the same
rito secolare: secular ritual
si esalta: get excited
confondendo: confusing
tripudio: exhaulted response
lavoro artigianale: handwork
assaltato (assaltare): assaulted (to assault)
distrutto (distruggere): destroyed (to destroy)
verrà ideato: it will be remade
ricostruito (ricostruire): reconstructed (to reconstruct)

tarda: very late
cielo sopra: sky above
abitazioni di roccia: homes built into the rock

Autunno in festa

finita: ended
tornano: return
lavoro: work
dicono addio (dire): say goodbye (to say)
non rinunciano: don't give up
comincia (cominciare): begins (to begin)
attirano (attirare): attract (to attract)
soprattutto: especially
buongustai (buongustaio): gourmets
perché: because
sagre (sagra): festivals
feste (festa): feasts
cibo: food
stagione: season
raccolti (raccolte): harvest
vendemmia: grape harvest
riposo: rest
contadini (contadino): farmers
passata (passata): spent, passed (to pass)
festeggiano (festeggiare): they celebrate (to celebrate)
assaggiano (assaggiare): they taste (to taste)

autunnali: of autumn
funghi porcini: porcino mushrooms
castagne (castagna): chestnuts
zucca: pumpkin
possiamo (potere): we can (can, to be able to)
gustare: to taste
per esempio: for example
carne: meat
salsicce (salsiccia): sausages
pane: bread

attesa (attendere): attended (to attend)
fiera: fair
pregiato: fine
tartufo bianco: white truffle
mondo: world

invece: instead
ligure: of the Liguria region
basilico: basil
si celebrano (celebrarsi): is celebrated (to celebrate)
altrettanto: as much
pinoli: pine nuts
olio: oil
aglio: garlic
sale: salt

L'estate è **finita** e tutti **tornano** al **lavoro**; gli italiani **dicono addio** alle vacanze, ma **non rinunciano** alle feste: **comincia** l'autunno con numerosi festival che **attirano soprattutto** i **buongustai**. E sì, **perché** in questo periodo, in quasi tutta l'Italia, ci sono tante **sagre**, cioè **feste** dedicate al **cibo** e ad alcuni prodotti

particolari. L'autunno, infatti, è la **stagione** dei **raccolti**, della **vendemmia**, del **riposo** dei **contadini** che, dopo un'estate **passata** a lavorare nei campi, **festeggiano** e **assaggiano** i frutti del loro lavoro.

Fra i protagonisti delle sagre **autunnali** ci sono i **funghi porcini**, le **castagne**, la **zucca** e il vino; alle sagre però sono tanti i prodotti che **possiamo gustare**, **per esempio carne**, **salsicce**, **pane** e tanti cibi tipici e diversi a seconda delle zone.

Per esempio ad Alba, in Piemonte, è molto **attesa** la **fiera** del **pregiato tartufo bianco** per cui questa città è famosa in tutto il **mondo**.

In Liguria **invece** l'evento gastronomico più importante è dedicato al prodotto tipico di questa regione: il pesto. L'ingrediente principale di questa specialità **ligure** è il **basilico** ma durante questo evento **si celebrano** anche gli altri ingredienti, **altrettanto** importanti: **pinoli**, pecorino, **olio, aglio** e **sale**.

Altri protagonisti di molte fiere sono i salumi e i **formaggi**: le **bancarelle per strada** sono piene di salame, bresaola, coppa, pecorino e grana.

Gli italiani **amano mangiare, ma** amano **anche** accompagnare il cibo con un buon **bicchiere** di vino e quale periodo **migliore** di questo per **assaggiare** i prodotti della **vendemmia**?

In Veneto, ad esempio, dal 2009 c'è il Festival nazionale dell'Enoturismo. Sì, il turismo del vino: il vino **diventa** un pretesto per visitare le **campagne** e **vedere paesaggi** bellissimi. Nelle Marche, invece, il vino diventa un'occasione per **conoscere** il processo di produzione: i contadini **portano** l'**uva** in piazza e **le ragazze del paese la pestano a piedi nudi davanti** a tutti i presenti. Un evento **simile possiamo vederlo** anche in Toscana dove c'è la "sagra del pigio", una **vera e propria** "battaglia" tra i quartieri che **si sfidano** nella **spremitura** dell'uva.

La Toscana offre, **inoltre**, una grande fiera del **pesce**, **chiamata** Livorno Food, a cui partecipano espositori da tutta l'Italia. Anche Ostia, **vicino** a Roma, dedica una fiera ai prodotti del **mare**: la sagra della tellina e il **fritto di paranza** accompagnato da **verdure**, formaggi, salumi e naturalmente vino, sono due appuntamenti da **non perdere**.

L'Italia è famosa anche per la pasta, quindi **non può mancare** una sagra dedicata ad un tipo di pasta tipico dell'Emilia Romagna: il tortellino, unione deliziosa di pasta, carne e formaggio. La pasta è protagonista anche in Puglia dove in alcune città le donne del posto preparano le orecchiette, pasta fresca tipica di questa regione. Naturalmente le orecchiette sono **condite** poi con il buonissimo olio di oliva, altro prodotto famoso di questa zona.

Insomma, in autunno ci sono **tanti appuntamenti** e tante occasioni per visitare l'Italia, da Nord a Sud, e festeggiare con gli italiani la buona **cucina**, semplice e tradizionale. Da non perdere!

formaggi: cheese
bancarelle: stalls, stands
per strada: in the streets

amano (amare): they love (to love)
mangiare: to eat
ma ... anche: but . . . also
bicchiere: glass
migliore: best
assaggiare: to taste
vendemmia: grape harvest

diventa (diventare): becomes (to become)
campagne (campagna): farmlands
vedere: to see
paesaggi: landscapes
conoscere: to know
portano: they bring (to bring)
uva: grapes
le ragazze (ragazza): the girls
del paese: of the village
la pestano (pestare): crush it (to crush)
a piedi nudi: in bare feet
davanti: in front
simile: similar
possiamo (potere): we can (can, to be able to)
vederlo: to see it
vera e propria: real
si sfidano (sfidarsi): they challenge each other (to challenge)
spremitura: juice

inoltre: moreover
pesce: fish
chiamata (chiamare): called (to call)
vicino: near
mare: sea
fritto di paranza: little fried fish
verdure: vegetables
non perdere: not to be missed

non può mancare: it cannot be missed
condite: spiced, seasoned

insomma: in conclusion
tanti appuntamenti (appuntamento): many dates
cucina: cuisine

Calendimaggio

Nel cuore dell'Umbria, situata su uno **sperone** di **roccia** a dominare l'**intera vallata**, Assisi è una delle capitali spirituali d'Italia. Cittadina dalla predominante impronta medioevale, **ricca** di **tesori** d'arte, di **vicoli tortuos**i, di **angoli** suggestivi e di **chiese** gotiche e romaniche, **ha dato i natali** a San Francesco, fondatore dell'ordine dei francescani e figura **chiave** della cristianitá.

Assisi è anche **custode** di un antico patrimonio di tradizioni e feste folkoristiche, **una su tutte** la Festa del Calendimaggio. Si tratta di una festa che **celebra** la **primavera** e il **ciclo** vitale della natura e che **affonda** le sue origini pagane all'**epoca** del **popolo** italico degli Umbri che **abitavano** queste zone. Fu acquisita anche fra i romani con le celebrazioni dei Fasti di Maggio e **perpetrata** nel Medioevo con gruppi di **giovani gaudenti** che **vagavano** per le **strade** di Assisi dando il **benvenuto** alla primavera con i "**canti di maggio**", ovvero **poesie**, canti e danze. Testimonianza di questa tradizione **si ritrova** anche nelle **cronache** del **tempo**.

Nel tardo Medioevo, agli **inizi** del 1300, la città **diventa** teatro degli **scontri** violenti fra due famiglie rivali, la famiglia dei Nepis e quella dei Fiumi e **si divide** in Nobilissima Parte di Sopra, al **seguito** della prima famiglia, e Magnifica Parte di Sopra, al seguito della seconda famiglia.

Lotte **intestine** e **vendette segnano** questo periodo e la divisione della città in due parti **si riflette** ancora oggi nelle celebrazioni, quando la Parte di Sopra e quella di Sotto **si sfidano attraverso** giochi medioevali come il **tiro alla fune** e il tiro con la **balestra** e **cortei** in costume.

Il Calendimaggio **si svolge** il giovedí, il venerdì e il sabato **subito dopo il primo maggio** e i tre giorni di festa sono segnati da **esibizioni** di canto e musiche medioevali e poesie in lingua dell'epoca, sfoggio di costumi e **sfilate di sbandieratori** dove ogni rione della città deve dare il meglio di se **per poter** conquistare il Palio, la **vittoria**. La festa si apre con il **banditore** che **dichiara** ufficialmente aperte le celebrazioni, **dopodichè** le due parti della città assistono alla **benedizione** dei **vessilli**, cerimonia religiosa che avviene nella Cattedrale di San Rufino per la Parte di Sopra e nella Basilica di San Francesco per la Parte di Sotto.

A questo punto le due parti **sfidanti si dirigono verso** la Piazza del Comune per la **consegna** delle chiavi, momento in cui il **sindaco** consegna al Maestro di Campo le chiavi della città. Tra rievocazioni di vita medioevale, **giochi** e la **sfida fra** i **cortei** i **cori** delle due parti, il Calendimaggio termina con l'**assegnazione** del Palio durante l'**ultima giornata** della festa ed ha nell'elezione di Madonna Primavera uno dei momenti di maggiore interesse, con la proclamazione della più bella **ragazza** della **fazione vincente**.

intestine: internal
vendette: revenge, vendetta
segnano (segnare): mark (to mark)
si riflette (riflettersi): is reflected (to reflect)
si sfidano (sfidarsersi): challenge each other (to challenge each other, to fight)
attraverso: though
tiro alla fune: tug of war
balestra: crossbow
cortei: marches, parades

si svolge (svolgersi): takes place (to take place)
subito dopo: soon after
il primo maggio: the first of May
esibizioni (esibizione): exhibitions
sfilate di sbandieratori: parade of flag wavers
per poter: in order to
vittoria: victory
banditore: town crier
dichiara (dichiarare): declares (to declare)
dopodichè: after which
benedizione: blessing
vessilli (vessillo): banners, standards

sfidanti (sfidanto): challengers, competitors
si dirigono: head
verso: toward
consegna: delivery
sindaco: mayor
giochi (gioco): games
sfida: challenge
fra: between
cortei: large group of participants
cori (coro): choirs
assegnazione: awarding
ultima giornata: last day
ragazza: girl
fazione vincente: winning team

Ferragosto

Ci sono festività che **coinvolgono** tutto il **mondo**. Altre celebrazioni **si conoscono** in pochi paesi, **ma esistono persino** festività che si **celebrano** in un solo stato. **Se chiedete** a uno **spagnolo**, a un **francese**

o a un **norvegese**: "Come **hai passato** il Ferragosto?", sicuramente **non otterrete risposta**. Il Ferragosto si festeggia esclusivamente in Italia il 15 Agosto di ogni **anno**.

La **parola** deriva dall'espressione latina *Feriae Augusti,* che significa "vacanze di Augusto" e indica la festività istituita dall'imperatore Ottaviano Augusto nel 18 a.C., una delle tante feste estive dell'**epoca**, che **consentivano** ai **cittadini un riposo soddisfacente** dopo le **fatiche** dei **mesi precedenti**. Il **popolo**, per l'occasione, **lasciava riposare** gli **animali da tiro**, **li adornava** con dei **fiori**, e **si divertiva** con le corse dei **cavalli**. Il Palio di Siena riproduce ancora oggi quel clima di festa.

Inoltre, nell'antico Ferragosto, i lavoratori erano **abituati a fare gli auguri** ai **padroni** e a **ricevere** in **cambio** una ricca **mancia**. In Lombardia questa pratica si è conservata fino al **secolo scorso**: i datori di lavoro lombardi **regalavano** ai lavoratori soldi o **beni commestibili** per **permettere loro di trascorrere** un **giorno** speciale con le rispettive famiglie.

Al giorno d'oggi il Ferragosto non è particolarmente **sentito**, **perché** è **percepito** come una festa poco utile, **dato che cade** nel tradizionale periodo di **ferie** degli italiani.

Dalla fine di luglio al 20 agosto, infatti, a causa del clima estremamente **caldo** e **umido** in tutta la penisola, **moltissimi uffici** e **negozi chiudono per almeno** due **settimane** e di **conseguenza** milioni di italiani finiscono obbligatoriamente **imbottigliati in autostrade**, aeroporti, **alberghi**, **spiagge** e **musei**.

La vera festa dei lavoratori, in Italia come in tante altre nazioni, si celebra il 1° Maggio. Il Ferragosto è diventato una pittoresca e dimenticabile festicciola nazionale. Coincide con uno dei giorni **più torridi** dell'estate e per questo viene dedicato alle gite fuori città: o in montagna **in cerca di fresco** o al **mare** per **immergersi** per una **giornata** intera nell'acqua.

Chi **decide** di **trascorrerla** in spiaggia, sa che **dovrà** affrontare il **rischio** dei "gavettoni". Il **gavettone** è solo un **palloncino pieno** d'acqua lanciato a **sorpresa** contro qualcuno (per di più in una giornata solitamente soffocante); d'altra parte, **ricevere** un gavettone in testa quando si è rilassati sotto il sole non è un **piacere**. Allo **scherzo** si reagisce in due modi completamente diversi: c'è chi ride e **si unisce** al gruppo e c'è chi **si arrabbia** e se la prende con il responsabile del lancio.

Anche a Ferragosto, le famiglie italiane **trascorrono** un considerevole numero di **ore** a **tavola**. **Si fanno** pic-nic **ovunque** e raramente ci si limita a **mangiare** un panino. **Pensate** che il piatto tradizionale del **pranzo** di Ferragosto è il **piccione arrosto**!

In conclusione, per gli italiani il Ferragosto conta poco e fuori dall'Italia **non esiste neanche**. Forse però, **per capirne** di più, **basterebbe vedere** uno dei capolavori del cinema italiano, "Il sorpasso" di Dino Risi, **ambientato** in un Ferragosto qualunque…

caldo: hot
umido: humid
moltissimi uffici (ufficio): many offices
negozi (negozio): stores
chiudono (chiudere): close (to close)
per almeno: at least
settimane (settimana): weeks
conseguenza: consequence
imbottigliati in autostrade: stuck in the traffic jam on the autostrada
alberghi (albergo): hotels
spiagge (spiaggia): beaches
musei (museo): museums

più torridi: very, very hot
in cerca di fresco: in search of coolness
mare: sea
immergersi: to submerge, to plunge in
giornata: day

decide (decidere): decides (to decide)
trascorrerla: to pass
dovrà (dovere): (he) will have to (must)
rischio: risk
gavettone: the act of getting hit with water
palloncino: balloon
pieno: full
sorpresa: surprise
ricevere: to receive
piacere: pleasure
scherzo: joke
si unisce (unirsi): joins together (to join together)
si arrabbia (arrabbiarsi): gets upset (to get upset)

trascorrono: spend, pass
ore (ora): hours
tavola: table
si fanno (fare): they are made (to do, to make)
ovunque: everywhere
mangiare: to eat
pensate (pensare): think (to think)
pranzo: lunch
piccione arrosto: roast pigeon

non esiste neanche: it does not exist at all
per capirne: to understand it
basterebbe vedere (bastare): it would be enough to see (to be enough)
ambientato (ambientare): set in

C'era una volta a Gubbio

incantevole cittadina: enchanting little town
ora: hour
lupi (lupo): wolves
non vagano (vagare): don't wander
  (to wander)
strade (strada): streets
mucche (mucca): cows
vederli (vedere): to see them (to see)
bisogna (bisognare): we must, need
  (must, to need)
visitare: to visit
circostanti: surrounding
mito: myth
nasce (nascere): originates (to originate,
  to be born)
vita: life
incontro tra: meeting between
terrorizzava (terrorizzare): who terrorized
  (to terrorize)
abitanti (abitante): inhabitants

non riguarda (riguardare): doesn't regard,
  concern (to regard, to concern)
né ... né: neither . . . nor
attirare: to attract

si celebra (celebrarsi): it is celebrated
  (to celebrate)
vescovo: bishop
secolo: century

veri e propi: real and true
candelotti di cera (candetto): wax candles
anno in anno: year by year
diventavano (diventare): became (to become)
si decise (decidere): it was decided (to decide)
strutture (strutturo): structures
di legno: of wood

sopra: above
fissate (fissare): attached (to attach)
chiamato (chiamare): called (to call)
permette (permettere): permits (to permit)
eugubini: citizens of Gubbio
epoca: time, epoch

chili (chilo): kilos
ossia: or, that is
libbre (libbra): pounds
ceraioli: *the individuals who carry the large
  religious candles (called Ceri)*
poche altre: few other
al mondo: in the world
gara: race
non possono (potere): they cannot
  (can, to be able to)
vittoria: victory
spettacolo: show

Gubbio è un'**incantevole cittadina** umbra, dista meno di un'**ora** da Perugia ed è famosa per i suoi **lupi**. State tranquilli, i lupi **non vagano** indisturbati per le **strade** come le **mucche** in India. Per **vederli**, **bisogna visitare** i parchi **circostanti**. Il **mito** dei lupi di Gubbio **nasce** da un episodio della **vita** di San Francesco, il miracoloso **incontro tra** il Santo e un lupo ferocissimo che **terrorizzava** gli **abitant**i della città.

La manifestazione eugubina più importante, però, **non riguarda né** San Francesco **né** il lupo. È la festa dei Ceri, infatti, ad **attirare** ogni anno milioni di turisti nelle stradine medievali di Gubbio.

È una festa antichissima, forse la più antica tra le manifestazioni folcloristiche italiane. **Si celebra** il 15 maggio in onore di Sant'Ubaldo Baldassini, **vescovo** di Gubbio nel XII **secolo**.

In origine la processione utilizzava dei **veri e propri candelotti di cera**, che di **anno in anno diventavano** più grandi e difficili da trasportare. Alla fine del '500, **si decise** di sostituirli con tre **strutture di legno**.

Sopra queste strutture, sono **fissate** le statue dei Santi. Ogni struttura è incastrata su un supporto **chiamato** "barella", che **permette** agli **eugubini** di trasportarle. Le tre statue rappresentano i Santi protettori delle Corporazioni dell'**epoca**: S. Ubaldo, S. Giorgio e S. Antonio.

Considerando che ogni cero pesa 280 **chili**, **ossia** 617 **libbre**, i veri protagonisti della festa sono i **ceraioli**, ossia i trasportatori dei ceri. La corsa è impetuosa e suggestiva come **poche altre al mondo**, ma non è una **gara**: i ceri **non possono** mai superarsi, il primo dev'essere sempre quello con la statua di S. Ubaldo, il secondo quello di S. Giorgio e il terzo Sant'Antonio. La **vittoria** è lo **spettacolo**, la celebrazione e la "bella figura".

L' Infiorata di Noto

Dichiarata patrimonio dell'Umanità dall'UNESCO, Noto è famosa in tutto il mondo per essere una città **gioiello** del barocco. Situata in una valle della Sicilia sud-orientale poco **lontana** dal mare, **vide avvicendarsi** prima greci, poi romani e arabi.

Distrutta dal terremoto del 1693 e **ricostruita**, è un **trionfo** di **chiese sontuose** e palazzi nobiliari, piazze belle come **salotti principeschi** e balconi di **ferro battuto** che **sembrano** elaborati come **merletti**. Da trent' anni a questa parte, la cittadina siciliana è conosciuta anche per la sua Infiorata, una festa tradizionale che celebra la primavera

e che è **divenuta** uno degli eventi **più attesi** della regione. **Migliaia** di persone **si radunano** qui **durante** la terza domenica di maggio per ammirare le magnifiche **opere** create con i fiori, in una **sfida fra fiorai**.

Le elaborate creazioni, **in realtà** veri e propri **quadri** creati con i **petali** dei fiori e rappresentanti scene di vario tipo, **dai temi religiosi a quelli** di cultura popolare, **ricoprono** la centrale via Nicolai così come buona parte di tutto il **centro storico rendendola** un unico, enorme **tappeto profumatissimo** e **colorato**. La **manifestazione**, che **solitamente dura** per l'intero **fine settimana**, **ospita** anche dei **cortei** in costume tradizionale, spettacoli di danza e teatro, **sfilate** di **carrozze** d'**epoca** e **degustazioni** enogastronomiche di prodotti tipici, con un attenzione particolare **rivolta ai** vini della Val di Noto.

Festival di Spoleto

mondi (mondo): worlds

fondato (fondare): founded (to found)

maestro: master

far incontrare: to make (two cultures) meet

dopo aver: after having

visitato (visitare): visited (to visit)

centri storici: historic centers

scelse (scegliere): chose (to choose)

scelta: choice

furono molti: were many

si trova (trovarsi): is located (to be located)

nel cuore dell: in the heart of

celebre: famous

anno: year

giungono (giungere): come together
 (to come together)

assistere: to be present at

mostre (mostra): exhibitions

si svolge (svolgersi): takes place
 (to take place)

nel suo genere: of its kind

grazie a: thanks to

luogo: place, location

spettacoli (spettacolo): shows

abbracciano (abbracciare): embrace
 (to embrace)

linguaggi (linguaggio): languages

il suo carattere: its character

ha sempre: has always

dato spazio: given space

giovani (giovane): young people

migliori: best

mondiale: worldwide

ha ospitato (ospitare): has welcomed
 (to welcome)

inoltre: in addition, furthermore

compagnie (compagnia): companies

esbite (esbire): shows off
 (to show off)

da ricordare: to remember

Il Festival dei Due **Mondi** di Spoleto è una manifestazione internazionale di musica, arte, teatro, danza e cultura. È stato **fondato** nel 1958 dal **maestro** compositore Gian Carlo Menotti, con l'intenzione di **far incontrare** due culture e due mondi artistici, quello americano e quello europeo.

Dopo aver visitato molti **centri storici** italiani, Menotti **scelse** la bellissima Spoleto, in Umbria. I motivi della sua **scelta furono molti**: la presenza di tanti teatri, lo scenario eccezionale della Piazza del Duomo, la ricchezza artistica e storica della città e della regione, che **si trova nel cuore dell**'Italia. Grazie al festival, Spoleto è diventata **celebre** in tutto il mondo. Ogni **anno** è visitata da turisti di ogni nazionalità, che **giungono** per visitarla e per **assistere** agli spettacoli, alle **mostre** e ai concerti.

La manifestazione **si svolge** tra giugno e luglio ed è unica **nel suo genere**, **grazie a**l livello altissimo delle performance e all'atmosfera del **luogo**. Rappresenta ancora oggi uno dei più importanti eventi culturali al mondo. Gli **spettacoli abbracciano** tutti i **linguaggi** dell'espressione artistica e uniscono tradizione e avanguardia, originalità, creatività e sperimentazione.

Molto importante è **il suo carattere** internazionale e cosmopolita. Il suo programma **ha sempre dato spazio** ai **giovani** e ai **migliori** artisti della scena **mondiale**. Negli anni infatti l'evento **ha ospitato** celebrità di grandissima fama, come Luchino Visconti, Nino Rota, Roman Polanski, Ezra Pound, Luciano Pavarotti, Woody Allen, Carla Fracci, Pablo Neruda, Ken Russell, John Malkovich e molti altri. **Inoltre** le migliori orchestre e **compagnie** di balletto del mondo si sono **esibite** in questa occasione. Uno degli eventi **da ricordare** è sicuramente la mostra "Sculture nella città" del 1962.

Per questa occasione i migliori scultori del mondo furono invitati a Spoleto per **esporre** le loro **opere** nelle vie e nelle piazze. Questi artisti **diedero** così **vita** ad un vero e proprio museo di arte contemporanea a **cielo aperto**. Alla fine della mostra **la maggior** parte delle opere furono donate alla città e sono ammirabili ancora oggi. La più importante è sicuramente il "Teodelapio" di Alexander Calder, che **svetta vicino alla stazione dei treni**. **Sulla scia del** grande successo del Festival dei Due Mondi sono nati due eventi **analoghi all'estero**. Il primo è lo Spoleto Festival USA di Charleston (Carolina del Sud), fondato nel 1977, il secondo è l'australiano Melbourne International Arts Festival, nato nel 1986. Il **padre** e **ideatore** è sempre Gian Carlo Menotti, che **purtroppo** è **scomparso** nel 2007.

Il Festival dei Due Mondi permette ai visitatori di **assistere al meglio** della scena artistica mondiale e di **conoscere luoghi** dalla incomparabile bellezza e vitalità: la natura della Valnerina, il silenzio della Basilica di San Francesco, Giotto e i **capolavori** dell'arte, il Lago Trasimeno, i **borghi** medievali e naturalmente lo shopping fra le bellissime ceramiche di Deruta e le **maglie** di **cachemire**.

esporre: to expose
opere (opera): works
diedero (dare): gave (to give)
vita: life
cielo aperto: open air
la maggior: the most (part)
svetta (svettare): towers over (to tower over)
vicino alla: near the
stazione dei treni: train station
sulla scia del: in the wake of
analoghi all'estero: similar abroad
padre: father
ideatore: inventor
purtroppo: unfortunately
scomparso (scomparire): passed away (to pass away, to disappear)

assistere al meglio: to attend the best
conoscere luoghi: to know places
capolavori (capolavoro): masterpieces
borghi (borgo): villages
maglie (maglia): sweaters
cachemire: cashmere

CULTURE NOTE

"Asalute!" "Cin! Cin!" These are both common Italian toasts that you may be familiar with. But how did this tradition get to be called a "toast"? As this symbolic gesture became popular in the Roman Empire, a lot of wine was being drunk—some of it very bad wine. The term *toast* came from the Roman practice of dropping a piece of burnt bread into the wine before drinking. The charcoal in the toasted bread reduced the acidity of wines that were slightly off and made them easier to drink. As time went on, the Latin word *tostus*, which literally meant "roasted" or "parched," came to mean the drink itself. By the 1800s toasting was not just a common practice but also an important ritual at dinner parties of consequence. To refrain from toasting was considered terribly rude, as if there was no one present worth drinking to. Partygoers even toasted the health of people not present at the party. Here are some popular Italian toasts:

- *Buona fortuna e cento di questi giorni! Good luck and many happy returns of the day! (A birthday toast.)*
- *Buona fortuna e tanta felicità! Good luck and every happiness! (A wedding toast.)*
- *A votre sante! To your health!*
- *Centoanni! A hundred years!*

Il Palio

dura (durare): lasts (to last)

inizia (iniziare): begins (to begin)

mattina: morning

prosegue (prosegue): continues (to continue)

viene assegnato: is assigned

cavallo: horse

ciascuna: each one, each

contrade (contrada): neighbourhoods

la Tratta: *the assignment of the horses to the contrade*

effettuate (effettuare): performed (to perform)

prove: trial races

in assoluto: undeniable

detta (dire): called (to call)

corsa: race

giri (giro): laps *(literally: turns)*

pista: track

tufo: tuff

canapi (canapo): ropes

si dispongono (disporre): are disposed (to dispose)

per sorteggio: by lot

rincorsa: chase

viene abbassato (abbassare): is lowered (to lower)

data la partenza: given the sign to start

fantino: rider

compie (compire): makes (to make)

per primo: the first one

vincitrice: winner

resterà ... conservato (conservare): will be kept (to keep, to preserve)

appuntamenti (appuntamento): appointments

seguire: follow

salienti: important

sapere: to know

corrono (correre): they run (to run)

regolata da (regolare): regulated by (to regulate)

sorteggio: draw, lot

avviene (avvenire): takes place (to take place)

almeno: at least

di diritto: by right, by law

Il Palio di Siena **dura** diversi giorni: **inizia** la **mattina** del 29 giugno e **prosegue** il giorno dopo e nei primi giorni di luglio e ricomincia poi dal 13 agosto fino alla corsa finale del 16 agosto. **Viene assegnato** un **cavallo** a **ciascuna** delle **contrade** partecipanti a quel Palio. Questa è **la Tratta**. Vengono **effettuate** sei **prove**, tre la mattina alle 9 e tre la sera alle 19.45 (19.30 in agosto).

L'ultima delle prove serali è chiamata Prova Generale mentre l'ultima prova **in assoluto**—corsa la mattina del Palio—è **detta** Provaccia. La **corsa** del Palio consiste in tre **giri** della Piazza del Campo, su una **pista** di **tufo**. Si parte dalla Mossa, formata da due **canapi**, dentro ai quali **si dispongono** nove contrade in un ordine stabilito **per sorteggio**. Quando entra l'ultima, la **rincorsa**, **viene abbassato** il canape anteriore e **data la partenza**. Vince la contrada il cui cavallo, con o senza **fantino**, **compie per primo** i tre giri.

La contrada **vincitrice** riceve il Pali, che **resterà** per sempre **conservato** nel suo museo. Quattro giorni per una festa: sono questi gli **appuntamenti** da **seguire** per conoscere le fasi **salienti** del Palio. E' importante **sapere** che **corrono** solo dieci delle diciassette contrade, la cui partecipazione è **regolata da** un **sorteggio,** che **avviene almeno** venti giorni prima di ogni Palio.

Corrono **di** "**diritto**" le sette contrade che non hanno corso il Palio dell'anno precedente nella stessa data; le altre tre vengono sorteggiate tra le dieci che **invece** vi avevano partecipato. Verso le ore 8 viene celebrata dall'**arcivescovo** la "**messa** del fantino". **Subito dopo si corre** l'ultima prova, detta "provaccia".

Alle ore 10.30, nel **Palazzo Comunale**, alla presenza del **sindaco**, si procede alla "**segnatura** dei fantini" che da questo momento non potranno essere più **sostituiti**. **Intorno alle** 15, **presso** gli **oratori** delle contrade, **si svolge** la benedizione del cavallo, **dopodiché** le **comparse** delle contrade e i **figuranti** del comune attraversano il **centro storico soffermandosi** in Piazza Salimbeni per eseguire la **sbandierata**. Successivamente **si riuniscono** in Piazza del Duomo da dove si muovono in ordine per **raggiungere** Piazza del Campo.

I giudizi di valutazione tengono conto sia dell'**aspetto estetico** che del **comportamento** e dell'**abilità** dei figuranti. Il Masgalano consiste di regola in un **bacile** d'**argento** del **peso** di circa 1.000 grammi o, in casi eccezionali, in altra **opera d'arte** con **raffigurazione** di allegorie **riferite** alla città, al Palio o a particolari **avvenimenti** cittadini. In esso devono obbligatoriamente figurare gli **stemmi** del comune, del **magistrato** delle contrade e del Comitato Amici del Palio.

Il Masgalano viene "messo in palio" dall'Amministrazione Comunale. Ogni forma di pubblicità e propaganda è esclusa. Il Masgalano, **secondo** l'antica **consuetudine**, viene **presentato** in occasione della presentazione del **drappellone**.

---

invece: however
arcivescovo: archbishop
messa: mass
subito dopo: right after
si corre (correre): is run (to run)

Palazzo Comunale: town hall
sindaco: mayor
segnatura: mark
sostituiti (sostituire): changed (to change)
intorno alle: around, about
presso: at, by
oratori (oratorio): oratories
si svolge (svolgersi): it takes place (to take place)
dopodiché: after which
comparse: walkers-on
figuranti: bit players
centro storico: town center, historic center
soffermandosi (soffermare): stopping (to stop)
sbandierata: flag waving
si riuniscono (riunirsi): they meet, they assemble (to meet, to assemble)
raggiungere: to reach

giudizi di valutazione: judges
tengono conto (tenere): take into account (to take)
aspetto estetico: appearance
comportamento: behavior
abilità: skills
bacile: bowl
argento: silver
peso: weight
opera d'arte: work of art
raffigurazione: representation
riferite (riferire): referred to (to refer to)
avvenimenti (avvenimento): events
stemmi (stemma): coat of arms
magistrato: magistrate

secondo: according to
consuetudine: custom, habit
presentato (presentare): presented (to present)
drappellone: *The painted silk banner that is handed to the winning contrada as a trophy at the close of the race.*

Il Carnevale

trova (trovare): finds (to find)

massima espressione: highest expression

seppur: although

condividono (condividere): share (to share)

sfarzo: opulence

maschere (maschera): masks

carri (carro): carts

spesso: often

accadde (accadere): it happens (to happen)

ogni: each

ce ne sono tre: there are three of them

mondo: world

allo stesso: at the same

livello: level

possono essere considerati (considerare):
    they can be considered (to consider)

cornice: picture

noto: noted

esaltati dalla (esaltare): enhanced by
    (to enhance)

lagunare: of the lagoon

inoltre: in addition

manifestazioni (manifestazione): events

vanno dalla moda allo spettacolo (andare):
    go from fashion to shows (to go)

si svolgono (svolgersi): take place
    (to take place)

nell'arco di diversi giorni: within a time
    frame of several days

raggiunge (raggiungere): reaches (to reach)

secolo: century

divenendo (divenire): becoming (to become)

meta: destination

ambito: desirable

tutti coloro: all those

potevano permettersi (potere): that could
    afford (can, to be able to)

viaggiare: to travel

sfarzose: luxurious

giocolieri (giocoliere): jugglers

alternavano (alternarsi): alternated
    (to alternate)

persino: even

dimore: dwelling places

passate alla storia (passare): goes down in
    history (to go)

sfarzo: opulence, luxury

durata: length

Il Carnevale è una festa della tradizione cristiana che **trova** la sua **massima espressione** in Italia e in Brasile. Queste due nazioni, **seppur** profondamente diverse, **condividono** la passione per questa celebrazione.

Il carnevale italiano ha una lunga tradizione che parte dalla religione e passa per lo **sfarzo** fiorentino di Lorenzo de Medici, con **maschere** e **carri** simili a quelli di oggi. Ma l'Italia è composta da regioni, e come **spesso accadde**, **ogni** regione ha le sue tradizioni. Tra le numerose celebrazioni di questa festa **ce ne sono tre** che sono considerate principali.

Il carnevale di Venezia è considerato il più importante al **mondo**, ma **allo stesso livello possono essere considerati** anche il carnevale di Viareggio e il carnevale storico d'Ivrea. Il carnevale di Venezia è necessariamente il più affascinante, avendo come **cornice** una città unica al mondo. Questo carnevale è particolarmente **noto** per la bellezza dei costumi, **esaltati dalla** scenografia naturale della città **lagunare**. **Inoltre** le **manifestazioni** organizzate, che **vanno dalla moda allo spettacolo**, sono numerose e **si svolgono nell'arco di diversi giorni**. Il carnevale di Venezia **raggiunge** nel XVIII **secolo** il suo massimo splendore, **divenendo meta ambita** da **tutti coloro** che **potevano permettersi** di **viaggiare**. Le manifestazioni erano **sfarzose** e di ogni genere. Le esibizioni di acrobati e **giocolieri** si **alternavano** a musiche e danze e **persino** trasgressive rappresentazioni teatrali. Naturalmente nelle **dimore** dei meravigliosi palazzi veneziani le feste che si organizzavano sono **passate alla storia** per **sfarzo** e **durata**.

La caratteristica principale del carnevale di Viareggio è **senza dubbio** l'eccellenza dei carri allegorici. **Nel corso degli anni** questa **particolarità** lo **ha reso** uno dei più apprezzati e famosi del mondo. In questa città toscana, nelle domeniche di gennaio e febbraio, si possono ammirare questi enormi carri **sfilare** su tre chilometri di **strada** che **si affaccia** sul mare. Sui carri si possono **ammirare** delle vere e **proprie** gigantesche **opere d'arte** fatte di **cartapesta**, **raffiguranti personaggi celebri** dello **spettacolo** e della politica, sempre **accompagnati da** una buona dose d'ironia.

Lo storico carnevale d'Ivrea **si distingue** per le sue tradizioni che **culminano** nella famosa **battaglia** delle **arance**. Questa celebrazione è una simulazione della **guerra civile** tra il **popolo** e le **truppe reali**, nella quale però le arance prendono il posto delle **frecce** e delle **lance**. **Mentre** da una parte della città ci si dá battaglia a **colpi** di frutta, dall'altra c'è chi sfila **regalando dolci** alla popolazione. Nel corso dei secoli questa festa si è modificata, pur mantenendo la sua natura celebrativa, ed è divenuta così una delle feste di carnevale più famose ed originali del mondo.

Le date del carnevale **costituiscono** un argomento interessante quanto complesso **visto che** sono collegate alla **Pasqua**, che è una festa di **ricorrenza** annuale ma variabile. Tradizionalmente nei paesi cattolici il carnevale ha inizio sette domeniche prima della **Settimana Santa** secondo il calendario Gregoriano, e termina il martedì **precedente al** giorno dell'inizio del periodo di **Quaresima**. La durata del Carnevale è **quindi** di **oltre** due settimane ma nelle città che meno **alimentano** questa tradizione, **ci si limita** a **festeggiare** nella giornata culminante nota come "martedì grasso" che **pone fine** ai festeggiamenti. **Tuttavia** questa data non determina la fine dei festeggiamenti nel carnevale di Viareggio come **neanche** in quello di Ovodda e Poggio Mirteto.

senza dubbio: no doubt, without doubt
nel corso degli anni (anno): over the years
particolarità: peculiarity
ha reso (rendere): has made (to make)
sfilare: to parade, to march
strada: road
si affaccia (affacciarsi): faces (to face)
ammirare: to admire
proprie: real
opere d'arte: works of art
cartapesta: papier-mâché
raffiguranti (raffigurare): representing (to represent)
personaggi celebri: famous people
spettacolo: show business
accompagnati da (accompagnare): accompanied by (to accompany)

si distingue (distinguersi): is distinguished (to distinguish)
culminano (culminare): culminate (to culminate)
battaglia: battle
arance (aranca): oranges
guerra civile: civil war
popolo: people
truppe reali (truppa): royal troops
frecce (freccia): arrows
lance (lancia): lances
mentre: while
colpi (colpo): hits
regalando (regalare): giving (to give)
dolci: sweets

costituiscono (costituire): constitutes (to constitute)
visto che: given that
Pasqua: Easter
ricorrenza: occasion
Settimana Santa: Holy Week
precedente al: prior to
Quaresima: Lent
quindi: therefore
oltre: beyond, more than
alimentano (alimentare): fuel, keep alive (to fuel, to keep alive)
ci si limita (limitarsi): (they) limit themselves (to limit oneself)
festeggiare: to celebrate
pone fine (porre): that puts an end to (to put)
tuttavia: yet, however
neanche: neither

Festa di Sanremo

ha dozzine (avere): has dozens (to have)

durante: during

anno: year

storico: historic

legato (legare): tied (to tie)

non soltanto: not only

esalta (esaltare): excites (to excite, to thrill)

canto: singing

avviene (avvenire): takes place (to take place)

la terza settimana: the third week

giunto (giungere): (has) reached (to reach)

sessantesima edizione: 60th edition

ancora: still

vede (vedere): sees (to see)

sia cantanti ormai famosi: both famous singers

giovani proposte: young hopefuls

si è svolto (svolgersi): took place (to take place)

fiori (fiore): flowers

palco: stage

giorni (giorno): days

durata: duration

presa d'assalto (assaltare): is assaulted (to assault)

preda: prey

acquistare: to buy

biglietto: ticket

assistere: to take part in

vivo: live (live music)

diventa (diventare): becomes (to become)

impresa: business

non facile: not easy

affidata (affidare): entrusted (to entrust)

conduttore: anchorman

onore: honor

canzoni (canzone): songs

ospiti (ospito): guests

che prenderanno parte (prendere): that will take part (to take)

L'Italia **ha dozzine** di festival differenti di musica **durante** l'**anno**, ma il più importante e **storico** festival della musica italiana è il festival di Sanremo. Il festival è parte integrante della tradizione e della storia italiana. È un evento **legato non soltanto** alla diffusione della musica italiana, in Italia e all'estero, ma è uno spettacolo di costume che **esalta** la passione degli italiani per il **canto**.

Il festival di Sanremo è un evento annuale che **avviene** generalmente durante **la terza settimana** di febbraio e dura quasi un'intera settimana. Il festival è **giunto** alla sua **sessantesima edizione** ed **ancora** è uno degli spettacoli televisivi più attesi dell'anno. Il festival **vede** come protagonisti **sia cantanti ormai famosi** che **giovani proposte** emergenti nel panorama della musica.

Sin dalla prima edizione il festival **si è svolto** nella città di Sanremo, città famosa per la produzione dei sui magnifici **fiori** che ogni anno immancabilmente impreziosiscono il **palco** del teatro Ariston, sede del festival. In quei **giorni,** per tutta la **durata** dell'evento, tutta la città è **presa d'assalto** ed è **preda** dell'euforia della manifestazione. **Acquistare** un **biglietto** per **assistere** dal **vivo** al festival **diventa** un'**impresa non facile**.

L'organizzazione del festival, ogni anno, è **affidata** ad un direttore artistico diverso che in genere è anche il **conduttore** dello spettacolo. Egli si assume l'**onore** di selezionare le **canzoni**, gli artisti e gli **ospiti** internazionali **che prenderanno parte** alla manifestazione.

Poiché ci sono tantissimi italiani che **vivono nei paesi stranieri**, il festival di Sanremo è **trasmesso** in eurovisione. È un **appuntamento** molto atteso dai **cittadini** italiani residenti all'estero poiché **attraverso esso**, **respirano un po' di aria di casa** e **conoscono** i cantanti più popolari ed emergenti come Laura Pausini, Eros Ramazzotti, cantanti lanciati proprio da questo festival che ha raggiunto una fama internazionale, **proprio grazie ai** fans **stranieri** che **apprezzano** la melodia italiana.

Agli inizi il festival di Sanremo rappresentava un momento attesissimo da tutta la famiglia che **si riuniva**, anche con **parenti** ed **amici**, **davanti** al televisore per **assistere** allo spettacolo e **scommettendo** sul possibile **vincitore**. Era un momento speciale che riuniva **vecchie** e **giovani generazioni**.

Per giorni **si discuteva** sulle canzoni, sul modo di **vestire** degli interpreti, sulla **conduzione**, **insomma** era un avvenimento **che faceva discutere**. Oggi il festival ha sempre **un forte seguito, anche se non ha più** quello spirito aggregante della famiglia. Rappresenta un momento **non tanto legato** alla musica, **ma piuttosto** un evento **mondano** e di spettacolo.

Per questo motivo, **infatti**, più **volte** è stato criticato **per aver perso** la sua peculiarità principale, cioè quella di **dare spazio**, agli interpreti della canzone italiana, privilegiando la presenza di **ospiti stranieri**. Polemiche a parte, il festival di Sanremo, che **prende** il **nome** dalla città in cui si svolge, fa sempre **parlare** di sé sia **nel bene che nel male**, "Perché Sanremo è Sanremo", come **recita la sigla di apertura** del festival.

celebrazione **81**

si festeggia (festeggiarsi): is celebrated
  (to celebrate)
poesie (poesia): poems
recitare: to read out loud, to recite
davanti al: in front of
figli (figlio): children
fanno un regalo (fare): give a present
  (to give)

sposo: husband
il padre putativo: the supposed father
personaggio: character
notizie (notizia): news, information
vita: life
dopo: after
nascita: birth
oltre alla: besides the
infatti: indeed
da località a località: from place to place

alcuni posti: some places
banchetto: feast
poveri (povero): poor
paese: village
hanno cercato (cercare): have looked for
  (to look for)
a lungo: for a long time
partorire: to give birth
nessuno: no one
hanno fatto nascere (nascere): gave birth
  (to give birth)
capanna: hut, cabin
derelitti: underprivileged, homeless
soldi (soldo): money
mangiare: to eat

soprattutto: above all
fuochi (fuoco): fires
accendono (accendere): lit up (to light)
contadini (contadino): farmers
buttano (buttare): throw away (to throw away)
resti: leftovers
raccolto: harvest
risale (risalire): dates back to (to date back to)
agraria: farming
spesso: often
accade (accadere): happens (to happen)

invece: however
frittelle (frittella): pancakes
ripiene di: filled with
crema: custard
quasi tutta: almost all
anche: although
a volte: sometimes
ricetta: recipe
a seconda della: according to
sembrano (sembrare): seem (to seem)
frumento: wheat

La Festa di San Giuseppe

Il 19 marzo in Italia **si festeggia** il giorno del papà: i bambini a scuola preparano delle **poesie** da **recitare davanti al** padre e i **figli** più grandi gli **fanno un regalo**.

Ma perché il 19 marzo? Perché è il giorno di San Giuseppe, **sposo** di Maria Vergine e **il padre putativo**, cioè non reale, di Gesù. San Giuseppe è un **personaggio** misterioso: di lui non abbiamo molte **notizie** e non sappiamo niente della sua **vita dopo** la **nascita** di Gesù; tuttavia è molto amato e molto celebrato. **Oltre alla** festa del papà, ci sono **infatti** tante cerimonie e celebrazioni, anche molto diverse **da località a località**.

In **alcuni posti** si prepara un grande **banchetto** per i **poveri** del **paese**. San Giuseppe e Maria, infatti, **hanno cercato a lungo** un posto dove far **partorire** Maria ma **nessuno** li ha aiutati e alla fine **hanno fatto nascere** Gesù in una misera **capanna**. Per questo San Giuseppe è considerato il protettore dei poveri e dei **derelitti** e nel suo giorno si offre ospitalità alle persone che non hanno casa e **soldi** per **mangiare**.

I simboli del giorno di San Giuseppe però sono **soprattutto** i falò e le zeppole. I falò sono dei grandi **fuochi** che si **accendono** nelle piazze e dove, di solito, i **contadini buttano** i **resti** del **raccolto**. Questa tradizione **risale** ai riti di purificazione **agraria** del passato: come **spesso accade**, i riti religiosi si uniscono ai riti pagani.

Le zeppole, **invece**, sono delle **frittelle ripiene di crema**; sono molto buone e molto popolari in **quasi tutta** l'Italia, **anche** se **a volte** la **ricetta** cambia **a seconda della** zona. Anche le zeppole **sembrano** risalire all'epoca pagana: nell'antica Roma, il 17 marzo si festeggiava il dio del grano preparando tante frittelle di **frumento**.

Sagra del Pesce

La città di Camogli è un villaggio di **pescatori** situato nella provincia di Genova, sulla **riviera** italiana. Il **nome** della città, Camoglia, deriva dal dialetto locale e **vuol dire** letteralmente "casa delle **mogli**". Molte delle **facciate** delle case sulla **spiaggia** erano **colorate** e **aiutavano** i pescatori a **dirigere** le **proprie barche verso** casa anche col **maltempo**.

Oggi Camogli è un **paese** turistico e vive **grazie ad** esso. Gli **uomini**, le **donne** ed i **bambini** di tutte le età **affollano** le **spiagge** ma la "**Sagra del Pesce**" di Camogli è il **richiamo** più grande che **dà fama** alla città.

La Sagra del Pesce di Camogli **conosciuta oggi**, ha avuto **inizio** nel 1952, quando 20 pescatori locali hanno voluto **attrarre** l'attenzione dei turisti donando **pesci fritti** durante il festival di S. Fortunato, il **santo patrono** dei pescatori. La Sagra **ha attirato le grandi folle** e **pian piano è diventata** di enorme successo.

L'anno seguente un pescatore locale, di **nome** Lorenzo Viacava, **decise** di **costruire** per il festival una **vasca per friggere** gigantesca, **abbastanza grande** da **contenere** diverse **centinaia** di **chili** di pesci. L'enorme vasca **richiamò** l'attenzione locale ed internazionale, **aumentando** la popolarità e la **durata** del festival che **possiamo apprezzare** anche ai giorni nostri.

---

pescatori (pescatore): fishermen
riviera: coast
nome: name
vuol dire: means
mogli (moglie): wives
facciate (facciata): facades
spaggia: beach
colorate: colored, painted
aiutavano (aiutare): helped (to help)
dirigere: to guide
proprie: own
barche (barca): boats
verso: toward
maltempo: bad weather

paese: village
grazie ad: thanks to
uomini (uomo): men
donne (donna): women
bambini (bambino): children
affollano (affollare): crowd (to crowd)
spiagge (spiagga): beaches
Sagra del Pesce: fish festival
richiamo: lure
dà fama (dare): brings renown, reputation (to bring)

conosciuta (conoscere): known (to know)
oggi: today, nowadays
inizio (iniziare): began (to begin)
attrarre: to attract
pesci: fish
fritti: fried
santo patrono: patron saint
ha attirato (attirare): has attracted (to attract)
le grandi folle (folla): the big crowds
pian piano: little by little
è diventata (diventare): has become (to become)

l'anno seguente: the following year
decise (decidire): decides (to decide)
costruire: to construct, to build
vasca per friggere: frying pan
abbastanza grande: big enough
contenere: to contain
centinaia (centinaio): hundreds
chili (chilo): kilos
richiamò (richiamare): attracted (to attract)
aumentando (aumentare): increasing, raising (to increase, to raise)
durata: duration
possiamo (potere): we can (can, to be able to)
apprezzare: to appreciate

Prova la sua comprensione

La Festa della Repubblica, page 64

1. *La Festa della Repubblica* is comparable to which American holiday?

2. How many years did Italy remain under a monarchy before voting to become a republic?

3. What does Article 1 of the Italian constitution state?

Autunno in festa, page 66

1. Name some of the foods celebrated in the autumn festivals.

2. What is the main ingredient of pesto, and where is this celebrated?

3. What happens to the grapes at the *Festival nazionale dell'Enoturismo*?

Festa de la Madonna Bruna, page 65

1. When is this celebration held?

2. The procession carrying *la statua di Maria SS* starts where and ends where?

Calendimaggio, page 68

1. How is Assisi described at the start of this article?

2. What is celebrated at the *Festa del Calendimaggio*?

3. What event happens at *la Piazza del Comune* and who conducts this event?

Test your comprehension

Ferragosto, page 70

1. What does the word *Ferragosto* mean?

2. Where do people go to celebrate *Ferragosto*?

3. What is *gavettoni*?

C'era una volta a Gubbio, page 72

1. What is Gubbio famous for?

2. What is transported during this festival, and how is it transported?

Festival di Spoleto, page 74

1. Who founded this festival, and why did he start it?

2. What is considered the event to remember?

3. Where will you find the most important sculpture?

Il Palio, page 76

1. How many trial races are performed?

2. How many laps does this race consist of?

3. What takes place before the last race called *provaccia*?

Biografia

La voce baciata da Dio

vita: life
spesa (spendere): spent (to spend)
migliori: best
tenori (tenorie): tenors
ventesimo secolo: 20th century

nasce (nascere): was born (to be born)
conosciuta (conoscere): known (to know)
fornaio: baker
esercito: army
cantante amatoriale: amateur singer
corale: choir
trasmettere: to pass on, to convey

però: however
non sceglie (scegliere): doesn't choose
   (to choose)
subito: right away
maestro: teacher
educazione fisica: physical education
finché: until
riconoscimenti (riconoscimento):
   recognitions

da allora in poi: from then on
calda: warm
potente: powerful
lo conduce (condurre): leads him (to lead)
verso: toward
in breve: soon
raggiunge (raggiungere): he achieves
   (to achieve)
acuti (acuto): high notes
eseguiti (eseguire): performed (to perform)
a voce piena: with full voice

calcio: soccer
si esibisce (esibirsi): performs (to perform)
negli anni a seguire: in the following years
palcoscenici (palcoscenico): stages

ormai: by now
ovunque: everywhere
decide (decidere): he decides (to decide)
sfruttare: to take advantage, to exploit
di fila: in a row
raccogliere fondi: to raise funds

ai suoi funerali: at his funeral
l'abbia sentito (sentire:) (someone) had heard
   (him) (to hear)
volta: time
cielo: sky, heaven
vincerò (vincere): I will defeat, win
   (to defeat, to win)

"Penso che una **vita spesa** per la musica è una vita spesa bene ed è a questo che mi sono dedicato". Sono parole di Luciano Pavarotti, uno dei **migliori tenori** del **ventesimo secolo**.

Pavarotti **nasce** nel 1935 a Modena, una romantica e tranquilla città italiana, **conosciuta** per la Torre Ghirlandina, il Duomo e la Piazza Grande, ma anche per la produzione di salumi e parmigiano. È il padre, un **fornaio** dell'**esercito**, **cantante amatoriale** di una **corale**, a **trasmettere** a Luciano la passione per l'opera lirica.

Pavarotti, **però**, **non sceglie subito** la carriera canora. Studia canto, ma lavora come **maestro** di **educazione fisica finché** non ottiene i primi **riconoscimenti**.

Da allora in poi la sua voce, **calda** e **potente**, **lo conduce** rapidamente **verso** notorietà e successo. Dapprima conquista l'Italia, ma **in breve raggiunge** una dimensione internazionale. Nel 1972, al Metropolitan Opera di New York, riceve un applauso infinito dopo nove **acuti eseguiti a voce piena**.

In occasione della finale dei Mondiali di **calcio** del 1990, Pavarotti **si esibisce** in concerto con José Carreras e Placido Domingo. I "Tre Tenori", **negli anni a seguire**, ripetono la fortunata collaborazione nei **palcoscenici** più prestigiosi del mondo.

Luciano, **ormai** conosciuto **ovunque**, **decide** di **sfruttare** la sua popolarità per fare solidarietà ed organizza per 12 anni **di fila** l'evento "Pavarotti & Friends", in cui canta con le star della musica pop, per **raccogliere fondi** per i bambini più poveri.

Ai suoi funerali, nel 2007, erano presenti 50.000 persone. Si dice che quel giorno qualcuno **l'abbia sentito** cantare un'ultima **volta**, dal **cielo**, il "**Vincerò**" della Turandot.

Sofia Loren

Sofia Loren è **ormai** una leggenda **vivente** del cinema internazionale e **motivo d'orgoglio** per il **popolo** italiano. La **donna** più bella del **mondo**, come **spesso** è stata definita, è **nata** a Roma ma è cresciuta a Pozzuoli, **vicino** Napoli.

Durante **la seconda Guerra Mondiale**, Pozzuoli **veniva bombardata dagli alleati** e durante uno di questi bombardamenti, Sofia fu **ferita** al mento da una **scheggia**.

Da lì a poco la sua famiglia **si trasferì** a Napoli, dove la bellezza di Sofia **non poteva rimanere inosservata**. A soli quattordici **anni vinse** un **concorso** di **bellezza** e **dopo poco ottenne** una piccola parte nel colossal del 1951 *Quo Vadis*.

Il **primo ruolo** da protagonista arriva nel 1953 in *Aida*, ma il successo definitivo **lo ottiene grazie al regista** di Vittorio De Sica e al suo film *L'Oro di Napoli*. La sua carriera **decolla** anche sul piano internazionale, la Loren **diventa** una star e nel 1958 firma una contratto per cinque film con gli studios hollywoodiani della Paramount, che **la porteranno** a collaborare con attori del **calibro** di Cary Grant, Gregory Peck e Paul Newman, oltre a **girare** vari film con il **connazionale** e **amico** Marcello Mastroianni.

L'inimitabile carriera di Sofia è stata **coronata** da oltre cinquanta premi internazionali, tra i quali **spiccano** due Oscar, il primo nel 1962 come Migliore Attrice ed il secondo nel 1991 alla carriera, oltre a cinque Golden Globe, un Grammy e un BAFTA.

ormai: by now
vivente (vivere): living (to live)
motivo d'orgoglio: source of pride
popolo: people
donna: woman
mondo: world
spesso: often
nata (nascere): born (to be born)
vicino: near
la seconda Guerra Mondiale: the Second World War
veniva bombardata (bombardare): was bombed (to bomb)
dagli alleati: by the allies
ferita: wounded
scheggia: splinter

si trasferì (trasferirsi): she moved (to move)
non poteva (potere): couldn't (can, to be able to)
rimanere: to remain
inosservata: unnoticed
anni (anno): years
vinse (vincere): (she) won (to win)
concorso: contest
bellezza: beauty
dopo poco: after a while
ottenne (ottenere): she obtained (to get, to obtain)

primo ruolo: first part, first role
lo ottiene (ottenere): (she) gets it (to get)
grazie al: thanks to
regista: director
decolla (decollare): takes off (to take off)
diventa (diventare): (she) becomes (to become)
la porteranno (portare): will bring her (to bring)
calibro: caliber
girare: to shoot
connazionale: fellow countryman
amico: friend

coronata (coronare): crowned (to crown)
spiccano (spiccare): stand out (to stand out)

Marco Polo

Marco Polo era un **mercante** della Repubblica veneziana **vissuto a cavallo tra** il **tredicesimo** ed il **quattordicesimo secolo**. È considerato il più importante **anello di congiunzione** nella storia tra il continente europeo e quello asiatico, visto che con i suoi **viaggi ha fatto conoscere** agli europei la Cina e gran parte dell'Asia centrale. Le **conoscenze** acquisite durante i suoi viaggi sono **riportate** nel suo **libro** *Il Milione*.

La data ed il luogo della sua **nascita non sono conosciuti** con precisione, ma **si crede siano** da collocarsi **intorno** al 1254, nella Repubblica di Venezia. Nel 1269 **conosce** per la prima volta suo padre Niccolò di ritorno da Costantinopoli, il quale due **anni dopo** parte nuovamente, **stavolta portando con se** il **diciassettenne** Marco.

Diretti in Asia, le loro avventure **saranno riportate** nel libro di Marco. Marco e il padre **torneranno** a Venezia solo nel 1295, dopo 24 anni e 24.000 **chilometri percorsi**. Sfortunatamente al suo **ritorno**, Marco **trovò** Venezia in **guerra contro** Genova e fu **fatto prigioniero**. Nei mesi di carcerazione, Marco **raccontò** i suoi viaggi a Rustichello da Pisa che **li mise insieme** per formare il libro **conosciuto come** *I Viaggi di Marco Polo*.

Tuttavia esistono versioni differenti di questo libro e la verità è avvolta da un velo di mistero. Attualmente sono riconosciute approssimativamente centocinquanta versioni, in numerose lingue diverse e tutte antecedenti all'invenzione della stampa, quindi caratterizzate da errori di trascrizione e traduzione che hanno dato vita a diverse discordanze tra le varie versioni.

I racconti hanno inizio con l'incontro storico del 1266 tra il padre di Marco e Kublai Khan, che non aveva mai incontrato degli europei e concesse la sua ospitalità in cambio di informazioni sul loro sistema legale e politico. Inoltre il Kublai Khan chiese loro di recapitare una lettera al Papa, che conteneva la richiesta di fargli recapitare dell'olio della lampada di Gerusalemme. Nel 1271 Marco Polo si imbarcò nel viaggio per esaudire questa richiesta. Navigò fino al porto persiano di Homuz, dove non potè proseguire con le imbarcazioni, non adatte ad arrivare fino in Cina, ma dovette proseguire via terra fino a Shangdu, la residenza estiva del Khan.

Approssimativamente tre anni e mezzo dopo la partenza, Marco aveva ormai ventuno anni e consegnò l'olio alla corte mongola, accompagnato dal sigillo papale. La sua grande conoscenza, unita al fatto che sapeva esprimersi in quattro lingue, lo portò a rimanere alla corte del Khan. È persino possibile che divenne un ufficiale del governo, anche se non esiste alcuna documentazione a riguardo. Durante questo lungo soggiorno, Marco scrisse delle numerose visite imperiali nelle province dell'est e della Cina meridionale, fino all'estremo sud e Burma.

L'incredibile viaggio di Marco Polo fu d'ispirazione per altri esploratori, anche per lo stesso Cristoforo Colombo. Marco fu rilasciato dal carcere nel 1299 e da lì a poco, grazie alle sue vaste conoscenze, divenne un facoltoso mercante, si sposò ed ebbe tre figli.

---

tuttavia: nevertheless
esistono (esistere): there exist (to exist)
verità: truth
avvolta: shrouded
velo: veil
riconosciute: recognized
lingue (lingua): languages
antecedenti: prior
stampa: printing
errori (errore): errors
hanno dato vita (dare): have given life (to give)

incontro storico: historical meeting
non aveva mai (avere): had never (to have)
in cambio: in exchange
chiese (chiedere): asked (to ask)
conteneva (contenere): contained (to contain)
fargli (fare): to make him (to make)
olio: oil
lampada: lamp
imbarcò (imbarcare): he boarded (to board)
per esaudire: to grant
navigò (navigare): he sailed (to sail)
non potè (potere): he could not (can, to be able to)
imbarcazioni (imbarcazione): boats, vessels
non adatte: not proper
proseguire via terra: to continue by land
fino: until
estiva: summer

partenza: departure
aveva ormai: he had by now
sigillo papale: papal seal
sapeva (sapere): he knew (to know)
lo portò a rimanere: caused him to remain
corte: court
divenne (divenire): became (to become)
governo: government
a riguardo: about it
soggiorno: stay
scrisse (scrivere): wrote (to write)
estremo sud: extreme south

esploratori (esploratore): explorers
per lo stesso: for the same
rilasciato (rilasciato): released (to release)
carcere: jail
conoscenze: knowledge
facoltoso: wealthy
si sposò (sposarsi): he got married (to marry)
tre figli: three children

Leonardo contro Michelangelo

Uno è del **segno** dei **Pesci**, l'altro è dell'**Ariete**. **Sono entrambi** toscani, uno di Caprese Michelangelo, l'altro di Vinci, due **paesini** che distano circa due **ore e mezzo**. Uno è **nato** tre **anni prima** dell'altro. Sono due protagonisti del **Rinascimento** italiano e due autentici **geni**. **Si chiamano** Leonardo e Michelangelo. **Per essere** più precisi, i loro **nomi** sono Leonardo da Vinci e Michelangelo Buonarroti.

Leonardo è considerato uno dei più grandi geni dell'umanità. In 67 anni di **vita** (che per **l'epoca** erano tanti), Leonardo da Vinci **ha fatto** di tutto, **lasciando universalmente** segni evidenti e profondi nella **storia** dell'arte e della scienza. È stato **pittore**, scultore, architetto, ingegnere, **scenografo**, anatomista, **letterato**, musicista e inventore. **Se pensiamo** attentamente a quello che è **riuscito** a **creare** nell'arco della sua vita, **non può non venirci il dubbio** che **abbia venduto l'anima al diavolo**…

Scherzi a parte, Leonardo è il **primogenito** del **notaio venticinquenne** Piero da Vinci. Nasce però da una relazione illegittima con una certa Caterina, che **viene frettolosamente data in sposa** ad un **contadino** detto "l'attaccabriga". Leonardo, anche se è **figlio** illegittimo, **cresce** nella facoltosa famiglia di suo padre Piero, riceve un'ottima educazione, **entra giovanissimo** in una delle più importanti **botteghe** di Firenze e **inizia subito** a realizzare opere meravigliose. Di Leonardo sono "**L'ultima cena**", "La Gioconda" e il mitico "Studio di proporzionalità di un **corpo umano**". Ma Leonardo è molto di più delle sue opere artistiche e dei suoi studi anatomici, è anche un inventore **strepitoso**: il suo progetto di macchina **volante** anticipa di vari **secoli** la creazione di **aerei** ed astronavi.

Se poi vogliamo raccontare qualcosa di molto privato, possiamo aggiungere che Leonardo da Vinci era un vegetariano convinto e che probabilmente era omosessuale.

Michelangelo Buonarroti ha avuto una vita lunghissima: 89 anni vissuti nel '500 pesano come 100 oggi! È uno dei più grandi artisti di tutti i tempi. Scultore, pittore, architetto e poeta, è noto soprattutto per il "David", la "Pietà" e gli affreschi della Cappella Sistina.

Michelangelo è figlio di un podestà. La sua famiglia fa parte del patriziato fiorentino, ma attraversa un pessimo momento finanziario quando nasce Michelangelo, perciò viene affidato ad una balia figlia di scalpellini. È così che fiorisce il suo talento artistico, nonostante suo padre desiderasse per lui una carriera ecclesiastica o militare. Michelangelo cresce e diventa un grande, grandissimo artista. Ha un caratteraccio, è permaloso, irascibile e eternamente insoddisfatto. Del resto, chi ha mai conosciuto un genio tranquillo? Leonardo e Michelangelo sono contemporanei.

Non so se si siano mai incontrati, ma sicuramente si sono influenzati a vicenda. Leonardo ha visto il "David" di Michelangelo e l'ha copiato in un suo disegno. Michelangelo, nel 1501, ha visto l'esposizione del maestro di Vinci nella Santissima Annunziata e da allora in poi ha disegnato tratti più dinamici nelle sue opere.

Se oggi chiedete ai ragazzi italiani chi sia Leonardo da Vinci, vi sapranno sicuramente rispondere qualcosa grazie al bestseller di Dan Brown. Se fate la stessa domanda su Michelangelo Buonarroti, raccoglierete meno risposte. In entrambi i casi comunque, difficilmente le risposte saranno corrette. Gli intellettuali, italiani e stranieri, sanno molto di questi due geni, ma per il resto, il ricordo dei loro meriti sta svanendo.

aerei (aereo): airplanes
se poi vogliamo (volere): if then we want (to want)
raccontare: to tell
possiamo aggiungere: we can add

ha avuto (avere): has had (to have)
lunghissima: very long
vissuti: lived
pesano (pesare): weigh (to weigh)
tempi (tempo): times
soprattutto: especially
affreschi (affresco): frescos

un podestà: *a medieval term for a city official*
ma attraversa: but (it) goes through
un pessimo: a very bad
viene affidato (affidare): (he) was left to the care of (to entrust)
balia: nanny
scalpellini: stonecutter
fiorisce (fiorire): blooms (to bloom)
desiderasse (desiderare): wished (to wish)
permaloso: touchy
irascibile: short tempered
insoddisfatto: dissatisfied
ha mai conosciuto (conoscere): (who) has ever known (to know)

se si siano: if they ever
ha visto (vedere): (he) saw (to see)
l'ha copiato: (he) copied it (to copy)
maestro: teacher
ha disegnato: he drew (to draw)

se oggi chiedete (chiedere): if today you ask (to ask)
ragazzi (ragazzo): kids
rispondere: to answer
se fate (fare): if you make (to make)
la stessa domanda: the same question
meno risposte (risposta): fewer answers
in entrambi: in both
saranno corrette: will be correct
stranieri (straniero): foreigners
ricordo: memory
sta svanendo (svanire): is fading away

Galileo Galilei

secondo: according to
chiunque altro: anyone else
ha il merito: has the merit
nascita: birth
padre: father
uno di quei: one of those
molteplici: manifold
rendono (rendere): make (to make)

nasce (nascere): is born (to be born)
cresce (crescere): he grows up (to grow up)
vicina: nearby
si iscrive (iscrivere): he enrolls (to enroll)
alla facoltà: at the faculty
non porta (portare): doesn't bring (to bring)
termine: end
disegno: drawing
si trasferisce (trasferirsi): moves (to move)
insegna (insegnare): he teaches (to teach)

diversi campi (campo): different fields
sviluppata: developed
grazie al: thanks to
ha scoperto (scopire): he discovered
   (to discover)
lune (luna): moons
Giove: Jupiter
ha portato (portare): brought (to bring)
senza precedenti: without precedents
smentendo: countering
corpi (corpo): bodies
dovrebbero (dovere): should
   (must, to have to)
forzatamente: forcedly
girare: turn
intorno: around
terra: earth

avevano (avere): had (to have)
metteva (mettere): put (to put)
scatenando: instigating
sdegno: indignation, outrage
chiesa: church
eresia: heresy
dovette trascorrere (dovere): had to spend
   (must, to have to)
vita: life

Secondo Stephen Hawking, Galileo più di **chiunque altro ha il merito** di aver contribuito alla **nascita** della scienza moderna, mentre Albert Einstein viene identificato più semplicemente come il **padre** della scienza moderna. Galileo Galilei è **uno di quei** rari casi in cui i **molteplici** talenti **rendono** difficile classificare un individuo. Galileo ero un fisico, un astronomo, un matematico e un filosofo.

Galileo di Vincenzo Bonaiuti de' Galilei **nasce** a Pisa nel 1564 ma **cresce** e studia a Firenze e nella **vicina** Vallombrosa. Spinto dal padre, **si iscrive alla facoltà** di Medicina dell'università di Pisa, ma **non porta** a **termine** gli studi preferendo dedicarsi alla matematica ed al **disegno**. Nel 1592 **si trasferisce** a Padova dove **insegna** geometria e astronomia all'università.

Galileo ha dato un enorme contributo in **diversi campi** della scienza. Nella fisica è stato precursore della fisica meccanica **sviluppata** da Newton. Nell'astronomia ha contribuito con il suo telescopio, **grazie al** quale **ha scoperto** le **lune** di **Giove**. La scoperta di questi pianeti satelliti di Giove **ha portato** ad un rivoluzione nella scienza **senza precedenti**, **smentendo** le teorie aristoteliche seconde le quali i **corpi** celesti **dovrebbero forzatamente girare intorno** alla **terra**.

Naturalmente la grande maggioranza di filosofi e astronomi **avevano** una visione geocentrica, secondo la quale la terra era il centro dell'universo: in questo contesto, nel 1610, Galileo propose la sua visione eliocentrica che **metteva** il Sole al centro dell'universo, **scatenando** cosí lo **sdegno** della **chiesa**. Durante il periodo dell'inquisizione fu accusato di **eresia** e **dovette trascorrere** la sua **vita** agli arresti domiciliari.

Lucrezia Borgia

Il **Rinascimento** italiano è un periodo **pieno di personaggi** interessanti fra cui una **donna**, affascinante e misteriosa, che nei **secoli** ha **ispirato pittori**, **scrittori**, musicisti e **registi**: Lucrezia Borgia.

Il suo nome è sicuramente famoso ma **cosa sappiamo veramente** della sua vita? **Secondo** tante leggende, Lucrezia è una donna perversa e **crudele**, protagonista di **inganni**, di **orge** e di incesti: molti la considerano l'**amante** di suo padre e di suo fratello e per questo **viene chiamata** "**figlia, moglie e nuora**" del Papa Alessandro Borgia.

In realtà le **notizie** sono **così poche** che è molto difficile **riuscire a capire la verità**. Recentemente sono sorti dubbi anche sulla sua **celebre bellezza**. **Di certo** si sa che Lucrezia ha avuto una vita **breve** ma intensa: figlia di un Papa, a 13 anni **si sposa** per la prima volta, ha tre **mariti** e sette figli e a 39 anni **muore**.

Alcuni studiosi **hanno rivalutato** la personalità di questa donna: la presentano adesso come una vittima della società del tempo, ma **soprattutto** come una vittima del padre e dei suoi **giochi di potere**. Il padre **decide di farla sposare** a 13 anni con il **nobile** Giovanni Sforza, ma dopo qualche anno **costringe** Sforza ad **accettare di annullare** il matrimonio perché vuole far sposare Lucrezia con Alfonso d'Aragona, figlio del **re** di Napoli. Il **povero** Giovanni Sforza **viene** anche **umiliato**: è **costretto** a firmare una **dichiarazione** di impotenza. Anche Alfonso, però, **viene ucciso**, **forse** da Cesare, e Lucrezia è costretta a sposare Alfonso d'Este del **ducato** di Ferrara e Modena.

Alla morte del **suocero diventa** duchessa di Ferrara. Lucrezia vive gli ultimi anni della sua vita finalmente serena, **amata e rispettata** dai **sudditi** e **dal marito**. Alla sua ottava **gravidanza** muore di **parto**, diventando una **musa ispiratrice** per molti artisti, fino ai **nostri giorni**.

Rinascimento: Renaissance
pieno di: full of
personaggi (personaggio): characters
donna: woman
secoli (secolo): centuries
ispirato (ispirare): inspired (to inspire)
pittori (pittore): painters
scrittori (scrittore): writers
registi (regista): directors

cosa sappiamo veramente (sapere): what do we truly know (to know)
secondo: according to
crudele: cruel
inganni (inganno): deceptions
orge (orgia): orgies
amante: lover
viene chiamata (chiamare): she is called (to call)
figlia: dauther
moglie: wife
nuora: daughter-in-law

notizie (notizia): news, information
così poche: so scarce
riuscire a: to be able to, to succed in
capire: to understand
la verità: the truth
celebre: renowned
bellezza: beauty
di certo: for certain, for sure
breve: short
si sposa (sposarsi): she gets married (to get married)
mariti (marito): husbands
muore (morire): she dies (to die)

hanno rivalutato (rivalutare): have re-evaluated (to re-evaluate)
soprattutto: above all
giochi di potere (giocco): power games
decide di: decides to
farla sposare: to make her marry
nobile: nobleman
costringe (costringere): forces (to force)
accettare di: to agree
annullare: to annul
re: king
povero: poor (poor him!)
viene ... umiliato: he is . . . humiliated
costretto: forced
dichiarazione: statement
viene ucciso: killed
forse: perhaps
ducato: dukedom

suocero: father-in-law
diventa (diventare): she becomes (to become)
amata e rispettata: loved and respected
sudditi (suddito): subjects, citizens
dal marito: by the husband
gravidanza: pregnancy
parto: labor, birth
musa ispiratrice: muse of inspiration
nostri giorni: our day, nowadays

Caterina de Medici

Nata a Firenze nel 1519, Caterina de Medici **apparteneva** alla potente famiglia fiorentina dei de Medici, lo **splendore** della cui **corte diede** un impulso fondamentale al Rinascimento. I **genitori** di Caterina **morirono** poco dopo **la sua nascita** per cui Caterina fu **allevata** da **alcuni parenti**, fra cui Papa Leone X e Clemente VII. Fu proprio Clemente, nel 1533, ad organizzare un **matrimonio** combinato per Caterina. A soli 14 **anni**, **fu data in sposa** a Enrico d'Orleans, futuro **re** Enrico II di Francia, **sullo sfondo** di un' Europa dove le tensioni politico-religiose fra Cattolici e Ugonotti, i protestanti francesi, **crescevano sempre** di più.

Il suo matrimonio **non fu** dei più **felici, poiché** il **marito, eletto sovrano** di Francia nel 1547 e **costretto a sposarla per ragioni** di stato, **la tradiva** con Diana de Poitiers, più **vecchia** di lui di oltre venti anni. **Nonostante** l'**umiliazione** del **tradimento**, Caterina, dopo molte difficoltá nel **rimanere incinta**, diede a Enrico 10 **figli**, quattro dei quali **divennero** reggenti: Francesco II, Enrico II, Carlo IX, Margherita, regina di Navarra e Francia ed Elisabetta, regina di Spagna.

Non troppo benvoluta dai francesi, durante **la reggenza del paese a fianco del marito** Enrico II prima e dei tre **figli maschi** poi, Caterina fu politicamente molto attiva, contribuendo sia alla Pace di Saint Germain del 1570 che **concedeva** libertá religiosa agli Ugonotti sia, **si dice**, alla **sanguinosa** notte di San Bartolomeo del 1572 in cui **vennero massacrati** gli Ugonotti di Parigi.

La storiografia ci **consegna** un **ritratto** controverso di Caterina, **talvolta dipinta** come **assetata di potere**, **malvagia** e **dispotica** e **addirittura facente ricorso** alle arti magiche e alle **forze occulte**.

La sua importanza è **legata** anche all'influenza che **ebbe** sulla corte francese per quel che **riguarda** le arti culinarie e l'**etichetta a tavola**. Il suo **amore per** l'arte e per il **gusto la fecero** distinguere per i suoi **sontuosi banchetti**, preparati dai cuochi fiorentini che **aveva condotto con** se in Francia. Con **il loro aiuto**, Caterina introdusse nella cucina francese numerose **prelibatezze** fino ad allora **sconosciute** sul suolo francese, come gelati e sorbetti.

La **sovrana** ebbe anche il merito di **aver raffinato** i costumi **a tavola**, **facendo abbandonare** l'uso medioevale di **servire pietanze dolci** insieme a quelle salate ed introducendo l'uso delle **posate**, **soprattutto** la **forchetta**. Morì il 5 gennaio 1589, **ma nemmeno** da **defunta trovò** pace.

Il **corpo**, infatti, prima fu **seppellito** a San Salvatore di Bois e, in seguito, Diana di Francia, figlia di Enrico II e della sua **amante** Filippa Ducci, **fece** trasportare il corpo a Saint Denis, cosí che **potesse** essere seppellita **accanto a** Enrico II. Durante la Rivoluzione Francese peró, le loro tombe furono violate e i corpi **gettati** in una **fossa** comune, come in tragico e **macabro** epilogo.

---

consegna (consegnare): delivers (to deliver)
ritratto: portrait
talvolta dipinta (dipingere): sometimes painted (to paint)
assetata di potere: thirsty for power
malvagia: wicked
dispotica: despotic
addirittura facente ricorso (ricorrere): even having recourse (to have recourse)
forze occulte: the occult

legata (legare): connected (to connect, to tie)
ebbe (avere): (she) had (to have)
riguarda: regards
etichetta a tavola: table manners
amore per: love for
gusto: taste
la fecero (fare): made her (to make)
sontuosi banchetti: sumptuous banquets
aveva condotto con (condurre): she had brought with (to bring)
il loro aiuto: their help
prelibatezze (prelibatezza): delicacies
sconosciute: unknown

sovrana: sovereign
aver raffinato (raffinare): have refined (to refine)
a tavola: at the table
facendo abbandonare: making them abandon
servire pietanze: to serve dishes
dolci: sweet
posate: cutlery
soprattutto: mostly
forchetta: fork
ma nemmeno: but not even
defunta: death
trovò (trovare): found (to find)

corpo: body
seppellito: buried
amante: lover
fece (fare): made (to make)
potesse (potere): she could (can, to be able to)
accanto a: next to
gettati (gettare): thrown (to throw)
fossa: grave, pit
macabro: macabre, gruesome

pittore: painter	# Architetto italiana
biografo: biographer	
storia: history	

<table>
<tr><td>

pittore: painter

biografo: biographer

storia: history

nato (nascere): born (to be born)

agli inizi: at the beginning

prima: at first

allievo: student

trasferitosi (trasfersi): after moving
  (to move)

proseguire: to continue

studi (studio): studies

trascorse (trascorrere): (he) spent (to spend)

anni (anno): years

affreschi (affrescho): frescoes

sempre: always

tardi: later

occupò (occupare): he occupied
  (to occupy)

lavorò (lavorare): he worked (to work)

era a capo: was at the head

città: city

iniziò (iniziare): began

passaggio: passage

univa (unire): connected (to connect)

inoltre: moreover

si occupò (occoparsi): he dealt with

vittorie (vittoria): victories

dipinti (dipinto): paintings

stanze (stanza): rooms

primo piano: first level

imprenditore: entrepreneur

il che lo portò (portare): which brought him
  (to bring)

non solo ... ma anche: not only . . . but also

lo ricordiamo (ricordare): we remember him
  (to remember)

testo: text
</td></tr>
</table>

Architetto italiana

Giorgio Vasari fu un **pittore**, architetto e **biografo** che contribuì in maniera fondamentale alla **storia** dell'arte italiana. **Nato** ad Arezzo, in Toscana, **agli inizi** del 1500, fu **prima allievo** del pittore Guglielmo di Marsiglia e poi, **trasferitosi** a Firenze poco più che adolescente, ebbe la fortuna di **proseguire** i suoi **studi** con Andrea Del Sarto e con il grande Michelangelo.

Trascorse diversi **anni** a Roma e qui, su ordine del Cardinale Alessandro Farnese, contribuì, tra il 1526 e il 1546, alla decorazione del Palazzo della Cancelleria, con gli **affreschi** della Sala dei Cento Giorni. **Sempre** a Roma, anni più **tardi**, nel 1572, si **occupò**, sempre in qualità di pittore, della Sala Regia del Vaticano.

Tornato a Firenze, **lavorò** per la famiglia de Medici, che **era a capo** della **città**, e **iniziò** la costruzione degli Uffizi, contribuendo con il Corridoio del Vasari, un **passaggio** che **univa** gli Uffizi a Palazzo Pitti. **Inoltre si occupò** di Palazzo Vecchio, con il prezioso Salone dei Cinquecento, a celebrazione delle **vittorie** di Cosimo I, con lo Studiolo di Francesco I, realizzato in stile manierista e con alcuni **dipinti** dei quartieri monumentali, cioè delle **stanze** al **primo piano** del palazzo.

Oltre che artista, Vasari fu anche **imprenditore**, **il che lo portò** ad avere commissioni **non solo** a Roma e Firenze **ma anche** a Bologna, Venezia e Napoli. **Lo ricordiamo** anche per il suo **testo** *Delle vite de più eccellenti pittori, scultori ed architettori*, una biografia dei più illustri e famosi artisti italiani, pubblicata a Firenze nel 1550.

Leggenda vivente del calcio

Roberto Baggio è **nato** nel **paese** di Caldogno in provincia di Vicenza il 18 Febbraio 1967. **Egli ha avuto** una straordinaria **carriera** e ha **giocato** nelle squadre più importanti d'italia e con giocatori più famosi del **mondo**.

Fin da **bambino gioca** nella **squadra** del suo paese e all'età di 13 **anni viene ceduto** al Vicenza per giocare in serie C1. **Dopo aver portato** la squadra in serie B, proprio in una delle ultime partite **subisce** un infortunio al **ginocchio** che **lo costringe** ad un lungo periodo di **riposo**.

Dopo un anno e mezzo di riabilitazione, **riprende a giocare** con la Fiorentina in serie A. Da lì comincia la sua grande carriera. Nel 1988 fu **convocato** per **la prima volta** in Nazionale, dove regalerà 27 gol in 56 **partite**. Nel 1991 **viene acquistato** dalla Juventus per una **cifra** record (25 miliardi di lire). **Resterà** in questa squadra per cinque anni e **vestirà** la **fascia** di **capitano al braccio**. Questi furono gli anni della sua consacrazione a livello mondiale, infatti nel 1993 **vince** il Pallone d'Oro e il FIFA World Player.

La partita del 27 Novembre 1994, Padova-Juventus, **decretò**, a causa di un altro infortunio al ginocchio **destro**, il declino della sua carriera calcistica. **Pur continuando** a regalare **forti emozioni** giocando nel Milan, Bologna e Inter, i frequenti **diverbi** tra i vari **allenatori**, primo fra tutti Lippi, **non lo aiutarono** ad **esprimere al meglio** le sue ancora grandi potenzialità.

L'ultima partita la disputò a San Siro il 16 Maggio 2004 Milan-Brescia. Alla sua **uscita** dal **campo** tutto lo stadio **si alzò in piedi** e salutò uno tra i più grandi **giocatori** italiani con un forte applauso. Nella sulla illustre carriera, Baggio ha **ricevuto soltanto** quattro espulsioni disciplinari. Nonostante la sua convocazione ai mondiali, non è stato **mai convocato per gli Europei**.

---

nato (nascere): born (to be born)
paese: country, town
egli ha avuto (avere): he has had (to have)
carriera: career
giocato: played
mondo: world

bambino: child
gioca (giocare): (he) plays (to play)
squadra: team
anni (anno): years
viene ceduto (cedere): he is traded (to trade)
dopo aver: after having
portato (portare): brought (to bring)
subisce (subire): suffers (to suffer)
ginocchio: knee
lo costringe (costringere): forces him (to force)
riposo: rest

riprende a giocare: (he) restarts to play
convocato: chosen
la prima volta: the first time
partite (partito): games
viene acquistato (acquistare): he is signed (to sign)
cifra: amount, figure
resterà (restare): (he) will stay (to stay)
vestirà (vestire): (he) will wear (to wear)
fascia: badge
capitano: captain
al braccio: on his arm
vince (vincere): he wins (to win)

decretò (decretare): decreed (to decree)
destro: right
pur continuando: even if he continued
forti emozioni (emozione): strong emotions
diverbi (diverbio): disputes
allenatori (allenatore): coaches
non lo aiutarono (aiutare): didn't help him (to help)
esprimere: to express
al meglio: at best, to the greatest degree

l'ultima partita: the last game
uscita: exit
campo: field
si alzò in piedi: (the whole stadium) stood up
giocatori (giocatore): players
ricevuto (ricevere): received (to receive)
soltanto: only
mai convocato (convocare): never called, summoned (to call, to summon)
per gli Europei: for the European championships

L'eredità di Montessori

È il 1894 e Maria Montessori è la **prima donna** d'Italia a **laurearsi** in medicina. Per Maria, la **scelta** di studiare medicina non fu **facile**. **Siamo** alla fine dell'**ottocento** e non era nè frequente **nè ben visto** che una donna studiasse e frequentasse **addirittura** l'università e Maria **dovette** anche **combattere contro** le resistenze del padre, un ufficiale dell'**esercito**.

Alla fine la tenacia della donna **ebbe la meglio** e **trasferitasi** con la sua famiglia a Roma dalle Marche, **riusci a coronare il suo sogno** e laurearsi in medicina. Tenace, coraggiosa e anticonformista per l'**epoca**, Maria aveva anche idee femministe. **Dopo aver lavorato** in una clinica psichiatrica a **contatto con bambini diversamente abili** e **dopo essere diventata insegnante** all'università di Roma, nel 1906 apri una **scuola, chiamata** "Casa dei bambini", a San Lorenzo, un quartiere **a quei tempi** molto **malfamato** e **degradato**, dove **venne a contatto** con bambini provenienti da situazioni difficili e famiglie **disagiate**.

Qui ebbe modo di **sperimentare** con successo i metodi di insegnamento che **aveva elaborato**, che **negli anni** a **venire si sarebbero** diffusi in tutto il **mondo**, dove **furono aperte** innumerevoli scuole montessoriane. Maria Montessori **sosteneva** che ogni bambino fosse una piccola testa **pensante** e avesse una sua capacità creativa che **andava sviluppata**, **stimolata** e **potenziata**.

Ogni bambino, per Maria, **andava trattato** come un piccolo individuo, indipendente, **libero** e responsabile. Fu candidata al premio Nobel per ben **tre volte** e morì nel 1952 **lontano** dall'Italia, a Nordwjik, una piccola **cittadina olandese**.

La vita è bella

Nel 1999 Sophia Loren **consegna** l'Oscar a Roberto Benigni, **urlando felice** il suo **nome**. Il film *La vita è bella,* interpretato, scritto e diretto da Roberto Benigni, porta a casa tre Oscar e per la prima volta nella storia del cinema, un attore non anglosassone **vince** nella categoria "**Miglior attore**".

È una storia comica e drammatica allo stesso tempo. Un italiano **ebreo conquista** il **cuore** della donna che ama, ma **appena** nasce il loro figlio, **padre e figlio sono deportati** in un **campo di concentramento**: il padre, per non far comprendere **al piccolo l'orrore dell'Olocausto**, gli fa credere che sia tutto un **gioco**.

Una **favola** su una delle più grandi **ferite** dell'umanità **consacra** Benigni come attore internazionale, ma Roberto è già da molti anni il più importante comico d'Italia. Ha **scandalizzato** e **divertito** gli italiani con i suoi film, le sue **irruzioni televisive** e il suo **colorito** linguaggio toscano.

Benigni, **infatti**, è **cresciuto** a Vergaio, un **paesino a pochi chilometri** da Firenze. I suoi genitori, Luigi e Isolina, sono persone semplici e genuine: "**Mi hanno dato** il **regalo** più grande: la **povertà**", **ha dichiarato** Roberto.

Il **giullare** d'Italia, sempre **pungente** con i **potenti, soprattutto** con il premier Silvio Berlusconi, **fa ridere** tutta Italia da più di 30 anni, al cinema e in teatro, ma la sua sensibilità artistica e le sue origini gli **hanno insegnato** che è importante anche **commuovere** il pubblico e **farlo pensare**.

---

consegna (consegnare): hands to (to hand to)
urlando (urlare): screaming (to scream)
felice: happily
nome: name
vince (vincere): wins (to win)
miglior attore: best actor

ebreo: Jewish
conquista (conquistare): (he) wins (to win)
cuore: heart
appena: as soon as
padre e figlio: father and son
sono deportati (essere deportati): are deported (to be deported)
campo di concentramento: concentration camp
al piccolo: to the child
l'orrore dell'Olocausto: the horror of the Holocaust
gioco: game

favola: fairy tale
ferite (ferita): wounds
consacra (consacrare): establishes (to establish)
scandalizzato (scandalizzare): shocked (to shock)
divertito (divertire): entertained (to entertain)
irruzioni televisive: tv bursts, tv appearances
colorito: colorful

infatti: in fact
cresciuto (crescere): (he) grew up (to grow up)
paesino: small village
pochi chilometri: few kilometers
mi hanno dato (dare): they gave me (to give)
regalo: gift
povertà: poverty
ha dichiarato (dichiarare): claimed (to claim)

giullare: jester
pungente: sharp
potenti: powerful people
soprattutto: especially
fa ridere: makes someone laugh
commuovere: to move (feelings)
farlo pensare: to make (the audience) reflect

Famoso fisico italiano

Nel 1901 **nasce** a Roma un grande scienziato, famoso **soprattutto** per i suoi **studi sulla** fisica nucleare: Enrico Fermi. Fin dai **primi anni** di scuola **dimostra** straordinarie capacità che, unite al grande **impegno** e alla passione per le scienze, **lo portano a** finire **in anticipo** il **liceo** e a **frequentare** la prestigiosa "Scuola Normale Superiore di Pisa". Dopo la **laurea** e il diploma alla Normale di Pisa, **si trasferisce** in Germania e, successivamente, in Olanda, continuando a fare **ricerche** e a collaborare con altri grandi **scienziati del tempo**.

Fra il 1924 e 1925 **ottiene** la **cattedra** di fisica matematica **presso** l'università di Firenze e **comincia** a fare ricerche di fisica atomica con il suo amico Rasetti.

Nel 1926 ottiene la prima cattedra **mondiale** di fisica teorica in Italia, a Roma; in questo periodo apre i laboratori di via Panisperna e **chiama** altri famosi studiosi del tempo, **tra cui** Rasetti, tutti molto giovani. Fermi e i suoi collaboratori **cercano di modernizzare** la ricerca scientifica in Italia **proponendo** laboratori di ricerca **ben attrezzati** e la **formazione** di **ricercatori** teorici e sperimentali.

La **scoperta** più importante della sua carriera è l'identificazione di nuovi elementi della radioattività e le reazioni nucleari **mediante neutroni lenti**: **grazie a** questa scoperta **riceve** il **Premio** Nobel per la fisica nel 1938.

Subito dopo si trasferisce negli Stati Uniti, dove **lavora** al Progetto Manhattan che **realizza** la bomba atomica nei laboratori di Los Alamos. Fermi va, **in seguito,** a Chicago dove nel 1954 **muore** di **cancro** allo stomaco a **soli** 50 anni.

È **breve** ma intensa la **vita** di questo scienziato, famoso per la sua **genialità** e per il suo continuo **impegno** nella ricerca scientifica mondiale.

---

nasce (nascere): is born (to be born)
soprattutto: above all
studi (studio): studies
sulla: about the
primi anni: earliest years
dimostra (dimostrare): (he) shows (to show)
impegno: commitment
lo portano a (portare): (they) lead him to (to lead)
in anticipo: in advance
liceo: high school
frequentare: to attend
laurea: degree
si trasferisce (trasferirsi): he moves (to move)
ricerche (ricerca): researches (research)
scienziati (scienziato): scientists
del tempo: of that time

ottiene (ottenere): (he) obtains (to get)
cattedra: chair (university)
presso: at
comincia (cominciare): (he) begins (to begin)

mondiale: worldwide
chiama (chiamare): (he) calls (to call)
tra cui: among whom
cercano di (cercare): (they) try (to try)
modernizzare: to modernize
proponendo (proporre): proposing (to propose)
ben attrezzati: well equipped
formazione: education
ricercatori (ricercatore): researchers

scoperta: discovery
mediante: through
neutroni lenti (lento): slow neutrons
grazie a: thanks to
riceve (ricevere): (he) receives (to receive)
premio: prize

subito dopo: right after
lavora (lavorare): (he) works (to work)
realizza (realizzare): (it) creates (to create)
in seguito: later on
muore (morire): (he) dies (to die)
cancro: cancer
soli (solo): only

breve: brief, short
vita: life
genialità: brilliance, genius
impegno: commitment

Canta bella

Fra i **cantanti** di **musica leggera** più famosi degli **anni 60** ce n'è una che, **pur non avendo viaggiato molto**, ha **oltrepassato** i confini con **la sua voce**, **diventando celebre** in tutto il **mondo**. **Parliamo** di Mina, **bella e brava** cantante **soprannominata** "la tigre di Cremona". Mina entra nel mondo musicale italiano **in modo molto particolare**: nell'estate del 1958, mentre si trova in Versilia in vacanza, viene **sfidata** dai suoi **amici** a **salire sul palco** in un locale molto famoso, la Bussola; Mina **accetta** la **sfida** e canta impressionando tutti con la sua voce e con la gestualità che la caratterizza.

In seguito si propone come cantante per un gruppo di Cremona che in quegli anni sta **riscuotendo** molto successo, gli Happy Boys. Il gruppo l'accetta **subito** e **comincia** così il suo percorso di grandi successi, **non solo** come cantante, **ma anche** come conduttrice di numerosi **spettacoli** di varietà.

La sua carriera **conosce** anche dei momenti difficili. Nel 1963, in seguito alla **nascita** del figlio avuto da un **attore sposato**, pur separato, viene **allontanata** dalla tv di stato, e definita "peccatrice pubblica" dalla stampa. La **gente**, però, la ama e continua ad applaudirla nei suoi concerti alla Bussola, locale del suo **esordio**. L'anno successivo **ritorna** in tv e **ottiene** grandi successi con spettacoli in cui **intrattiene** con **ospiti** famosi e canta pezzi meravigliosi come "E se domani", "Brava" e molti altri. Negli anni 70 incontra Battisti e Mogol che **scrivono** per lei canzoni indimenticabili come "Amor mio" e "Insieme".

Mina, però, comincia ad **essere insofferente verso** i media e alla fine degli anni 70 **si ritira** dalle scene, rinunciando agli spettacoli ma anche ai concerti **dal vivo**. **Oggi** Mina **non appare** più, ma continua a **regalarci** la sua voce bellissima attraverso canzoni nuove ed interessanti. Molti giovani cantanti fanno cover di suoi **vecchi pezzi** o **sognano** di cantare con lei: ciò **dimostra** che Mina è un **vero e proprio mito** della musica italiana.

cantanti (cantante): singers
musica leggera: easy listening music
anni 60 (anno): the sixties
pur non avendo viaggiato molto: even if she didn't travel so much
oltrepassato (oltrepassare): overcome (to overcome)
la sua voce: her voice
diventando (diventare): becoming (to become)
celebre: famous
mondo: world
parliamo (parlare): we are talking (to talk)
bella e brava: beautiful and good
soprannominata: nicknamed
in modo molto particolare: in a very particular way
sfidata (sfidare): challenged (to challenge)
amici (amico): friends
salire sul palco: to go on the stage
accetta (accettare): accepts (to accept)
sfida: challenge

in seguito: then
si propone (proporsi): puts herself forward (to put oneself forward)
riscuotendo (riscuotere): meeting with (to meet with)
subito: soon
comincia (cominciare): begins (to begin)
non solo ... ma anche: not only . . . but also
spettacoli (spettacolo): shows

conosce (conoscere): knows (to know)
nascita: birth
attore: actor
sposato: married
allontanata (allontanare): dismissed (to dismiss)
gente: people
esordio: debut
ritorna (ritornare): goes back (to go back)
ottiene (ottenere): gets (to get)
intrattiene (intrattenere): entertains (to entertain)
ospiti (ospite): guests
scrivono (scrivere): write (to write)

essere insofferente verso: become intolerant of
si ritira (ritirarsi): retires from (to retire from)
dal vivo: live
oggi: nowadays, today
non appare (apparire): doesn't appear (to appear)
regalarci: to give us
vecchi pezzi (pezzo): old pieces
sognano (sognare): dream (to dream)
dimostra (dimostrare): proves (to prove)
vero e proprio: absolutely true
mito: myth

Prova la sua comprensione

La voce baciata da Dio, page 88

1. Name three things that Modena is known for.

2. How did Pavarotti develop his passion for opera?

3. Who are the three tenors?

Marco Polo, page 90

1. When was Marco Polo born?

2. What historical meeting took place in 1266?

3. Marco Polo inspired what other famous explorer?

Sofia Loren, page 89

1. At what age did Sofia win a beauty contest?

2. In which film did Sofia have her first starring role?

3. Sofia's success came thanks to what director and film?

Galileo Galilei, page 94

1. What does Stephen Hawking attribute to Galileo?

2. What significant discovery did Galileo make about the planets?

3. What did Galileo propose that outraged the church?

Test your comprehension

Lucrezia Borgia, page 95

1. How many children and husbands did Lucrezia have?

2. What did Lucrezia's father make her do at the age of 13?

3. How did Lucrezia spend the last few years of her life?

Caterina de Medici, page 96

1. Why was Caterina's marriage not a happy one?

2. What are two examples of the food Caterina introduced to the country?

3. What implement did Caterina introduce to the dining table?

Architetto italiana, page 98

1. Under whom did Vasari study?

2. What is the *Corridoio del Vasari*?

3. What is the title of Vasari's life work?

Leggenda vivente del calcio, page 99

1. What injury forced Baggio to rest?

2. When playing with the national team, how many goals did Baggio make in how many games?

Costume

Costume della cucina Italiana

Come non pensare all'Italia e **non associarla** al **cibo**? Stereotipi a parte, per gli italiani **mangiare** è **un piacere**, prima che una necessità. L'arte di mangiare e **stare a tavola** è qualcosa di molto serio ed **esistono** delle **regole non scritte** e delle **abitudini** che **possono** anche **farci sorridere** ma che è impossibile non notare.

Innanzitutto il cappuccino. Noi italiani **lo beviamo** a **colazione**, **caldo** e **schiumoso**, in casa o al bar, e difficilmente **vedrete** qualcuno che **lo ordina dopo** le **dieci** di **mattina** o dopo **cena**. **Chi lo fa**, è quasi sempre e solo un turista **straniero**. Il caffè è una familiare e **piacevole abitudine**. Difficilmente **si inizia** la **giornata** senza una tazzina di caffè caldo e **fumante**. **Lo si gusta** anche a metà mattina, al bar e **rigorosamente in piedi** e dopo il **pranzo** o la cena, **magari corretto** con una **goccia** di liquore. Il caffè lungo, cosí popolare all'estero e che in Italia **si chiama**, curiosamente, caffè americano, non è particolarmente **gradito** o popolare.

latte evaporato - steam milk

Anche l'Italia è stata **vittima** dei **mutamenti sociali** e della globalizzazione e la **tavola ne ha risentito**, anche se in minor **misura rispetto** ad altri **paesi**: la dieta mediterranea continua a **rimanere** al centro delle abitudini alimentari dell'italiano medio. In passato **si aveva maggiore tempo** a **disposizione** per preparare i **pasti**, che erano più **abbondanti** di oggi e di **solito consistevano** di antipasto, primo, secondo, **contorno, dolce**, frutta e caffè.

Oggi un occhio alla dieta e uno all'orologio **hanno portato** a **snellire** le quantità, anche **se permane** l'uso, soprattutto quando ci **si reca** al ristorante e si può quindi **indulgere maggiormente**, di **abbondare** a tavola e di concedersi più di un **piatto**. Al di là delle differenze regionali, in Italia l'antipasto **fa la parte del leone, complice** la grande varietà di salumi e **formaggi** che il territorio **offre** e la grande disponibilità di **verdure**. I pasti, **almeno** quando si **cena fuori**, sono un rituale da **godere con lentezza**. Gli antipasti **vengono** in genere accompagnati da **pane fresco**, servito **non imburrato, grissini** e bruschette, mentre **non si ha l'abitudine** di mangiare il pane **insieme al primo piatto** di pasta o **riso**.

In qualsiasi ristorante **si ha di solito** la possibilità di **scegliere fra acqua gassata** o non gassata e naturale per accompagnare il pasto: gli italiani sono fra i maggiori consumatori di acqua minerale e **non amano aggiungere ghiaccio**. Molti ristoranti hanno l'abitudine di proporre con i pasti il vino della casa. Si tratta solitamente di vino di produttori locali, servito in caraffe da un quarto o **mezzo** litro, non sempre di **eccelsa qualità**. In molti locali esiste ancora l'abitudine della richiesta del **pagamento** del pane e **coperto**, cioè del pagamento di una piccola quota per il **servizio** a tavola e il costo del pane.

Da tempo è **fuorilegge** ma alcuni ristoranti continuano **ad applicare il balzello**. Similmente alla Spagna, in Italia **si pranza** e si cena tardi e chi **siede** ai tavoli di un ristorante alle sette di sera è con ogni probabilità un turista straniero. Dopo un pasto abbondante, esiste la **piacevole consuetudine** di **bere** un digestivo, anche per favorire la digestione. A fine pasto in genere il **padrone** del ristorante **lo offre** di sua **spontanea volontà** e, come ad un **segnale convenuto**, poco dopo aver finito **l'ultimo boccone eccolo posare** sul tavolo **bottiglie** di limoncello, grappa o amaro tra cui **scegliere**.

oggi un occhio alla: with an eye to *(idiom)*
hanno portato (portere): they have brought (to bring)
snellire: to get thinner, to reduce
se permane (permanere): if it remains (to remain)
si reca (recarsi): you bring yourself (to bring)
indulgere maggiormente: you can indulge
abbondare: to abound
piatto: dish
fa la parte del leone: to take the lion's share
complice: thanks to
formaggi: cheese
offre (offire): offers (to offer)
verdure (verdura): vegetables
almeno: at least
cena fuori: eat (dinner) outside
godere: to enjoy
con lentezza: slowly
vengono (venire): come (to come)
pane fresco: fresh bread
non imburrato: not buttered
grissini: toasted bread sticks
non si ha l'abitudine: it is not the custom
insieme: together with
al primo piatto: the first (main) dish
riso: rice

in qualsiasi: in any
si ha di solito: it is usually
scegliere fra: chose between
acqua gassata: carbonated water
non amano (amare): don't like (to like)
aggiungere ghiaccio: adding ice
mezzo: half
eccelsa qualità: excellent quality
pagamento: payment
coperto: cover charge
servizio: service

da tempo: for some time
fuorilegge: against the law
ad applicare: to apply
il balzello: heavy tax
si pranza (pranzarsi): one eats lunch (to eat)
siede (sedere): seats (to sit)
piacevole: pleasant
consuetudine: habit
bere: to drink
padrone: owner
lo offre (offiere): offers it (to offer)
spontanea volontà: spontaneous act
segnale: signal
convenuto: agreed upon
l'ultimo boccone: the last bite
eccolo posare: there he comes putting
bottiglie (bottiglia): bottles
scegliere: to choose

Espressioni idiomatiche

La lingua italiana è **piena di** espressioni ~~idiomatice~~ *idiomatiche*, a **conoscerle** tutti **potremmo parlare** quasi esclusivamente con essi. **Riportiamo** quelle più **conosciuti** in tutta Italia:

Toccare il *cielo* con un *dito*

Vuol dire essere contentissimi e **felici. Ottenere** qualcosa che si **desiderava.**

Essere appeso a **un filo** Macer fila

Significa essere in **attesa, aspettare** una **risposta** o un evento. **Indica** uno stato di precarietà **legato** a qualcuno o qualcosa.

Toccare ferro

È un gesto **scaramantico** che **si fa ogni volta** che **si vuole evitare** qualcosa di **spiacevole. Esempio:** al **passaggio** di un **carro funebre vuoto, si tocca** qualunque cosa sia fatta di ferro per **scongiurare** il **pericolo** di **morte.**

Aver un *diavolo per capello* — hair

Quando si è **molto arrabbiati** per qualcosa o qualcuno.

In bocca al lupo

È un'espressione di **buon augurio.** Si usa per il superamento di un **esame,** o di una buona conclusione di un affare o di un **colloquio di lavoro.**

risposta: crep. il lubo! crepare = to die

Cane che *abbaia non morde*

Significa che una persona, anche **se dimostra** di essere aggressiva verbalmente, **in fondo** è inoffensiva, cioè fondamentalmente buona, quindi **incapace** di **fare del male** e **nuocere.**

---

piena di: full of
conoscerle (conoscere): to know them (to know)
potremmo (potere): we could (can, to be able to)
parlare: to speak
riportiamo (riportare): we report, we quote (to report, to quote)
conosciuti (conoscere): known (to know)

toccare: to touch
cielo: sky
dito: finger
vuol dire: that means
felici: happy
ottenere: to obtain
desiderava (desiderare): desired (to desire)

essere appeso: to wait
un filo: in line
attesa: waiting
aspettare: to wait
risposta: answer
indica (indicare): indicates (to indicate)
legato: connected

toccare: to touch
ferro: iron
scaramantico: superstitious
si fa ogni volta (fare): you do every time (to do, to make)
si vuole evitare: if you want to avoid
spiacevole: disagreeable
esempio: example
passaggio: passing by
carro funebre: funeral carriage (hearse)
vuoto: empty
si tocca (toccare): you touch (to touch)
scongiurare: to avert
pericolo: danger
morte: death

avere: to have
diavolo: devil
per capello: for a hat
molto arrabbiati: very upset

in bocca al lupo: in the wolf's mouth
buon augurio: good luck
esame: exam
colloquio di lavoro: job interview

cane: dog
abbaia (abbaiare): barks (to bark)
non morde (mordere): doesn't bite (to bite)
se dimostra (dimostrare): if it proves (to prove)
in fondo: after all
incapace: incapable
fare del male: to hurt
nuocere: to harm

Ambasciatore non porta pena

È quando qualcuno comunica qualcosa di **spiacevole** da parte di una seconda persona. La frase vuol dire che chi comunica **la brutta notizia non ne ha colpa**, per cui è neutrale e la reazione **non deve** interessare la sua persona, in quanto è solo ed esclusivamente un ambasciatore.

L'erba del vicino è sempre più verde

Vuol dire che tutto ciò che **appartiene** agli altri è sempre più bello. Si usa **per far notare** ad una persona di essere **invidiosa** e di **non apprezzare** ciò che **possiede, perché** si è più **concentrati** su quello che possiedono **gli altri**.

Non c'è rosa senza spine

Ogni cosa, pur la più bella, **ha sempre un lato poco piacevole**. Infatti la rosa, che **rappresenta il fiore** perfetto, **nasconde** nel **gambo** delle **appuntite** spine, così come tutte le situazioni della **vita** rappresentano un **lato** positivo e uno negativo.

Rosso di sera buon tempo si spera

La **parola** rosso **si riferisce** al colore del **sole al tramonto**, il che significa che se il sole al tramonto **lo si vede nitido** e di colore rosso, il **giorno seguente** sarà una **bella giornata**.

Quando la volpe non arriva all'uva dice che e' acerba

Il che significa che quando **non riusciamo** ad **ottenere** una cosa a cui **teniamo** molto, **non volendo palesare** la nostra **sconfitta disprezziamo** ciò che non siamo riusciti ad ottenere, **facendo credere** che alla fine **non ne valeva la pena**.

Questi sono **solo pochi esempi** di espressioni tipicheitaliane. A queste ne **fanno seguito** tantissime altre per ogni regione italiana. Ogni occasione ha la sua espressione idiomatica!

---

ambasciatore: ambassador, messenger
non porta pena (portare): doesn't bring pain (to bring)
spiacevole: disagreeable
la brutta notizia: the bad news
non ne ha colpa: it is not his fault
non deve (dovere): shouldn't (must, to have to)

l'erba: the grass
vicino: neighbor
sempre: always
verde: green
appartiene: belongs
per far notare: to tell someone
invidiosa: jealous
non apprezzare: doesn't appreciate
possiede (possedere): owns (to own)
perché: because
concentrati: concentrated
gli altri: the others

non c'è rosa: there is no rose
senza: without
spine (spina): thorns
ogni cosa: everything
ha sempre: has always
un lato: a side
poco piacevole: not very pleasant
rappresenta (rappresentare): represents (to represent)
il fiore: the flower
nasconde (nascondere): hides (to hide)
gambo: stem
appuntite: sharp
vita: life
lato: side

rosso: red
tempo: weather
si spera (sperare): you hope (to hope)
parola: word
si riferisce (riferiscersi): refers to (to refer to)
sole al tramonto: sunset
lo si vede nitido (vedere): you see it clear (to see)
giorno: day
seguente: following
bella giornata: lovely day

volpe: fox
uva: grapes
acerba: sour
non riusciamo (riuscire): we can't (to succeed)
ottenere: to obtain
teniamo: we care about (something)
non volendo palesare: not wanting to reveal
sconfitta: defeat
disprezziamo (disprezzare): we despise (to despise)
facendo credere: letting others believe
non ne valeva la pena: it wasn't worth it

solo pochi esempi: just a few examples
fanno seguito (seguire): there follows (to follow)

Galateo degli affari

Conoscere ed **applicare** il **galateo negli affari** è un modo per **rendere** più **proficuo** un **incontro di lavoro**. Basta **pensare** che sono necessari solo sette secondi per fare una buona

o una **cattiva** impressione e che le prime 12 **parole** sono determinanti per **catturare** l'attenzione del tuo **interlocutore**.

È soprattutto in questo periodo di globalizzazione che è molto importante **rispettare** una certa **etichetta** negli affari, **se non si vuole rischiare** di **incorrere** in **spiacevoli** e **imbarazzanti** inconvenienti, che **possono compromettere** la buona **riuscita degli stessi**.

In Italia, **trattare** i propri clienti con **cortesia** e **rispetto** fa parte del business, non basta **proporre** un buon prodotto o un buon servizio, è importante presentarlo nel **modo giusto**. Pare che in Italia il 90% degli affari sia influenzato al **primo impatto** più dalle **espressioni** non verbali.

Consigli da seguire per avere successo in una trattativa
Arrivare per primi ad una **cena di lavoro** e **consegnare la propria carta di credito** per **saldare** il **conto** in anticipo, **onde evitare** imbarazzi alla fine del **pranzo**.

Vestirsi adeguatamente: **scarpe** e **cinta coordinate**, **cravatta**, **vestito** di colori sobri come il blu o il **grigio**. Accessori indispensabili: **orologio** e **fede nunziale** (**se sposati**) per gli **uomini**. Per la **donna**: **tailleur**, **scarpe** con **tacco medio** classiche coordinate con la **borsa**. Accessori **sobri**: **orecchini al lobo**.

Muoversi con **disinvoltura** e determinazione per **apparire** più efficenti e **rendersi** professionali ed **affidabili**.

Più il nostro interlocutore **si sentirà rassicurato** ed **apprezzato** più **sarà alto** il nostro margine di successo. **Pertanto entrare in contatto** con **lo sguardo, sorridere** ad una sua **battuta, chiamarlo per nome renderà l'approccio** molto più **accattivante**.

Per chi **viene** dal Regno Unito, USA, Giappone o Cina, **fare affari** in Italia può presentare qualche difficoltà **legata** ai costumi del nostro **paese**. Questi paesi infatti **hanno un modo molto** più **diretto** e **formale** di **condurre** le trattative in affari.

Lo stile italiano **invece** è più "rilassato" e si **concentra** maggiormente sulla presentazione dell'affare. Infatti è molto più **portato verso** l'organizzazione del "business entertaining", che sta acquistando sempre più importanza anche negli altri paesi.

Altri consigli

Regola fondamentale per **non incappare** in **spiacevoli** ed imbarazzanti inconvenienti è quella di **conoscere** in anticipo gli usi e costumi del paese con **il quale si entra** in affari.

Prima di **parlare** d'affari, **offrire** del caffè o qualcosa da **bere,** salutare l'interlocutore con una **stretta di mano** decisa accompagnata da un **sorriso** e **non dimenticar**e di **estendere** i **saluti** anche alla famiglia. Ad affare concluso, **se il tempo** lo **permette**, è **buona abitudine**, tipicamente italiana, **festeggiare** a tavola **brindando** con un buon vino d'**annata** al successo dell'**iniziativa**.

Fare affari in Italia è **semplice, basta rispettare** il galateo e **non avere mai fretta**!

---

muoversi (muovere): move (to move)
disinvoltura: boldness
apparire: to appear
rendersi: to make oneself
affidabili: reliable

si sentirà (sentire): will feel (to feel)
rassicurato: reassured
apprezzato: appreciated
sarà alto (essere): will be high, will increase (to be)
pertanto entrare in contatto: therefore to make contact
lo sguardo: look
sorridere: to smile
battuta: joke
chiamarlo (chiamare): call him (to call)
per nome: with his name
renderà (rendere): it will give (to give)
l'approccio: approach
accattivante: winning

viene (venire): comes (to come)
fare affari: have business
legata: related
paese: country
hanno un modo molto (avere): have a way (to have)
diretto: direct
formale: formal
condurre: to conduct

invece: instead
concentra (concentrare): concentrates (to concentrate)
portato verso (portare): brought towards (to bring)

regola fondamentale: fundamental rule
non incappare in: (to) not have, (to) run up against
spiacevoli: unpleasant
conoscere: to know
il quale si entra: which you enter into business with

parlare: talking about
offrire: (to) offer
bere: to drink
stretta di mano: handshake
sorriso: smile
non dimenticare: don't forget
estendere: to extend
saluti (saluto): greetings
se il tempo: if the time
permette (permettere): permits (to permit)
buona abitudine: good habit
festeggiare: to celebrate
brindando: toasting
annata: of the year
iniziativa: initiative

fare affari: to do business
semplice: simple
basta rispettare: it is enough to respect
non avere mai fretta: never rush

Saluti e buone maniere

"Ciao!", "Buongiorno!": i saluti italiani sono **ormai famosi** in tutto il **mondo**, **ma sappiamo** quando e come usarli? Gli italiani **si baciano** e **si abbracciano**: **possiamo farlo** sempre e con tutte le persone o ci sono dei casi in cui non **si può fare**?

Vediamo insieme alcune **regole**, o **meglio consigli**, di comportamento. Quando ci **presentiamo**, è molto importante **dare** una **stretta di mano**, possibilmente energica. Dalla stretta di mano, infatti, **si può già stabilire** un primo contatto: **stringerla** con energia serve a **dimostrare** entusiasmo e personalità.

Ai **giovani**, o in contesti molto informali, possiamo **dire** "ciao, **piacere**"; in contesti più formali possiamo dire "Piacere!" **oppure** "**Molto lieto**", gli **uomini**, e "Molto lieta", le **donne**. Se presentiamo un **amico** possiamo dire solo **il suo nome**: "Ti presento Luca/Maria" (**ricordiamoci** di **cambiare** il "Ti" con il "Le" per contesti formali); se presentiamo un **conoscente**, o in contesti **lavorativi**, è più **gentile** accompagnare il nome con un titolo che può essere "Dottore/ Dottoressa", per le persone laureate, o semplicemente "Signore/ Signora": "Le presento il Signor Rossi/la Signora Rossi".

Ma il **dubbio** per gli **stranieri**, e per gli stessi italiani, è: "Signora" o "Signorina"? **In passato si usava** "Signora" solo per le donne **sposate** e "signorina" per le donne **ancora nubili**. Il **galateo** però dice che in questo caso il **termine** "signorina" **potrebbe** risultare offensivo per una donna **perché sottolinea** il suo stato di "donna non sposata", **quindi afferma** che **dopo** i 18 **anni bisogna** usare il termine "signora".

---

ormai famosi: famous by now
mondo: world
ma sappiamo (sapere): but do we know (to know)
si baciano (baciarsi): they kiss (to kiss)
si abbracciano (abbracciare): they hug (to hug)
possiamo farlo (potere): can we do it (can, to be able to)
si può fare: you can do it

vediamo (vedere): let's take a look (to look)
insieme: together
regole (regola): rules
meglio: better
consigli (consiglio): suggestions
presentiamo (presentare): we introduce (to introduce)
dare: to give
stretta di mano: handshake
si può già stabilire: we can establish
stringerla: shake it
dimostrare: to show

giovani: young people
dire: say
piacere: pleased to meet you
oppure: or
molto lieto: very well, thank you
uomini (uomo): men
donne (donna): women
amico: friend
il suo nome: his name
ricordiamoci (ricordare): let's remember (to remember)
cambiare: to change
conoscente: acquaintance
lavorativi: working
gentile: polite

dubbio: doubt
stranieri: foreigners
in passato: in the past
si usava (usare): one used (to use)
sposate: married
ancora nubili: still single
galateo: etiquette
termine: term
potrebbe (potere): could (can, to be able to)
perché: because
sottolinea (sottolineare): underlines (to underline, to stress)
quindi afferma (affermare): so affirms (to affirm)
dopo: after
anni (anno): years
bisogna (bisognare): it is necessary (to be necessary)

Ma cosa **ne pensano** le donne? Le **risposte** sono varie: alcune donne, considerano importante la differenza tra i due termini e **desiderano** essere **chiamate** signorine, **se non sposate** e signore, se sposate. Altre donne **non accettano** il termine "signorina". Le più giovani, inoltre, **non amano entrambi** i termini e **si arrabbiano** quando vengono chiamate "signore", per esempio **nei negozi**. **Insomma**, in questo caso, i consigli **servono a poco**: **bisogna trovarsi** nella situazione e immaginare la reazione della donna che **si incontra**.

Se incontriamo un italiano che **conosciamo già**, possiamo **dare** i famosi due **baci sulla guancia** che gli italiani, fra amici e parenti, **si scambiano** anche quando **si separano**. Spesso i **ragazzi**, gli uomini, **si abbracciano** o si danno delle **pacche** sulla **spalla in segno di saluto affettuoso**. In una situazione formale, ad esempio in **ambienti di lavoro** o con semplici conoscenti, i due baci possono essere sostituiti dalla stretta di mano.

Quando **diventiamo** amici di un italiano, spesso arriva subito l'**invito** a **pranzo** o a **cena**. Come ci **comportiamo** in queste occasioni? È bene **portare** qualcosa; di solito si porta un **dolce**, ad esempio la popolare "guantiera di paste", cioè il **vassoio** di **piccoli dolci comprati** in **pasticceria**, oppure del vino o dello spumante. Se c'è una donna in casa, possiamo portare un **mazzo di fiori**. **Dobbiamo** prepararci anche a **fare il giro** della casa, perché è **abitudine** degli italiani **mostrare** la propria abitazione a chi ancora **non la conosce**.

Se invece l'invito è al ristorante, molte volte al momento del conto gli italiani **dicono** di **voler offrire**, quindi **pagare** tutto; è comunque buona educazione dire di voler contribuire alla spesa. Tuttavia anche **insistere** troppo può **risultare scortese**: dopo un tentativo iniziale di **dividere il conto**, è meglio **rinunciare**, **ringraziare** e dire "La **prossima volta offro io!**"

---

ne pensano (pensare): think about it (to think)
risposte (risposta): answers
desiderano (desiderare): they wish (to wish)
chiamate (chiamare): called (to call)
se non sposate: if not married
non accettano (accettare): don't accept (to accept)
non amano entrambi (amare): don't like either (to like)
si arrabbiano: they get mad
nei negozi (negozio): in stores
insomma: in short
servono a poco: helps very little
bisogna trovarsi (trovare): you need to find yourself (to find)
si incontra (incontrarsi): you meet (to meet)

conosciamo già (conoscere): know already (to know)
dare: to give
baci sulla guancia: kisses on the cheek
si scambiano (scambiarsi): you exchange (to exchange)
si separano (separarsi): you separate (to say good-bye, to separate)
ragazzi (ragazza): teenagers
si abbracciano (abbracciarsi): hug each other (to hug)
pacche: friendly slaps
spalla: shoulder
in segno di saluto affettuoso: as a sign of affection
ambienti di lavoro: work environments

diventiamo (diventare): become (to become)
invito: invitation
pranzo: lunch
cena: dinner
comportiamo (comportare): we behave (to behave)
portare: to bring
dolce: dessert
vassoio: tray
piccoli dolci: small sweets
comprati (comprare): bought (to buy)
pasticceria: bakery
mazzo di fiori: bouquet of flowers
dobbiamo (dovere): we need (to need)
fare il giro: to go around
abitudine: habit
mostrare: to show
non la conosce (conoscere): doesn't know (to know)

se invece: if instead
dicono (dire): they say (to say)
voler offrire: want to offer
pagare: to pay
insistere: to insist
risultare scortese: could seem rude, impolite
dividere il conto: to share the bill
rinunciare: to renounce
ringraziare: to thank
prossima volta: next time
offro io (offrire): I will offer (to offer)

Che bella figura!

pietra miliare: foundation stone
rappresenta (rappresentare): (it) represents (to represent)
imbarazzo: embarrassment
vergogna: shame
sfumature (sfumatora): nuances
la rendono (rendere): makes it (to make)
comprensione: comprehension
cittadini (cittadin): people
paesi (paese): countries

basata: based on
apparire: appearance
vestirsi: to dress oneself
buon gusto: good taste
guidare: to drive
bella macchina: nice car
avere: to have
casa: house
guadagnare: to earn
veramente: really
si riesce a far credere agli altri: you let the others believe
andare in giro: go around
rottame: old
macchina: car
spesso si preferisce (preferire): usually you'd prefer (to prefer)
invito: invitation
all'altezza di: the height of

concetto: concept
vuol dire: it means
dare: to give
cattiva: bad
giapponese: Japanese
esempi (esempio): examples
cena: dinner
mani vuote (mano): empty hands
senza: without
mazzo di fiori: bouquet of flowers
padrona di casa: lady of the house
bottiglia: bottle
dolce: dessert
non versare: not pouring
signora: woman
ti siede accanto (sedere): sits next to you (to sit)
non offrire: not to offer
ospite: guest
non fare le presentaziono: don't introduce

Che bella figura! Che brutta figura! Una frase che è la **pietra miliare** della cultura italiana! **Rappresenta imbarazzo**, **vergogna** per se stessi e per tutti i familiari. L'etichetta italiana è molto complicata e ricca di **sfumature** che **la rendono** di difficile **comprensione** per i **cittadini** non solo americani ma anche degli altri **paesi**.

La cultura italiana è **basata** sull'**apparire**: **vestirsi** bene è sinonimo di **buon gusto**, **guidare** una **bella macchina** è uno status symbol, **avere** una bella **casa**, **guadagnare** molto. Non è importante che cosa si è **veramente**, l'importante è quello che **si riesce a far credere agli altri**. Non essere quindi vestiti adeguatamente per un'occasione rappresenta una "brutta figura", **andare in giro** con un **rottame** di **macchina**, è una "brutta figura". **Spesso si preferisce** rinunciare ad un **invito** o altro se non si è **all'altezza di** far "bella figura".

Fare una brutta figura è un **concetto** essenziale nella cultura italiana, **vuol dire dare** una **cattiva** impressione di se, equivale metaforicamente alla tradizione **giapponese** di "perdere la faccia". **Esempi** di brutta figura sono presentarsi a **cena** a **mani vuote**, cioè **senza** un **mazzo di fiori** per la **padrona di casa**, o una **bottiglia** di vino o un **dolce**; **non versare** il vino alla **signora** che **ti siede accanto** è una brutta figura, **non offrire** un caffè o qualcosa da bere ad un **ospite** è una brutta figura, **non fare le presentazioni** di una persona che ti accompagna è una brutta figura.

Se fare brutta figura vuol dire dare una cattiva inpressione di se, il **concetto** di bella figura è l'esatto **contrario**, cioè fare una buona impressione. Questo concetto **coinvolg**e quasi tutti gli aspetti della **vita sociale** italiana, a cominciare dall'aspetto fisico **fino al modo** di **porsi,** in generale, nell'**ambito lavorativo**, politico e **degli affari.**

Per capire meglio il concetto di bella o brutta figura, è importante capire che la società italiana **ha dei ruoli** ben definiti relativamente ai maschi ed alle femmine. **In genere** è l'**uomo** ad avere un ruolo rilevante **all'interno** della famiglia per quanto **riguarda il sostentamento** della stessa e la donna **invece** si occupa della gestione interna della casa e dei figli. Infatti, **se si dovesse** verificare il contrario, ció potrebbe rappresentare motivo di brutta figura per l'uomo.

È compito infatti dell'uomo, come padre di famigli, a rappresentare la stessa **nel migliore** dei modi, **attraverso** il suo comportamento, **la sua serietà**, il suo stile di vita **affidabile** e **rispettabile. Molti uomini** italiani trattano **ancora** le donne con maschilismo, inteso come senso di protezione e galanteria. Anche **se ora** le donne **cercano** sempre più la **parità** dei **diritti,** occupando **ruoli** che **una volta** erano dominio dei soli uomini. È sempre più **lontana** la visione della donna che si preoccupava esclusivamente della **cucina**, della **pulizia** della casa e dei **figli**.

La donna resta sempre la responsabile maggiore dell'**andamento** domestico, **ma contemporaneamente lavora fuori** casa. Ciò però **procura** spesso **disagio** nell'uomo italiano che **vive** questa situazione come una incapacità di provvedere da solo al **bisogno familiare** e quindi lo vive come "una brutta figura"!

---

concetto: concept
contrario: opposite
coinvolge (coinvolgere): involves (to involve)
vita sociale: social life
fino al modo: even the way
porsi: to present yourself
ambito lavorativo: work environment
degli affari: of business

per capire meglio: to better understand
ha dei ruoli (ruolo): (it) has roles, parts
in genere: usually, generally
uomo: man
all'interno: inside
riguarda il sostentamento: regarding the support
invece: instead
se si dovesse (dovere): if (the opposite) would happen (must, to have to)

è compito infatti: it's the job in fact
nel migliore: in the best
attraverso: with
la sua serietà: his seriousness
affidabile: reliable
rispettabile: respectful
molti uomini (uomo): many men
ancora: still
se ora: if now, nowadays
cercano (cercare): looking for (to look for)
parità: equality
diritti: rights
ruoli (ruolo): roles
una volta: once
lontana: far away
cucina: kitchen
pulizia: cleanliness
figli: children

andamento: progress
ma contemporaneamente: but at the same time
lavora fuori (lavorare): works outside (to work)
procura (procurare): brings (to bring)
disagio: awkwardness
vive (vivere): he lives (to live)
bisogno familiare: family needs

Gesti italiani

gesti (gesto): gestures
parlare: to speak
usano (usare): using (to use)
la loro bocca: their mouth
esprimersi: to express themselves
serve: is needed, it is necessary
rinforzare: to strengthen
si dice (dire): they say (to say)
lingua complessa: complex language
essere meglio ricordata (ricordare): is better
 remembered (to remember)
se imparate (imparare): if you learn
 (to learn)

traduce (tradurre): translates (to translate)
potete farvi capire: you would make
 yourself understood
vostri ospiti (ospite): your hosts
massaggiando (massaggiare): massaging
 (to massage)
vi aiuteranno (aiutare): will help you (to help)
pollo: chicken
domanda: question
vi porteranno (portare): will bring you
 (to bring)
gustare: to taste
subito: immediately
buoni piatti (piatto): good dishes
a tavola: at the table

devo andare (dovere): I have to go
 (must, to have to)
bagno: bathroom
segue (seguire): follows (to follow)
alzando (alzare): raising (to raise)
dito indice: index finger
mano: hand
in fuori: facing out
avrete (avere): will have (to have)
vicino: close
poco tempo: little time (not much time)

vorrete (volere): you will want (to want)
sapere: to know
come si dice (dire): how to say (to say)
chiedere: to ask
basta alzare: just raise
in aria: in the air
se in questo: if in this
dovreste imparare (dovere): (you) should
 learn (must, to have to)

Gli Italiani usano i **gesti** per **parlare** (gesticolare) tanto quanto **usano la loro bocca** per **esprimersi**! Il gesticolare **serve** per **rinforzar**e ciò che **si dice**. Dal momento che l'italiano è una **lingua complessa** e in evoluzione, può **essere meglio ricordata se imparate** anche alcuni gesti comuni italiani.

Ho Fame!

"Ho fame" **traduce** la forma inglese "I'm hungry". **Potete farvi capire** dai **vostri ospiti massaggiando** con un movimento circolare il vostro stomaco con il palmo della mano. Alcune semplici parole italiane **vi aiuteranno** ulteriormente: pizza, **pollo**, pasta… accompagnate da una **domanda**, probabilmente **vi porteranno** a **gustare subito buoni piatti a tavola**!

Scusi, *devo andare al bagno*

Il gesto per "Scusi, devo andare al bagno" probabilmente **segue** per importanza il gesto per "Ho fame". **Alzando** il **dito indice** e il dito medio (col palmo della **mano in fuori**) **avrete** sicuramente l'indicazione per il bagno più **vicino** in **poco tempo**.

Un momento!

Sicuramente **vorrete sapere come si dice** "one moment, please", ovvero "un momento, per favore", per **chiedere** a qualcuno indicazioni per il bagno. **Basta alzare** il dito indice **in aria** come il numero "1". Questo gesto può anche significare "May I interrupt?", ovvero, "potrei interrompere?", anche **se in questo** caso **dovreste imparare** anche la frase italiana.

Silenzio!

Questo gesto universale consiste nel **tenere premuto** il dito indice sulle **proprie labbra** e ha il significato di "silenzio per favore".

Vieni qui

Oscillando verso se stessi la proprio mano, con il palmo **della stessa** e le **dita verso il basso**, **stai esprimendo** il **desiderio** di **far avvicinare** qualcuno, anche se non è un gesto da utilizzare con **sconosciuti**. Per **non essere fraintesi** è **meglio** usare questo gesto quando si può **spiegare** alla persona interessata perché **la state facendo avvicinare**.

Idea!

"Idea!" **enfatizzerete** molto il fatto che avete un' idea quando **sembrate** molto **felici** e avete le **mani sulla vostra testa**. Comunque, **imparare** l'italiano sarà utile soprattutto per **esporre** questa vostra idea!

Perfetto

Unendo il vostro **pollice** e il vostro indice, **creando un cerchio**, **facendolo** con **entrambe** le mani, vi complimentate con qualcuno **per l'ottimo risultato conseguito**. È un gesto molto usato e utile in Italia anche perché **non richiede** l'uso del **linguaggio**.

I gesti, **se usati correttamente**, possono **risultare** molto efficaci. Per **leggere cartelli stradali** italiani e parlare con altri italiani, in ogni caso, è importante **studiare** la **lingua**. **Optate ad apprendere** entrambi: gesti e linguaggio parlato.

---

tenere premuto (premere): keep pressed (to press)
proprie labbra (labbro): own lips

vieni qui (venire): come here (to come)
oscillando (oscillare): turning (to turn)
verso: toward
se stessi: yourself
della stessa: of the same
dita (dito): fingers
verso il basso: pointing down
stai esprimendo (esprimere): you are expressing (to express)
desiderio: wish
far avvicinare: make someone approach
sconosciuti (sconosciuto): strangers
non essere fraintesi: not to be misunderstood
meglio: better
spiegare: explain
la state facendo (fare): you are making (that person) (to make, to do)
avvicinare: the approach

enfatizzerete (enfatizzare): you will emphasize (to emphasize)
sembrate (sembrare): seem like (to seem)
felici: happy
mani (mano): hands
sulla: on top of, against
vostra testa: your head
imparare: to learn
esporre: to show

unendo (unire): uniting (to unite)
pollice: thumb
creando (creare): creating (to create)
un cerchio: a circle
facendolo (fare): making it (to make)
entrambe: both
per l'ottimo risultato: for the best result
conseguito (conquistare): achieved (to achieve)
non richiede (richiedere): doesn't require (to require)
linguaggio: language

se usati correttamente (usare): if used correctly (to use)
risultare: result
leggere: to read
cartelli stradali: road signs
studiare: to study
lingua: language
optate ad apprendere (optare): choose to learn (to choose)

Prova la sua comprensione

Costume della cucina Italiana, page 108

1. What, according to the author, demonstrates the art of eating?

2. At breakfast, how do Italians take their coffee?

3. At the end of the meal, what will the owner of the restaurant sometimes bring to the table?

Espressioni idiomatiche, page 110

1. What does this expression mean: *Toccare il cielo con un dito*?

2. Give an example of a superstitious gesture or expression.

3. What expression should you offer someone going for a job interview?

Galateo degli affari, page 112

1. How long does the author say it takes to make a good or a bad impression?

2. What should you do at a working dinner meeting?

3. What color suit does the author suggest you wear?

4. If you want to increase the success of your business meeting, what should you make sure the person you are meeting with feels?

Test your comprehension

Saluti e buone maniere, page 114

1. The author says to shake hands with energy to show what?

2. If you are introducing someone formally what do you say?

3. What are the rules for addressing a woman over the age of 18?

4. What is a *guantiera di paste*?

Gesti italiani, page 118

1. What is the hand signal you would use to let someone know you need to use the bathroom?

2. What gesture should you *not* use with strangers?

3. What does making a circle with your thumb and your index finger indicate?

Le Arti

deriva (derivare): derives (to derive)
popolo: people
nasce (nascere): is born (to be born)
feste (festa): parties
sagre (sagra): festivals
antiche (antico): ancient
soprattutto: above all
per quanto riguarda: as regards to
canto (cantare): singing (to sing)
collegata (collegare): connected (to connect)
è eseguita (eseguire): is performed
   (to perform)
balli (ballo): dances
la possono accompagnare (potere): can
   accompany it (can, to be able to)
infatti: in fact
compongono (comporre): compose
   (to compose)
ocarina: ocarina
scacciapensieri: Jew's harp

intorno: around
secolo: century
si evolve (evolversi): evolves (to evolve)
vita: life
decenni (decennio): decades
sono ritenuti (ritenere): are considered
   (to consider)
durante il quale: during which
sono state composte (comporre): have been
   composed (to compose)
hanno raggiunto (raggiungere): have reached
   (to reach)

conosciuta come (conoscere): known as
   (to know)
danza: dance
veloci: fast
meridionale: southern
nome: name
ragno velenoso: venomous spider
legato: related
morso: bite
veniva morso (mordere): was bitten (to bite)
si agitava (agitarsi): floundered (to flounder)

anche: also
essere suonata (suonare): to be played
   (to play)
costituiva (costituire): constituted
   (to constitute)
aveva (avere): had (to have)
lo scopo di esorcizzare: the aim to exorcize
donne (donna): women
scatenato (scatenare): provoked, unleashed
   (to provoke, to unleash)
ipotetico: hypothetical

La musica folk italiana

La musica folcloristica italiana **deriva** dalle varie identità del **popolo** italiano e dalle regioni e **nasce** in momenti di aggregazione sociale come **feste** o **sagre**. Le origini di queste musiche sono molto **antiche**, **soprattutto per quanto riguarda** la tradizione orale del **canto**. La musica folk è direttamente **collegata** a due altri aspetti culturali delle regioni da dove proviene: gli strumenti musicali con cui **è eseguita** ed i **balli** che **la possono accompagnare**. **Infatti** nella tradizione italiana i vari strumenti che **compongono** queste musiche sono strumenti regionali come l'**ocarina** o lo **scacciapensieri**.

La canzone napoletana è nata **intorno** al **secolo** XIII e nel seicento **si evolve**, dando **vita** ai primi ritmi della tarantella. I primi **decenni** dell'800 **sono ritenuti** il periodo più importante, **durante il quale sono state composte** canzoni che **hanno raggiunto** la fama nazionale.

La tarantella è **conosciuta come** una **danza** accompagnata da musica tradizionale dai ritmi **veloci**, originaria dell'Italia **meridionale**. Il **nome** "tarantella" deriva da "tarantola", un **ragno velenoso** diffuso nell'Europa meridionale. Dunque il ballo della tarantella è in parte **legato** al **morso** della tarantola: chi **veniva morso**, infatti, **si agitava** in maniera convulsiva. I tipi di tarantella sono numerose. Tra le più famose quella pugliese, calabrese, siciliana e napoletana.

La pizzica è una danza popolare tipica del Salento ma presente in tutta la Puglia centro-meridionale e **anche** in Basilicata. La pizzica, oltre ad **essere suonata** nei momenti di festa, **costituiva** anche l' accompagnamento al "tarantismo". La pizzica, infatti, con il suo ritmo frenetico, **aveva lo scopo di esorcizzare** le **donne** tarantolate attraverso il ballo, **scatenato** dal loro **ipotetico** male.

Strumenti musicali italiani

Gli strumenti musicali italiani sono strumenti regionali **usati** in prevalenza per la musica popolare, che si divide in varie **tipologie** e **può variare** da regione a regione.

Probabilmente il più noto di questi strumenti è l'ocarina, **inventata** nel **secolo** XIX. La sua forma **ricorda** il profilo di un'**oca senza testa**, da lì il suo **nome**. L'imboccatura laterale dalle quale **si soffia** l'aria genera il **suono,** che **si può modulare tramite** piccoli **fori** sul **corpo** dello strumento. Tra i vari tipi di ocarine la più nota è l'ocarina di Budrio. A parte gli utilizzi folcloristici, l'ocarina **è diventata** famosa per il suo utilizzo nella composizione di alcune **colonne sonore**, come **ad esempio** in alcuni film di Sergio Leone, musicati da Ennio Morricone.

La **piva** è anche nota come la **cornamusa** italiana, perché composta da **canne inserite** in un **otre di pelle** che **funziona** da **serbatoio** d'aria. Questo strumento **era usato** nel Piacentino **fino alla fine** agli **anni '50**.

Il putipù è uno strumento a percussione composto da una canna di **bambù** e una membrana di **pelle di animale**. Questo strumento è molto ultilizzato nella musica folk meridionale, in particolar modo in quella napoletana.

Lo scacciapensieri è un piccolo strumento costituito da una piccola **struttura di metallo ripegato** su **se stesso** e a forma di **ferro di cavallo** che **si usa soprattutto** in Sicilia ma anche in Sardegna. Lo strumento **si suona ponendo** l'**estremità** con l'**ancia libera poggiata sui** denti e **pizzicando** la **lamella** con **un dito mentre si cambia** la dimensione della cavità orale **per regolare** le note. Questo può **avvenire** anche per mezzo di diversi posizionamenti della lingua.

Il vattacicirchie è uno strumento musicale a percussione della tradizione popolare **abbruzzese**, composto da un **cilindro** e da un **bastone** detto "mazza vattante".

usati (usato): used (to use)
tipologie: typologies, types
può variare: (it) may vary

inventata (inventatare): invented (to invent)
secolo: century
ricorda (ricordare): reminds (to remind)
oca senza testa: goose without a head
nome: name
si soffia (soffiare): they blow (to blow)
suono: sound
si può modulare: they can modulate
tramite: by
fori (foro): holes
corpo: body
è diventata (diventare): has become (to become)
colonne sonore: soundtracks
ad esempio: for example

piva: bagpipes
cornamusa: bagpipes
canne (canna): pipes
inserite (inserire): inserted (to insert)
otre di pelle: leather bottle
funziona (funzionare): works (to work)
serbatoio: tank
era usato (usare): was used (to use)
fino alla fine: to the end
anni '50 (anno): the fifties

bambù: bamboo
pelle di animale: animal skin

struttura di metallo: metal structure
ripegato: bent over
se stesso: itself
ferro di cavallo: horseshoe
si usa (usare): it's used (to use)
soprattutto: especially
si suona (suonare): they play it (to play)
ponendo (porre): putting (to put)
estremità: end
ancia: reed
libera (libero): free
poggiata sui (poggiare): rest on, lean on (to lean)
pizzicando (pizzicare): pinching (to pinch)
lamella: thin plate
un dito: a finger
mentre: while
si cambia (cambiare): they change (to change)
per regolare: to regulate
avvenire: to happen

abbruzzese: from Abruzzo
cilindro: cylinder
bastone: stick

La letteratura italiana

Il **Rinascimento** in Italia fu un periodo di grande espansione economica, politica e culturale. In questo periodo **storico assistiamo** alla formazione degli **Stati Nazionali** e delle **Signorie**.

Le varie **corti ospitarono uomini** di cultura **appartenenti** a tutti i **settori**: artistico, scientifico, musicale, filosofico, politico e **letterario**. Le **città** hanno un'organizzazione politica **di tipo feudale**, in cui **si sviluppano** il commercio e l'industria.

Prima del XIII **secolo**, la **lingua** usata in Italia per la **scrittura** delle opere letterarie era il latino, che **fu utilizzato** per la scrittura di **poesie**, **leggende eroiche**, **cronache**, **vite dei santi**, poesie religiose e **opere didattiche** e scientifiche. Oltre al latino, altre lingue utilizzate furono il francese e il provenzale.

Ciò che ci permettere di **cominciare a parlare** di letteratura italiana è la **consapevolezza**, per il popolo italiano, di parlare una lingua comune e ciò si comincia a **prospettare** solo **attorno al duecento**. La letteratura italiana **si afferma in ritardo rispetto** alle altre letterature europee.

Una **tra** le più grandi figure della letteratura **mondiale** fu Dante Alighieri, famoso per l'**alterigia** del suo **pensiero**, la **vividezza**, la fluidità del suo **versetto** e l'audacia della sua immaginazione. Fu uno dei **fondatori** della letteratura italiana e **rese** accessibile ad un vasto pubblico, **attraverso** l'uso del vernacolo, la lettura di molte sue opere. Fu nel 1304 che Dante introdusse l'uso dell'italiano come lingua letteraria.

La più grande opera di Dante è il poema epico *La Divina Commedia*, **iniziata** nel 1307 e **scritta** in **volgare per poter avere** una maggiore **divulgazione**. È una drammatizzazione **legata a** temi filosofici e teologici e **vede** come protagonisti alcune figure storiche del periodo, di cui **descrive** le personalità attraverso un fantasioso **racconto**.

Il **componimento affronta** i tre temi fondamentali della teologia medievale: **inferno**, purgatorio e paradiso, in cui egli **colloca** i vari protagonisti, **assegnandoli** a vari **gironi** a seconda della **propria nobiltà d'animo**, e

del loro comportamento sulla terra. A **fargli da guida** in questo **mondo ultraterreno** è la sua **amata** Beatrice e il suo **maestro** Virgilio.

Un'altra delle figure più importanti del primo rinascimento fu lo studioso umanista e poeta Petrarca. Con lui fu **introdotta** una **nuova corrente letteraria** che influenzò la cultura **occidentale**.

A differenza di altri, egli, attraverso lo studio dei classici, elaboro una nuova filosofia sulla centralità degli **antichi valori**, **ponendo l'uomo** al centro di essa. Fu infatti uno dei maggiori **esponenti** della corrente letteraria **chiamata** "Umanesimo".

Dante, Petrarca e Boccaccio furono i primi scrittori italiani a fare uso letterario del dialetto toscano **parlato** a Firenze, Siena e altre città dell'Italia centro-settentrionale.

Possiamo definire infatti questi scrittori i padri della lettratura italiana, coloro che **hanno dato inizio** ad una lunga e prestigiosa **stirpe** di poeti e **scrittori** dei quali l'Italia **vanta** la **paternità**.

---

iniziata (iniziare): started (to start)

scritta (scrivere): written (to write)

volgare: everyday language

per poter avere: to be able to get

divulgazione: spread

legata a: related to

vede (vedere): seen (to see)

descrive (descrivere): describe (to describe)

racconto: story

componimento: work

affronta (affrontare): deals with (to deal with)

inferno: hell

colloca (collocare): places (to place)

assegnandoli (assegnare): assigning them (to assign)

gironi (girone): circles

propria: own

nobiltà d'animo: greatheartedness

fargli da guida (fare): to act as his guide (to do, to act)

mondo ultraterreno: extraterrestrial world

amata (amato): beloved

maestro: master, teacher

introdotta (introdotto): introduced

nuova corrente letteraria: new literary trend

occidentale: western

antichi valori (valore): ancient values

ponendo l'uomo (porre): putting the man (to put)

esponenti (esponente): representatives

chiamata (chiamare): called (to call)

parlato (parlare): spoken (to speak, to talk)

possiamo definire (potere): we can define (can, to be able to)

hanno dato inizio (iniziare): have begun (to begin)

stirpe: line

scrittori (scrittore): writers

vanta (vantare): boasts about (to boast)

paternità: paternity

Paese di cantanti e poeti

Almeno nell'immaginario degli **stranieri**, l'Italia **è stata vista spesso nel corso dei secoli** anche come un **paese** di **cantanti** e **poeti**, un **luogo** che **ha dato i natali** alla musica lirica e a poeti e **scrittori** come Dante Alighieri il quale, con la sua *Divina Commedia*, **ha dipinto** un **affresco** della società di **allora** che ha, **sorprendentemente**, molti punti in comune con **il bel paese** di **adesso**.

Certamente l'immagine dell'Italia come paese di Eros Ramazzotti e Laura Pausini e della **lingua** di Dante è **superata**, ma è anche **vero** che il paese **possiede** una inequivocabile tradizione sia musicale che **canora** che poetica.

La poesia in Italia **muta** con l'**evolversi** del paese, dei movimenti artistico letterari e dei **mutamenti storici**, dal **succitato** Dante Alighieri, uno dei più **autorevoli** e **rilevanti** letterati italiani di **sempre**, a Petrarca e Boccaccio a **umanisti** come Lorenzo de Medici e Poliziano **sino ad arrivare a** Ugo Foscolo e Giacome Leopardi, Giosuè Carducci nel 1800 e, nel 1900, a Giuseppe Ungaretti e Guido Gozzano, **solo per citarne alcuni**.

Quanto alla tradizione musicale, l'Italia **ha un ruolo di primissimo piano** nell'opera, le cui origini **vengono fatte risalire** tra il 1500 e il 1600, quando a Firenze un gruppo di letterati e musicisti che **si riuniva** a **casa del conte** Bardi decise di creare una rappresentazione dove **si fondessero** teatro e musica. Tra i generi operistici **ricordiamo** l'**opera seria**, l'**opera buffa**, che **nacque** a Napoli, e l'operetta.

L'Italia contribuì alla musica anche con la creazione di strumenti musicali come il violino e la viola, i cui **maggiori centri** di produzione erano Cremona e Brescia. Uno dei principali costruttori di violino fu Antonio Stradivari. Tra i maggiori **rappresentanti** della musica italiana non **possiamo non menzionare** Antonio Vivaldi, Niccolò Paganini, Gioacchino Rossini, Vincenzo Bellini, Gaetano Donizetti, Pietro Mascagni, Giacomo Puccini e Giuseppe Verdi, le cui opere sono **strettamente legate** agli eventi storici dell'Italia.

Importante anche la canzone napoletana, che nel 1600 **vide** nascere la prima forma di tarantella e nel 1800 ha il suo periodo di maggior splendore, con composizioni come "Te vojio bene assaje", "Funiculí Funiculà" e "O sole mio", **scritta** da Giovanni Capurro e Eduardo Di Capua e **conosciuta** in tutto il **mondo**. Il contributo di Napoli alla canzone italiana **non si ferma qui** ma **ci consegna,** dopo la **seconda guerra mondiale**, **brani leggendari** come "Munasterio" e "Santa Chiara", "Luna rossa" e "Tu vuò fa l'americano" di Renato Carosone, ironica e perfetta per i **tempi**.

La musica contemporanea **rimane legata da un lato** alla melodia e alla tradizione, con cantanti come Andrea Bocelli che **si rifanno** alla musica lirica, dall'altro alla canzone d'**autore**, con autori **schierati politicamente** come nel caso di Fabrizio De André e Francesco De Gregori e **testi complessi** e poetici, come nel caso di Lucio Battisti, indimenticato interprete della **musica leggera** italiana.

---

ha un ruolo di primissimo piano: plays a very prominent role

vengono fatte risalire (risalire): are dated back to (to go)

si riuniva (riunirsi): met (to meet)

casa del conte: home of count

si fondessero (fondere): they could merge (to merge)

ricordiamo (ricordare): let's remember (to remember)

opera seria: serious opera

opera buffa: comic opera

nacque (nascere): was born (to be born)

maggiori centri (centro): greatest centers

rappresentanti (rappresentante): representatives

possiamo non menzionare: we must mention

strettamente legate: closely related

vide (vedere): saw (to see)

scritta (scrivere): written (to write)

conosciuta (conoscere): known (to know)

mondo: world

non si ferma qui (fermare): it doesn't stop here (to stop)

ci consegna (consegnare): it gives us (to give)

seconda guerra mondiale: Second World War

brani leggendari (brano): legendary pieces

tempi (tempo): times

rimane legata (rimanere): remains related (to remain)

da un lato: on the one hand

si rifanno: harks back

autore: author

schierati politicamente: politically lined up (*idiomatic expression*)

testi complessi (testo): complex texts

musica leggera: easy listening music

Liscio e balere

terra: land

La Romagna è la **terra** dell'allegria, della musica e del **ballo**: **nasce** qui, **infatti**, il "liscio", ballo a **coppie diventato** poi molto popolare in tutta l'Italia.

Con il termine "liscio" si fa riferimento a vari tipi di balli e musiche **provenienti** da altri **paesi**, **vicini** all'Italia: la **mazurca,** nata in Polonia, il valzer, nato in Austria, la polka, nata nella Repubblica Ceca. Tutti questi balli **sono stati unificati** nel genere **chiamato** "liscio" nel XIX **secolo** da Carlo Brighi, violinista, che **apre** a Bellaria la prima balera, cioè il locale dove **si può ascoltare** questo tipo di musica e ballare. Brighi **ha cominciato** ad introdurre in queste musiche **straniere** alcune variazioni tipicamente romagnole; è per questo che il liscio è considerato tipico di questa regione italiana, **anche se legato** a danze di altri paesi.

Ma perché si chiama "liscio"? Il nome **deriva** dal **modo** di danzare dei ballerini che **fanno strisciare i piedi** sul **pavimento** e in questo modo lo "**lisciano**", mentre i **cantanti** delle orchestre **ripetono** "e vai col liscio", anzi "vai col *lissio*", così come si pronuncia nel dialetto romagnolo.

La persona che **rende** famoso questo **genere**, però, è Secondo Casadei, musicista e compositore, considerato il "**re**" della musica da ballo e soprannominato "lo Strauss della Romagna". Casadei **fonda** la sua orchestra nel 1928 e **scrive** più di 1000 **canzoni**, tra cui la famosissima "Romagna mia", dedicata alla sua terra. La sua passione per la musica gli dà la **forza** per **resistere** alla **concorrenza** dei balli americani, **arrivati** in Italia **durante** la **seconda guerra mondiale**: **contro** il boogie-woogie, Casadei **difende** il liscio che **riesce** così **a sopravvivere** e a **conservare** la sua popolarità.

---

terra: land
ballo: dance
nasce (nascere): is born (to be born)
infatti: in fact
coppie (coppia): couples
diventato (diventare): become (to become)

provenienti (provenire): coming from (to come from)
paesi (paese): countries
vicini (vicino): close
mazurca: *a dance from Poland*
sono stati unificati (unificare): (they) have been unified (to unify)
chiamato (chiamare): called (to call)
secolo: century
apre (aprire): opens (to open)
si può ascoltare: it's possible to listen
ha cominciato (cominciare): has begun (to begin)
straniere: foreign
anche se: even if
legato: related

ma perché: but why
deriva (derivare): comes from (to come from)
modo: way
fanno strisciare i piedi: drag their feet
pavimento: floor
lisciano: smooth, smoothly
cantanti (cantante): singers
ripetono (ripetere): repeat (to repeat)

rende (rendere): makes (to make)
genere: genre
re: king
fonda (fondare): sets up (to set up)
scrive (scrivere): writes (to write)
canzoni (canzone): songs
forza: strength
resistere: to resist
concorrenza: rivalry
arrivati (arrivare): arrived (to arrive)
durante: during
seconda guerra mondiale: Second World War
contro: against
difende (difendere): defends (to defend)
riesce ... a sopravvivere: succeeds . . . in surviving
conservare: to keep

Dopo la sua **morte**, il **nipote**, Raul Casadei, continua a **suonare** con l'orchestra **in giro** per l'Italia; nel 1984 **crea** una discoteca **galleggiante**, la "Nave del sole", che offre **piccole crociere** lungo la  riviera romagnola al **ritmo** del liscio. Raul **si è ormai ritirato** e **ha lasciato** l'**eredità** dell'orchestra al **figlio** Mirko: dal **secolo scorso**, l'orchestra Casadei continua a diffondere questa musica **allegra** e a **far ballare** tutti.

Ma quali sono i temi di queste canzoni così allegre e **divertenti**? Come nella migliore tradizione italiana, **si parla** dei sentimenti, della famiglia, dell'**amore**, non solo tra **uomo** e **donna**, ma anche amore **verso la propria terra**.

I musicisti del liscio, però, **cercano** anche di portare e diffondere **amicizia**. Nelle **balere**, infatti, l'atmosfera è bellissima: tutti **passano** le **serate** in allegria, **cantando insieme** all'orchestra e ballando **per togliersi di dosso** la **stanchezza** e lo stress della **vita quotidiana**. Non è necessario **andare** con i propri amici: nelle balere **si fa amicizia** con tutti e si balla con tanta **gente**. Chi non sa ballare, può **seguire** delle lezioni o, semplicemente, **farsi guidare** da chi è più **esperto**.

Le balere non sono tradizionalmente eleganti: spesso, nei paesi più piccoli dove **non si poteva costruire** un **edificio** stabile, **si montavano** delle balere **mobili in legno** solo per il periodo delle **feste** e delle **sagre**; a volte la balera era solo una **pista da ballo** in legno **all'aperto**.

Le balere sono frequentate **soprattutto da anziani** o da persone adulte: i più **giovani di solito preferiscono** altri tipi di musica. Il liscio, però, è **buonumore**, allegria, serenità ed è, dunque, **adatto a** persone di **ogni età**.

morte: death
nipote: grandson
suonare: to play
in giro: around
crea (creare): creates (to create)
galleggiante: floating
piccole crociere: short cruises
ritmo: rhythm
si è ormai ritirato (ritirare): has retired by now (to retire)
ha lasciato (lasciare): has left (to leave)
eredità: inheritance
figlio: son
secolo scorso: last century
allegra (allegro): cheerful
far ballare: to make people dance

divertenti: amusing
si parla (parlare): talk about (to talk)
amore: love
uomo: man
donna: woman
verso la propria terra: toward one's own country

cercano (cercare): they try (to try)
amicizia: friendship
balere (balera): dance halls
passano (passare): spend (to spend)
serate (serata): evenings
cantando (cantare): singing (to sing)
insieme: together
per togliersi di dosso: to shake off
stanchezza: the tiredness
vita quotidiana: daily life
andare: to go
si fa amicizia: people make friends
gente: people
seguire: to follow
farsi guidare: to let oneself be guided
esperto: expert

non si poteva costruire: it wasn't possible to build
edificio: building
si montavano (montare): they put up (to put up)
mobili in legno: wooden furniture
feste (festa): parties
sagre (sagra): festivals
pista da ballo: dance floor
all'aperto: outdoors

soprattutto da: mainly by
anziani (anziano): older people
giovani: young people
di solito: usually
preferiscono (preferire): prefer (to prefer)
buonumore: good-humored
adatto a: suitable for

Musei di Roma

museo: museum
all'aperto: outdoor
mondo: world
chiese (chiesa): churches
rinascimentali: of the Renaissance
affollano (affollare): crowd (to crowd)
ogni angolo: every corner
offre (offrire): offers (to offer)
insoliti: unusual

conosciuti (conoscere): known (to know)
dimora: dwelling, house
sede: place
stanze (stanza): rooms
imperdibili anche: also, not to be missed
si possono ammirare (potere): it's possible
   to admire (can, to be able to)
dipinti (dipinto): paintings

custode: custodian
diversi siti (sito): several sites
sala ottagonale: octagonal room

incuriosito (incuriosire): is intrigued
   (to be intrigued)
etrusca (etrusco): Etruscan
non può mancare (potere): can't miss
   (can, to be able to)
mentre: while
saperne di più: to know more about
viaggio: trip
storia: history
abiti (abito): clothes
oggetti (oggetto): objects
fotografie (fotografia): photographs

cuore: heart
altrettanto: as much
ospita (ospitare): hosts (to host)
celebri (celebre): famous
ratto: abduction
piano: floor
custodisce (custodire): houses (to house)

Roma è probabilmente il più grande **museo all'aperto** del **mondo**, con i suoi siti archeologici, i palazzi e le **chiese rinascimentali** e barocche che **affollano ogni angolo** della città. Tuttavia **offre** anche un gran numero di musei, dai più famosi ai più **insoliti**.

I musei Vaticani sono forse i più **conosciuti**, **dimora** di una delle maggiori collezioni d'arte del mondo e **sede** delle meravigliose **stanze** di Raffaello e della Cappella Sistina. **Imperdibili anche** i musei Capitolini, situati sulla piazza del Campidoglio, dove **si possono ammirare** il busto di Medusa di Bernini, busti greci e romani e **dipinti** di Caravaggio e Tintoretto.

Il museo Nazionale Romano è un altro museo importantissimo, **custode** di una delle più grandi collezioni archeologiche e formato da **diversi siti**: le Terme di Diocleziano, con la **sala ottagonale**, Palazzo Massimo e Palazzo Altemps.

Chi è **incuriosito** dalla civiltà **etrusca non può mancare** di visitare il museo della Civiltà Etrusca di Villa Giulia **mentre** per **saperne di più** su Roma dal Medioevo al Novecento, c´è il museo di Roma, un **viaggio** nella **storia** più recente della città attraverso sculture, dipinti, **abiti**, **oggetti** e **fotografie**.

La galleria Borghese, situata nel **cuore** del parco di Villa Borghese, è **altrettanto** imperdibile, con il museo che **ospita** la statua di Paolina Bonaparte del Canova e alcuni **celebri** sculture di Bernini come il **ratto** di Proserpina. La galleria d'arte al **piano** superiore **custodisce**, tra gli altri, dipinti di Caravaggio, Raffaello e Antonello Da Messina.

MACRO, di recente **apertura**, non è solo una meraviglia architettonica ma un museo di arte contemporanea **da non perdere nonché** sede di importanti **mostre**.

Accanto ai musei più celebri **esistono** musei meno noti che **vale la pena** di visitare, come il Museo Napoleonico, che molto racconta di questo **personaggio** e della Roma di quel periodo **attraverso** dipinti e oggetti di **uso quotidiano**. Il Museo delle Arti Sanitarie, **all'interno** dell'**antico** Ospedale di Santo Spirito, **ci fa ripercorrere** la storia della medicina e dell'alchimia e **raccoglie** una collezione di modelli anatomici di cera, usati dagli studenti di anatomia, diverse **stranezze** e strumenti **chirurgici** e accessori usati da medici e farmacisti. Il museo è anche una ricca **biblioteca**, con **testi preziosi** che risalgono al 1500.

La Crypta dei Cappuccini non è un museo **vero** e **proprio** ma un cimitero, **posto** sotto la **chiesa** di Santa Maria della Concezione, che raccoglie **le ossa di migliaia di frati**, **disposte** in maniera tale da formare archi e decorazioni. Nella crypta sono visibili anche **scheletri vestiti** con i **sai** dei frati. **Decisamente** meno macabro il Museo della Pasta, ora chiuso **per restauro**. Il museo ripercorre la storia di questo **alimento**-monumento nazionale e attraverso le varie **sale** si possono ammirare le varie **fasi** di produzione, **macchinari antichi** e documenti che testimoniano l'antica origine della pasta.

Per gli appassionati di storia e cultura **ebraica** c'è il Museo Ebraico, a due passi dal Lungotevere, custode di una serie di documenti **risalenti** all'occupazione nazista di Roma, di **manoscritti** antichi e **tessuti pregiati**, oltre che sede di varie **esibizioni** e testimone dell' importanza della comunitá ebraica nella capitale. Infine il Museo Criminologico, aperto nel 1930, è un interessante viaggio nella storia del crimine in Italia e non solo, con documenti che testimoniano la storia delle tecniche di investigazione e strumenti di tortura come asce, **fruste** e **collari** e la riproduzione della Vergine di Norimberga.

---

apertura: opening
da non perdere: not to be missed
nonché: as well as
mostre (mostra): exhibitions

accanto: besides
esistono (esistere): there are (to be)
vale la pena (valere): is worth (to be worth)
personaggio: figure
attraverso: through
uso quotidiano: daily use
all'interno: inside
antico: ancient
ci fa ripercorrere (fare): makes us retrace (to make)
raccoglie (raccogliere): collects (to collect)
stranezze (stranezza): oddities
chirurgici: surgical
biblioteca: library
testi preziosi (testo): precious books

vero: proper
proprio: true
posto: placed
chiesa: church
le ossa di migliaia di frati: the bones of thousands of monks
disposte: laid
scheletri (scheletro): skeletons
vestiti (vestire): dressed (to dress)
sai (saio): habits, frocks
decisamente: definitely
per restauro: for restoration
alimento: food
sale (sala): rooms
fasi (fase): phases
macchinari antichi: ancient machines

ebraica: Jewish
risalenti (risalente): which go back (to go back)
manoscritti (manoscritto): manuscripts
tessuti pregiati: fine materials, fine fabrics
esibizioni (esibizione): exhibitions
fruste (frusta): whips
collari (collare): collars

I vetri di murano

Isola della laguna veneta, da **sempre** nell'orbita della **città** di Venezia, Murano **divenne** cruciale per la produzione e **lavorazione** artistica del **vetro** nel 1291, quando l'allora Repubblica di Venezia, con l'**editto** del Doge Tiepolo, **autorizzava** lo **spostamento** delle sue **fornaci** a Murano. **Alla fine del** 1200 infatti, **poiché** le fornaci delle **vetrerie causavano ripetuti incendi** e incidenti, Venezia decise di **spostare** i laboratori con i loro **forni** proprio a Murano, che da quel momento in poi divenne **gelosa** custode dei **segreti** dell'arte del vetro ed è ancora oggi capitale **mondiale riconosciuta** di questa arte **raffinata**.

I **maestri vetrai** di Murano **tramandavano** la loro arte di **padre** in **figlio**. **Chiunque decidesse** di **esercitare** la professione di **artigiano** del vetro, **aveva l'obbligo** di **risiedere** sull'isola di Murano e **non poteva lasciarla se non provvisto di un permesso**. Questo perché Venezia era gelosissima di questa arte e **voleva impedire** che **si diffondesse altrove** e che altre città **se ne appropriassero**.

Molti vetrai tuttavia **riuscirono a fuggire** da Murano **facendone trapelare** le tecniche di lavorazione e **mettendo** spesso **in crisi** la produzione dell'isola con la **concorrenza** dall'estero.

Nonostante fughe e **tentativi esterni** di **carpire** dai migliori maestri vetrai i segreti di questa arte e trapiantarla altrove, nel 1500 l'arte del vetro di Murano si impose e **raggiunse** il suo massimo splendore, con il perfezionamento delle tecniche e delle forme e la creazione di **oggetti** che **andranno** ad **abbellire** le **dimore** e le **tavole** delle **principali corti** d'Europa.

L'arte del mosaico

Il mosaico **ha origini antichissime** e **risale** al 3000 a.c., usato dai sumeri per **ricoprire** e **proteggere** i **muri** e i **pavimenti** in **terra battuta**. **Stabilire** l'origine del **termine** non è **facile**. Alcuni **ritengono** che provenga dal termine greco che **vuol dire** "musa", altri dal termine arabo che significa "decorazione".

L'arte di questa tecnica, **diffusasi fra** i romani e i greci con una funzione unicamente strutturale, ebbe **verso** il 3° **secolo** a.C. una funzione decorativa. Ai normali **ciottoli** precedentemente usati, **si cominciarono** ad **affiancare** altri materiali **pregiati** come il **marmo**, l'**onice** e **pietre** varie, **tagliate** a forma di **tessere**. Le prime testimonianze di mosaico a tessere a Roma, **risalgono appunto** a questo periodo. Ma furono i bizantini, dopo la **caduta** dell'Impero Romano d'**Occidente**, ad **eccellere** in questa forma d'arte, usando materiali pregiati come gli **smalti di vetro**. Tra le più famose opere **ricordiamo** i mosaici della basilica di San Vitale a Ravenna e quelli di Santa Sofia a Costantinopoli.

Il mosaico oggi è un'arte praticata in tutto il **mondo**. In Italia il centro contemporaneo del mosaico **ha sede** a Ravenna. I materiali usati sono diversi a seconda dell'effetto che **si vuole ottenere**; normalmente vengono usati ciottoli, marmo, **pasta di vetro**, **oro** e **argento inseriti nel vetro**, ceramica **smaltata**. Il supporto più **diffuso** per il mosaico è il **calcestruzzo**, composizione di **calce** e cemento. Il **collante** usato **anticamente** dai Romani era la **cera** mentre oggi si utilizzano materiali come la **malta** o gli **adesivi** al silicone.

---

ha origini antichissime (avere): it has very ancient origins (to have)
risale (risalire): goes back (to go back)
ricoprire: to cover
proteggere: to protect
muri (muro): walls
pavimenti (pavimento): floors
terra battuta: clay
stabilire: to determine
termine: word
facile: easy
ritengono (ritenere): believe (to believe)
vuol dire: means

diffusasi fra: that became popular among
verso: around
secolo: century
ciottoli (ciottolo): pebbles
si cominciarono (cominciarsi): (they) started (to start)
affiancare: to place side by side
pregiati (pregiato): precious
marmo: marble
onice: onyx
pietre (pietra): stones
tagliate: cut
tessere: weaving
risalgono appunto: they go back precisely
caduta: fall
Occidente: The West
eccellere: to excel
smalti di vetro: enameled glass
ricordiamo (ricordare): we remember (to remember)

mondo: world
ha sede (avere): is based (to be)
si vuole ottenere (volere): they want to obtain (to want)
pasta di vetro: glass paste
oro: gold
argento: silver
inseriti nel vetro: inserted in the glass
smaltata: enameled
diffuso: popular
calcestruzzo: concrete
calce: lime
collante: glue
anticamente: in the past
cera: wax
malta: mortar
adesivi: adhesive

Dei migliori registi

Federico Fellini è considerato universalmente uno dei **migliori registi** di tutti i **tempi**. Nella sua carriera **quarantennale ha vinto**, tra i tanti **premi**, quattro Oscar per il miglior film **straniero** più uno alla carriera nel 1993, l'**anno** in cui **è venuto a mancare**.

Nato a Rimini nel 1920, Fellini **segue** studi classici, ma **si appassiona** al disegno e pubblica alcune vignette ancor prima di **finire la scuola**. Nel 1939 **si trasferisce** a Roma con la **scusa** di frequentare la facoltà di **giurisprudenza** all'università, ma in realtà per **seguire** la sua aspirazione e **diventare giornalista**. **Pochi mesi dopo** il suo **arrivo**, **inizia a collaborare con** una **rivista umoristica**. Dopo pochi anni, **viene chiamato a lavorare** come autore di programmi radiofonici e successivamente come **sceneggiatore** dei primi film di successo del **celebre** comico romano Aldo Fabrizi. Nel 1945 **avviene** il **decisivo incontro** con Roberto Rossellini, con il quale collabora nelle prime **sceneggiature** del Neorealismo: *Roma Città Aperta* e *Paisà*.

Dopo qualche **breve** esperienze alla **regia**, Fellini **debutta** con il suo primo **lungometraggio**, *Lo Sceicco Bianco*. Successivamente, **si dedicherà** quasi esclusivamente alla regia, che **condurrà** in maniera **poco ortodossa** e molto personale. La gestione delle riprese da parte di Fellini si realizza attraverso una continua **rivisitazione** della sceneggiatura e con l'arricchimento di situazioni improvvisate e una conseguente **dilatazione** dei tempi.

Con questo stile, Fellini inaugura una rivoluzione del cinema **grazie al** suo **umorismo** e a una sorta di realismo magico e **onirico**. Come spesso **accade**, anche questa **novità non fu** un successo a **livello** di critica e pubblico.

Il primo successo di Fellini al **botteghino** è *I Vitelloni*, del 1953, un film che **mostrava** i grandi **cambiamenti** della società italiana portati dal processo di industrializzazione. Questo film **fu apprezzato** dalla critica e **vinse** il Leone d'Argento al Festival di Venezia, incassando molti soldi al botteghino.

Il primo grande successo internazionale fu il suo film successivo, *La Strada*, che **racconta** la storia di due eccentrici artisti di strada che **percorrono** l'Italia nel **dopoguerra**. Ma il film per cui **viene** più spesso **citato** è certamente *La Dolce Vita*, del 1960, che **abbandonava** del tutto gli schemi tradizionali del cinema e **narrava** della decadenza morale in contrasto con il **nuovo benessere** economico dalla società italiana.

Il film che **lo ha consacrato** alla storia del cinema è *8½*, il suo **ottavo** lungometraggio (il **mezzo fa riferimento** ad un **cortometraggio**), considerato universalmente un **capolavoro** e uno dei più grandi film della storia del cinema.

Tra i grandi attori che hanno collaborato con lui, è **doveroso citare** Alberto Sordi, leggendario **attore** romano protagonista del suo primo lungometraggio e Marcello Mastroianni, che è considerato l'alter ego e il **volto** di Fellini **sullo schermo**, **essendo presente** in numerosi dei suoi film. Naturalmente anche gli attori internazionali **aspiravano a lavorare** con il maestro ed è **giusto ricordare** quindi Anthony Quinn, attore in *La Strada*, e l'iconica Anita Ekberg, attrice in *La Dolce Vita*.

---

grazie al: thanks to the
umorismo: humor
onirico: dreamy
accade (accadere): happens (to happen)
novità: novelty
non fu (essere): wasn't (to be)
livello: level

botteghino: box office
mostrava (mostrare): showed (to show)
cambiamenti (cambiamento): changes
fu apprezzato (apprezzare): was appreciated (to appreciate)
vinse (vincere): won (to win)

racconta (raccontare): tells about (to tell about)
percorrono (percorrere): pass through (to pass through)
dopoguerra: postwar
viene ... citato (citare): is . . . mentioned (to mention)
abbandonava (abbandonare): abandoned (to abandon)
narrava (narrare): told about (to tell about)
nuovo benessere: new affluence

lo ha consacrato (consacrare): has consecrated him to (to consecrate)
ottavo: eighth
mezzo: half
fa riferimento (fare riferire): refers (to refer)
cortometraggio: short film
capolavoro: masterpiece

doveroso citare (dovere): it must be mentioned (must)
attore: actor
volto: face
sullo schermo: on the screen
essendo presente (essere): being present (to be)
aspiravano a lavorare (aspirare): strived to work (to strive)
giusto: fair
ricordare: to remember

Sculture italiane

La scultura è una forma d'arte molto diffusa in Italia, che **affonda le sue origini** nell'arte **greca** e **giunge** fino al mondo contemporaneo. Fu nel **Rinascimento** che essa **raggiunse** il **culmine**, con Michelangelo che ci **ha lasciato innumerevoli capolavori**: La Pietà, il Davide, Mosè, solo per **citarne** alcuni tra i più famosi.

Il David *di Michelangelo*

Il David è una famosa scultura, **opera** dell'artista Michelangelo Buonarroti, il quale **iniziò** i **lavori** nel 1501 e **li terminò** nel 1504. Questa opera d'arte è **conosciuta** in tutto il **mondo** ed è considerata un **vero e proprio** capolavoro della scultura rinascimentale.

La scultura è realizzata in **marmo bianco** ed è **alta** 5,17 metri, la statua rappresenta David, l'**eroe** biblico, poco prima di **affrontare** Golia. **Una volta terminata**, questa opera **venne esposta** in Piazza del Signora, **proprio di fronte** a Palazzo Vecchio, dove attualmente è esposta una copia dell'originale. Dal 2004, dopo un attento ed accurato **restauro**, è possibile **ammirare** l'opera nella Galleria nella Academia di Belle Arti (sempre a Firenze).

La Pietà *vaticana*

La Pieta è una scultura **marmorea** alta 174 cm, **databile** al 1497–1499 e conservata nella basilica di San Pietro, in Vaticano, a Roma. **Si tratta** del primo capolavoro dell'**allora** poco più che **ventenne** Michelangelo. Attualmente si trova nella prima **cappella** a destra, nella **navata** della basilica di San Pietro.

Il 21 **maggio** 1972 un geologo australiano, Laszlo Toth, **eludendo** la sorveglianza, **riuscì a colpire** con un **martello** l'opera di Michelangelo **per quindici volte causando gravi** danni alla statua. **Soprattutto** la Vergine fu **colpita** al **braccio** e sul **naso**. Il restauro, effettuato nei laboratori dei Musei Vaticani, **ha ricostruito** l'opera **fedelmente**, **senza rifacimenti arbitrari**. Da allora *La Pietà* la si può ammirare **dietro** una **parete di cristallo antiproiettile**.

Il Discobolo *di Mirone*

Il Discobolo é una scultura realizzata dallo scultore greco nel 455 a.C. e **rappresenta** un atleta nell'**atto** di **scagliare** un disco. Mirone rappresenta il **corpo** nel momento della sua massima tensione. Tale **sforzo**, tuttavia, **non si riflette nel volto**, che **esprime** soltanto una tenue concentrazione. La torsione del corpo, in una composizione **a ruota**, è **vigorosa**.

L'originale in bronzo **è stato perso** e l'opera **pervenutaci** è una copia romana attualmente custodita nel Museo Nazionale Romano di Roma.

Mosé *di Michelangelo*

La statua di *Mosè*, opera di Michelangelo, è una scultura marmorea alta 235 cm, databile al 1513–1515 circa e conservata nella basilica di San Pietro in Vincoli a Roma, nella Tomba di Giulio II. *Mosè*, **grazie al** suo vigore, al virtuosismo anatomico ed alla sua **imponenza**, è una delle opere scultoree più famose di Michelangelo e della scultura **occidentale** in generale.

non tutti sanno (sapere): not everyone knows (to know)
anche: also
forse: perhaps
non molto: not very
bella: beautiful
vivace: lively
sud: south
fa parte (fare parte): belongs to (to belong to)
tipiche: typical
meridionale: southern

chiamata (chiamare): called (to call)
legata: related
parola: word
indica (indicare): indicates (to indicate)
stato: state
caratterizzato da: characterized by
crisi isteriche: hysterics
convulsioni (convulsione): convulsions
secondo: according to
leggenda: legend
è dovuto al: is due to
morso: bite
ragno: spider

curare: to treat
ragazze (ragazza): girls
piccolo: small
musicisti (musicista): musicians
tamburelli (tamburello): tambourines
fisarmonica: accordion
suonavano (suonare): are played (to play)
giorni (giorno): for days
intere settimane (settimana): entire weeks
ritmo: rhythm
poteva curare (potere): could treat (can, to be able to)
almeno: at least
aiutare: to help
giovani donne (donna): young women
non soffrire troppo: to not suffer too much
proprio: just
infatti: in fact
erano (essere): they were (to be)
più colpite: most affected
estate: summer
lavoravano (lavorare): used to work (to work)
nei campi di grano: in the wheat fields
viveva (vivere): used to live (to live)

La pizzica

Non tutti sanno che **anche** l'Italia ha una danza tradizionale, **forse non molto** popolare ma molto **bella** e **vivace**: la pizzica. In realtà è una danza tipica della zona salentina, in Puglia, nel **sud** dell'Italia, e **fa parte** del gruppo delle tarantelle, danze **tipiche** dell'Italia **meridionale**.

La pizzica, **chiamata** anche "pizzica pizzica", ha una storia particolare **legata** al fenomeno del "tarantismo". La **parola** "tarantismo" **indica** uno **stato caratterizzato da crisi isteriche** e **convulsioni**. **Secondo** la **leggenda** questo stato **è dovuto al morso** di una specie di **ragno** chiamato *Taranta*.

Sempre secondo la leggenda, per **curare** in particolare le **ragazze** morse dalla taranta, era necessaria una terapia musicale: chiamavano un **piccolo** gruppo di **musicisti** che, con **tamburelli** e **fisarmonica**, **suonavano** per **giorni** o per **intere settimane**, una musica particolare con un **ritmo** molto vivace; questa musica **poteva curare** le crisi isteriche o, **almeno**, **aiutare** le **giovani donne** a **non soffrire troppo**. **Proprio** le giovani donne, **infatti**, **erano** le persone **più colpite** perché durante l'**estate lavoravano nei campi di grano** dove **viveva** la taranta.

Il tarantismo è un fenomeno molto interessante perché è legato più a **miti** e leggende che alla storia reale. Molti **studiosi hanno trovato** dei **riferimenti** anche nella **mitologia greca**, in particolare al mito di Arakne, ragazza **trasformata** in ragno. La Puglia, infatti, è la **terra** della Magna Grecia: **oltre agli ori**, ai **resti dei templi**, alla particolare struttura e al colore di **alcune abitazioni**, troviamo **tracce** dell'**antica Grecia** anche in alcune tradizioni popolari.

La pizzica però non è solo una danza terapeutica: **nasce**, infatti, come danza popolare di **divertimento**, da **ballare** alle feste familiari, e **viene usata** anche per **corteggiare**. **Spesso**, infatti, la pizzica **si ballava a coppie** di vario tipo: **uomo** e **donna**, **nonno** e **nipotina**, **fratello** e **sorella**. **A volte la coppia** era formata anche da due uomini che **ballavano** soprattutto per **competizione**: i **ragazzi si sfidavano** per **vedere** chi era più **forte**, agile e bello nella danza. Naturalmente la musica **aveva** delle caratteristiche diverse a seconda del contesto.

Ci sono dunque vari tipi di musica che **accompagnano** questa danza, ma sono tutti caratterizzati da **strumenti** come il tamburello e da un ritmo forte e vivace. Una buona occasione per vedere le **esibizioni** di pizzica è la "Notte della Taranta", un festival che **si svolge** in agosto in molti centri della zona salentina e si conclude con un grande concerto che **dura fino a tarda notte**. Questo festival **sta diventando** molto popolare e molti musicisti pugliesi famosi partecipano per **festeggiare** le tradizioni della loro terra.

---

miti (mito): myths
studiosi (studioso): scholars
hanno trovato (trovare): have found (to find)
riferimenti (riferimento): references
mitologia greca: Greek mythology
trasformata: turned into
terra: land
oltre agli ori: besides the gold
resti dei templi: the remains of temples
alcune: some
abitazioni (abitazione): houses
tracce (traccia): traces
antica Grecia: ancient Greece

nasce (nascere): it is born (to be born)
divertimento: fun
ballare: to dance
viene usata (usare): is used (to use)
corteggiare: to woo, to court
spesso: often
si ballava (ballare): was danced (to dance)
a coppie: in couples, in pairs
uomo: man
donna: woman
nonno: grandfather
nipotina: granddaughter
fratello: brother
sorella: sister
a volte: sometimes
la coppia: the couple
ballavano (ballare): danced (to dance)
competizione: competition
ragazzi (ragazzo): boys
si sfidavano (sfidare): they challenged each other (to challenge)
vedere: to see
forte: strong
aveva (avere): had (to have)

ci sono dunque: there are therefore
accompagnano (accompagnare): accompany (to accompany)
strumenti (strumento): instruments

esibizioni (esibizione): performances
si svolge (svolgeresi): takes place (to take place)
dura (durare): lasts (to last)
fino a tarda notte: until late at night
sta diventando (diventare): is becoming (to become)
festeggiare: to celebrate

Prova la sua comprensione

La musica folk italiana, page 124

1. Italian folk music is directly connected to what cultural aspects of the region?

2. The *tarantella* is a dance with what type of rhythm?

3. The name of the *tarantella* is derived from what other word and why?

Strumenti musicali italiani, page 125

1. What is the shape of the *ocarina*?

2. Describe the Italian bagpipes.

3. What is the *putipù* made of?

La letteratura italiana, page 126

1. Before the XIII century which language was used for writing?

2. Dante was famous for which kind of writing?

3. Dante's work deals with what three fundamental themes?

Paese di cantanti e poeti, page 128

1. Why does the poetry of Italy change?

2. Where did a group of musicians meet and what did they create?

3. How does the author describe the music of Lucio Battisti?

Test your comprehension

Liscio e balere, page 130

1. Describe why the dance is called *liscio*.

2. Who is considered the king of this music and dance?

3. The type of dance is enjoyed mainly by whom?

Musei di Roma, page 132

1. Where will you find the bust of Medusa?

2. What oddities will you find in the Museo delle Arti Sanitarie?

3. What building contains the bones of thousands of monks and where is it located?

L'arte del mosaico, page 135

1. The term *mosaico* is said to mean what?

2. Pebbles were replaced by what?

3. Where are the most famous mosaics in Italy?

Sculture italiane, page 138

1. In what years did Michelangelo start and and finish his sculpture *David*?

2. What is *La Pieta* and where will you find it?

3. What is *Il Discobolo* and where is the original?

Storia

Gli stemmi

Gli **stemmi** sono composti da uno **scudo** e dagli ornamenti che **ne completano l'immagine**, generalmente associata all'aristocrazia o alla nazione. Lo scudo è l'elemento principale, è il supporto sul quale **disegnare** lo stemma e **grazie alla** sua **veste grafica**, è possibile **ricondurre** lo stemma ad una particolare famiglia o ad un territorio. Il termine "arma" **in questo caso viene usato** per **descrivere** l'insegna, costituita da uno stemma **corredato** da una serie di ornamenti che **hanno lo scopo** di **evidenziare**, di **volta in volta**, il grado di nobiltà, il **rango** o le **funzioni**.

L'origine degli stemmi è militare visto che nel periodo in cui gli **eserciti non erano forniti** di divise ben distinguibili, erano **proprio** gli stemmi a permettere di **riconoscere** non solo l'esercito di **appartenenza** ma anche l'organizzazione **gerarchica** all'interno delle parti. Questo naturalmente **non succedeva** nell'esercito Romano, **visto che disponeva** di **insegne** di **reparto** e di gerarchia ben precise.

Ma con il **tempo** gli stemmi arrivarono anche tra i civili e via via **vennero usati** da **chiunque sentisse la necessità** di distinguersi. **Ben presto** gli stemmi **furono regolati** dal **sovrano**, che **li rese** simbolo della nobiltà. Principalmente gli stemmi vennero assegnati come titolo di nobiltà e solo in un secondo momento **si allargarono** anche ad **enti** ed **istituzioni**.

L'evoluzione **storica** che in molti stati **ha condotto** alla fine delle monarchie, **ha portato** anche alla **soppressione** quasi integrale dell'aristocrazia. Con il tempo gli stemmi sono diventati una cosa del **passato**, anche se **al giorno d'oggi** i **loghi** che **portiamo** sui nostri **vestiti possono essere considerati** un evoluzione degli stemmi.

Il tricolore

"Tricolore" è il **nome** della **bandiera** italiana che ha **infatti** tre colori: **verde**, **bianco** e **rosso**.

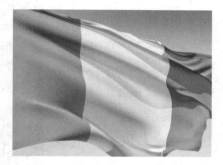

Il tricolore italiano è **nato** ufficialmente il 7 gennaio 1797 a Reggio Emilia come bandiera della Repubblica Cispadana, **però** i colori **avevano una posizione orizzontale** con il rosso **in alto**. Nel 1798 con la Repubblica Cisalpina la posizione dei colori **è cambiata**: **disposti** in verticale e il verde come primo colore. Nel 1861 con l'unificazione del Regno d'Italia il tricolore **è diventato** la bandiera ufficiale italiana; al centro **c'era anche** lo **stemma** della **famiglia** reale Savoia, **eliminato poi** con la **nascita** della Repubblica nel 1946.

Ma perché la bandiera italiana è verde, bianca e rossa? Ci sono **tante** versioni **a proposito** del significato **di questi** tre colori, **alcune** però sono solo **leggende** o **poesie**. Per esempio è popolare la leggenda che **dice** che il verde rappresenta i **prati** italiani, il bianco la **neve** e il rosso il **sangue** dei **soldati morti** in **guerra**.

In realtà la **presenza** dei tre colori ha un significato molto più **profondo**. Tutto **nasce** nel 1794 quando due studenti di Bologna, De Rolandis e Zamboni, organizzano una rivoluzione **contro** il **governo** della **città**, usando come distintivo la **coccarda** della rivoluzione di Parigi con i tre colori blu, bianco e rosso. I due studenti cambiano il blu con il verde, però **non cambiano** il significato **allegorico**: i tre colori rappresentano i tre principi di **Giustizia**, **Uguaglianza** e **Fratellanza**, principi importanti per **tutti i popoli**.

---

nome: name
bandiera: flag
infatti: in fact
verde: green
bianco: white
rosso: red

nato (nascere): was born (to be born)
però: but
avevano una posizione orizzontale: had a horizontal position
in alto: on the top
è cambiata (cambiare): changed (to change)
disposti (disporre): placed (to place)
è diventato (diventare): became (to become)
c'era anche: there was also
stemma: coat of arms
famiglia: family
eliminato poi (eliminare): then removed (to remove)
nascita: birth

ma perché: but why
tante: many
a proposito: about
di questi: of these
alcune: some
leggende (leggenda): legends
poesie (poesia): poems
dice (dire): says (to say)
prati (prato): meadows
neve: snow
sangue: blood
soldati (soldato): soldiers
morti (morto): dead
guerra: war

presenza: presence
profondo: deep
nasce (nascere): is born (to be born)
contro: against
governo: government
città: city
coccarda: cockade
non cambiano (cambiare): don't change (to change)
allegorico: allegorical
Giustizia: Justice
Uguaglianza: Equality
Fratellanza: Fraternity (brotherhood)
tutti i popoli: all the people

La reggia di Caserta

al comando: in command

esercito spagnolo: Spanish army

Regno: Kingdom

allora: that time

avamposti (avamposto): outposts

austriaci: Austrian

prende cosí forma (prendere): takes shape
   (to take)

dominerà (dominare): will dominate
   (to dominate)

decise (decidere): decided (to decide)

costruire: to build

la sua corte: his court

reggia: royal palace

degna di: worthy of

nome: name

che gli permettesse (permettere): that could
   allow him (to allow, to permit)

rivaleggiare: to compete against

sede: center

non scelse (scegliere): didn't choose
   (to choose)

non troppo distante: not too distant

lontana dal mare: far from the sea

eserciti nemici: enemy armies

diede l'incarico (dare): entrusted with the
   task of (to give)

creare: to create

sfarzosa (sfarzoso): luxurious

potere: power

nuovo stato: new state

che fosse ricca: which could be full

giardini (giardino): gardens

tesori (tesoro): treasures

terreno: ground

fu edificato (edificare): was built (to build)

boschi (bosco): woods

piedi (piede): foot

una cifra minore: a cheaper price

posizioni (posizione): views

lavori (lavoro): works

non iniziarono (iniziare): didn't start
   (to start)

Nel 1734 Carlo di Borbone, **al comando** del suo **esercito spagnolo**, conquistò prima il **Regno** di Napoli e poi il Regno di Sicilia, sino ad **allora avamposti austriaci**. **Prende cosí forma** il Regno delle Due Sicilie, su cui la dinastia dei Borbone **dominerà** sino al 1861, anno dell'Unità d'Italia.

Carlo **decise** di far **costruire** per se e **la sua corte** una **reggia degna di** questo **nome, che gli permettesse** di **rivaleggiare** con quella di Versailles e superarla in splendore e grandezza. Come **sede non scelse** Napoli, che pure era capitale del Regno, ma optò per Caserta, **non troppo distante** dalla città partenopea ma sufficientemente **lontana dal mare** e da eventuali attacchi di pirati ed **eserciti nemici. Diede l'incarico** all'architetto olandese Ludwig Van Wittel, detto Luigi Vanvitelli, a cui impartì l'ordine di **creare** una reggia monumentale e **sfarzosa** che simboleggiasse il **potere** del **nuovo stato** e **che fosse ricca** di immensi **giardini** e di **tesori** d'arte.

Il **terreno** su cui il palazzo reale **fu edificato**, un territorio ricco di **boschi** ai **piedi** dei Monti Tifatini, fu acquistato per **una cifra minore** del suo valore reale dal Duca Caetani, a cui era già stata confiscata buona parte del patrimonio a causa delle sue **posizioni** antiborboniche. I **lavori non iniziarono** prima del 1759, quando Carlo fu nominato Re di Spagna e lasciò Caserta per la Penisola Iberica.

Alla sua realizzazione **contribuirono** oltre 3.000 **uomini**, molti dei quali **schiavi** nordafricani **catturati** dalle **navi** del **sovrano** nel Mediterraneo. La costruzione della Reggia comunque, considerata un sublime **esempio** dell'architettura **barocca**, **proseguì** anche con i sovrani che **poi succedettero** a Carlo. Gli ultimi lavori di **ritocco** e completamento del complesso architettonico furono terminati nel 1845. La Reggia, dotata di 1.200 **stanze**, è adornata con **affreschi** di Girolamo Starace Franchis, dipinti di Filippo Hackert e Fedele Fischetti e statue di Tommaso Solari e Andrea Violani. **Celeberrimo lo scalone reale**, largo quasi 20 metri e posto alla destra del vestibolo centrale. Lo scalone **conduce** sia alla Cappella Palatina, ispirata alla Cappella di Versailles, che agli **appartamenti** reali.

Appartenente agli appartamenti della regina era la Biblioteca Palatina. Particolare cura fu riservata alla progettazione dei giardini. Vanvitelli **voleva** che il **parco** della reggia fosse tanto imponente e **maestoso** quanto il palazzo stesso. **Profondo conoscitore** dei giardini di Versailles, Tuileries e Fontainebleau, Vanvitelli creò un giardino all'italiana e **fece costruire** un **viale lungo** trè chilometri **ombreggiato** da **lecci** che da una **cascata arrivava** all'entrata della reggia. Fontane con **giochi d'acqua**, opera del **figlio** di Vanvitelli, Carlo, completano il giardino all'italiana. Il parco comprende anche una zona **chiamata** il giardino all'**inglese**, ricco di piante **esotiche** e realizzato dal botanico Andrew Graefer **per volere** di Maria Carolina, moglie di Ferdinando IV e sorella di Maria Antonietta di Francia, **decisa a rivaleggiare** con lei, che **aveva voluto** un giardino **simile** a Versailles, e a **superarla in maestosità**.

---

contribuirono (contribuire): contributed (to contribute)
uomini (uomo): men
schiavi (schiavo): slaves
catturati (catturare): captured (to capture)
navi (nave): ships
sovrano: king
esempio: example
barocca: baroque
proseguì (proseguire): continued (to continue)
poi: after
succedettero (succedere): succeeded (to succeed)
ritocco: touch up
stanze (stanza): rooms
affreschi (affresco): frescoes
celeberrimo: very famous
lo scalone reale: the royal grand staircase
conduce (condurre): leads (to lead)
appartamenti (appartamento): apartments

voleva (volere): wanted (to want)
parco: park
maestoso: majestic
profondo: deeply
conoscitore: knowledge
fece costruire (fare): made them build (to make)
viale: avenue
lungo: in length
ombreggiato: shady
lecci (leccio): live oaks
cascata: waterfall
arrivava (arrivare): arrived (to arrive)
giochi d'acqua: water displays
figlio: son
chiamata (chiamare): called (to call)
inglese: English
esotiche: exotic
per volere: according to the wish
decisa a rivaleggiare (decidere): decided to compete (to decide)
aveva voluto (volere): had required (to require)
simile: similar
superarla in maestosità: to surpass it in majesty

Monumenti italiani famosi

L'Italia è un paese ricchissimo di monumenti **storici sparsi** in tutto il territorio. **Ovviamente** la **città** più importante **da questo punto di vista** è Roma, che **oltre ad essere** la capitale italiana è anche la città che più di **ogni altra** è ricca di storia e di monumenti che ne testimoniano l'importanza.

Il Colosseo

Il Colosseo, originariamente **conosciuto** come **Anfiteatro** Flavio, è il più famoso anfiteatro romano, situato al centro di Roma. È **in grado** di **contenere** fino a 50.000 **spettatori**, è il più grande e importante anfiteatro romano.

La sua costruzione **fu iniziata** da Vespasiano nel 72 d.C. e **fu inaugurato** da Tito nell'80 d.C. Il nome "Colosseo", **deriva** dalla **vicina** statua del Colosso del Dio Sole. **Ben presto** l'**edificio divenne** simbolo della città imperiale, **usato per** lo **svago** del **popolo**. In esso **infatti venivano rappresentati spettacoli di caccia**, **rievocazioni** di **battaglie famose**, **drammi**, e **lotte fra i gladiatori**. Oggi è un simbolo della città e una delle sue **maggiori attrazioni turistiche**.

Il Colosseo, come tutto il centro storico di Roma, è stato **inserito** nella lista dei Patrimoni dell'umanità dall'UNESCO nel 1980. Nel 2007 il **complesso** è stato anche inserito fra **le Sette meraviglie del mondo** moderno.

L'Altare della Patria

L'Altare della Patria a Roma, **chiamato** anche il "Vittoriano", è opera dell'architetto Giuseppe Sacconi e fu dedicato a Vittorio Emanuele II nel 1878. Il monumento, **costruito interamente** di **calcare di botticino,** è completamente **bianco** e **troneggia** al centro di Piazza Venezia.

Il monumento **subì** un **rifacimento in seguito** alla **tumulazione** del "Milite Ignoto", la **salma** di un **ignoto soldato caduto durante la prima guerra mondiale**, da qui prese il **nome** di "Altare della Patria". Le sculture che **fanno parte di** questo monumento hanno dimensioni colossali, tra queste **ricordiamo** la Statua Equestre di Vittorio Emanuele II, **alta** e **lunga** 12 metri e dal **peso** 50 tonnellate. **Sopra al colonnato** del **portico si possono ammirare** le 16 statue delle Regioni d'Italia.

La Colonna Traiana

Costruita **a ricordo** della guerra di Traiano **contro** la Dacia (l'attuale Romania), rappresenta il più grande **capolavoro** dell'arte romana. Situata nel Foro Traiano, **il suo scopo**, oltre che **funerario**, era anche commemorativo, in quanto **racconta** attraverso sculture a **bassorilievo poste** a spirale lungo tutta la colonna, le **imprese** dell'imperatore. È alta 39 metri e 83 centimetri, **tenendo in conto** anche la base, che corrisponde a un palazzo di **nove piani.**

chiamato (chiamare): called (to call)

costruito (costruire): built (to build)

interamente: completely

calcare di botticino: botticino limestone

bianco: white

troneggia (troneggiare): towers (to tower)

subì (subire): was subjected to (to be subjected to)

rifacimento: rebuilding

in seguito a: as a consequence of

tumulazione: burial

salma: corpse

ignoto: unknown

soldato: soldier

caduto: died

durante: during

la prima guerra mondiale: the First World War

nome: name

fanno parte di: are part of

ricordiamo (ricordare): we mention (to mention, to remember)

alta (alto): tall, high

lunga (lungo): long

peso: weight

sopra al colonnato: on top of the colonnade

portico: porch

si possono ammirare: it's possible to admire

a ricordo: in remembrance

contro: against

capolavoro: masterpiece

il suo scopo: its aim

funerario: funeral

racconta (raccontare): tells about (to tell about)

bassorilievo: bas-relief

poste: placed

imprese (impresa): deeds

tenendo in conto: including

nove piani (piano): nine floors

Imperatore di Roma

La **storia** dell'Impero Romano è ricca di **personaggi** interessanti come Nerone, **uno degli imperatori** più particolari. Abbiamo tante **notizie** sulla sua **vita**, ma, come **spesso succede**, il confine tra leggenda e realtà storica è molto **sottile**.

Figlio di Agrippina, della famiglia di Giulio Cesare, perde il padre a due anni e da allora **viene affidato** agli **insegnamenti** di vari filosofi. Fra i suoi **precettori**, i più importanti sono **sicuramente** Seneca, filosofo, e Burro, che gli **insegna** le arti militari.

La **madre viene ricordata** come una **donna ambiziosa** e **senza scrupoli**. **Sposa** l'imperatore Claudio, suo zio, che **adotta** Nerone e dopo qualche **anno muore**, **avvelenato** probabilmente dalla stessa Agrippina. Nerone diventa quindi imperatore nel 54 d.C. Durante il suo regno, Nerone fa **tante riforme** a favore del **popolo** e di chi ha problemi economici: **donazioni**, **pensioni**, **abolizione** delle procedure **segrete durante** i processi, **riduzione** delle **parcelle** degli **avvocati**, abolizione degli **spettacoli** con **animali** e **gladiatori** perché troppo **costosi**, abolizione delle **tasse** sulle **merci** e **molte altre**.

Con questa sua politica Nerone conquista il favore della popolazione che **lo ama**, ma si fa tanti **nemici tra membri** del Senato, **proprietari terrieri**, cavalieri e tutti coloro che **vengono danneggiati** dalle sue iniziative. Anche per questo alcuni storici antichi, più **fedeli** al Senato che al popolo, **descrivono** Nerone come un **folle** e **crudele attribuendogli** dei crimini mai **confermati** da **nessuna fonte certa**.

La tragedia più grande di cui viene accusato è il terribile **incendio** di Roma, avvenuto nel 64 d.C. e durato in tutto circa nove giorni. È famosa, infatti, l'immagine di Nerone **raffigurato** mentre suona la **lira** sul **colle** Palatino e osserva la città che **brucia** sotto di lui. In realtà Nerone in quel momento **si trova** ad Anzio e **appena viene a sapere** dell'incendio **corre subito** a Roma per **verificare** i danni e organizzare i **soccorsi**.

L'imperatore **si dà da fare** per **spegnere** il **fuoco** e **aiutare** i cittadini più **poveri rimasti senza casa**, **facendo costruire capanne** e **baracche** nei giardini imperiali. Molti però **vedono** in questo suo altruismo soltanto un modo per **mettere fine alle voci** che **lo accusano** di **aver provocato** l'incendio. Il **sospetto** si fa sempre più forte, così il **governo** accusa i Cristiani che **vengono arrestati** e brutalmente uccisi. La persecuzione dei Cristiani è uno degli episodi più feroci del regno di Nerone.

C'è un altro momento della sua **vita** particolarmente tragico: Nerone decide di far **morire** la madre Agrippina, stanco dei suoi **intrighi**, che rappresentano un ostacolo al suo **potere**. Per gli storici contrari a Nerone, questo episodio è **l'ennesima conferma** della sua **crudeltà**; secondo gli storici che **invece** hanno **rivalutato** la figura di questo imperatore, la decisione di **uccidere** Agrippina provoca in lui grandi tormenti.

Nerone, dunque, rimane una figura molto controversa e discussa, ma sicuramente uno dei personaggi più interessanti dell'Impero Romano.

Anche le arti e il cinema si sono ispirati a lui: chi **ama** la commedia italiana degli anni 50 **non può non guardare** "Mio figlio Nerone", film con Alberto Sordi e molti altri **attori** italiani e stranieri, dove tutte le leggende **legate** ai personaggi del **tempo vengono raccontate** ironicamente.

---

incendio: fire
raffigurato (raffigurare): depicted (to depict)
lira: lyre
colle: hill
brucia (bruciare): burns (to burn)
si trova (trovarsi): is (to be)
appena: as soon as
viene a sapere: he gets to know
corre (correre): he runs (to run)
subito: directly
verificare: to check
soccorsi: rescue

si dà da fare (darsi da fare): tries hard (to try hard)
spegnere: to extinguish
fuoco: fire
aiutare: to help
poveri (povero): poor
rimasti senza casa: left without a home
facendo costruire (costruire): having people build (to build)
capanne (capanna): hovels
baracche (baracca): sheds
vedono (vedere): see (to see)
mettere fine alle voci: to make the rumors stop
lo accusano (accusare): accuse him (to accuse)
aver provocato: to have caused
sospetto: suspect
governo: government
vengono arrestati (arrestare): are arrested (to arrest)

vita: life
morire: to die
intrighi (intrigo): intrigues
potere: power
l'ennesima conferma: the nth confirmation
crudeltà: cruelty
invece: instead
rivalutato: reevaluated
uccidere: to kill

ama (amare): loves (to love)
non può non guardare: has to watch
attori (attore): actor
legate: related
tempo: time
vengono raccontate (raccontare): are told (to tell)

L'inno nazionale italiano

L'**inno** nazionale della Repubblica Italiana è l'*Inno di Mameli*, è **conosciuto** anche come *Fratelli d'Italia* ma il suo **titolo** originale **sarebbe** *Il Canto degli Italiani*. Goffredo Mameli **scrisse** *Il Canto degli Italiani* nel 1847 e **fu adottato** dalla Repubblica solo nel 1946.

Mameli **dopo aver scritto** le **parole decise** di **non scrivere** anche le musiche ma di **inviarlo** al **maestro** Michele Novaro che finì di musicarlo quello stesso **anno**. Fu presentato a **ridosso** del **fatidico** 1848 e dopo pochi giorni tutti **conoscevano** il *Canto degli Italiani* che **diventò** il simbolo del Risorgimento. Questo *Canto* contribuì a **diffondere** un sentimento di **unità** tra gli italiani che **sfociò** nelle insurrezioni che **avrebbero portato** alla riunificazione nazionale. **Infatti** era tale la potenza di questo inno contro la monarchia che le autorità del **tempo cercarono di vietarlo**. Tuttavia quando anche le bande militari **cominciarono** a **suonarlo** per **dare la carica** alle **armate** nella **guerra contro** l'Austria il Re fu **costretto** a **piegarsi** e ad **accettarlo**. Successivamente Garibaldi ed i suoi "mille" sostenitori furono i protagonisti della riunificazione nazionale **adottando proprio** l'inno composto da Goffredo Mameli.

Durante il **ventennio fascista** l'*Inno di Mameli* **conobbe** una nuova popolarità. **Non esisteva** un inno nazionale ufficiale della Repubblica Sociale Italiana ma **veniva intonato** *Il Canto degli Italiani* nelle manifestazioni ufficiali del Fascismo, anche per via della forte componente patriottica e di conquista.

Per la sua **storia** complicata questo inno **ha fatto molto discutere**. In parlamento ci sono stati dei **dibattiti** decennali e numerose proposte di **legge riguardo** la necessità di **rendere** *Fratelli d'Italia* l'inno ufficiale della Repubblica Italiana. Tuttavia ad **oggi** non **esiste** una legge **approvata** che **sancisca** l'ufficialità dell'inno, che naturalmente è **riconosciuto** come l'inno ufficiale in tutte le **sedi** internazionali.

La Torre di Pisa

La **Torre** di Pisa è **conosciuta** come la Torre **Pendente** di Pisa, ma in realtà è il **campanile** della Cattedrale di Santa Maria Assunta nella Piazza dei Miracoli di Pisa. Per via della sua innaturale **pendenza**, è **divenuto** uno dei monumenti più conosciuti al **mondo**.

Questo campanile è alto quasi **sessanta** metri e pesa quasi **quindici mila** tonnellate. Questa **notevole** stazza, combinata al **cedimento** del **terreno** dove giace la torre, ha fatto sì che questo monumento attualmente **penda** di cinque gradi **rispetto** all'**asse** verticale. Dalla sua costruzione ad oggi, la pendenza è sostanzialmente aumentata anche se **nel corso dei secoli** ci sono stati dei lunghi periodi di stabilità. Ma il **mistero dietro** a questo fenomeno architettonico è **facilmente spiegabile** dalle **leggi** della fisica più elementari. Molto semplicemente, **rimane** in equilibrio **perché** la verticale che **passa per il suo baricentro** cade all'interno della base di **appoggio**.

I **lavori** per **costruire** la torre **iniziarono** nel 1173, ma **furono interrotti presto**, **visto che arrivati a** metà del **terzo piano** iniziarono dei cedimenti del **terreno sottostante**. Questo **stranamente non sorprese nessuno** visto che il terreno è composto principalmente da **argilla molle** e che tutti gli altri **edifici** della piazza gia **avevano causato** la stessa reazione del terreno. Comunque la torre fu completata lo stesso nella metà del secolo successivo.

Una ulteriore curiosità rispetto alla famosa Torre di Pisa è che **non è affatto** l'unica torre pendente di Pisa. Oltre a numerosi edifici pendenti ci sono altre due torri: il campanile della **chiesa** di San Nicola, con un'inclinazione di due **gradi** e **mezzo**, ed il campanile della chiesa di San Michele degli Scalzi, che ha un inclinazione di cinque gradi in più rispetto alla famosa Torre di Pisa.

torre: tower
conosciuta (conoscere): known (to know)
pendente: leaning
campanile: bell tower
pendenza: incline
divenuto (divenire): has become (to become)
mondo: world

sessanta: 60
quindici mila: 50,000
notevole: remarkable
cedimento: sinking
terreno: ground
penda (pendere): leans (to lean)
rispetto a: with respect to
asse: axis
nel corso dei secoli (secolo): over the centuries
mistero: mystery
dietro: behind
facilmente: easily
spiegabile: explainable
leggi (legge): laws
rimane (rimanere): it stays (to stay)
perché: because
passa per il suo baricentro (passare): goes to its center of gravity (to cross)
appoggio: support, base

lavori (lavoro): works
costruire: to build
iniziarono (iniziare): began (to begin)
furono interrotti (interrompere): were interrupted (to interrupt)
presto: soon
visto che: since
arrivati a (arrivare): reached (to reach)
terzo piano: third floor
terreno sottostante: ground below
stranamente: oddly, strangely
non sorprese nessuno (sorprendere): didn't surprise anybody (to be surprised)
argilla molle: soft clay
edifici (edificio): buildings
avevano causato (causare): had caused (to cause)

non è affatto: it's not
chiesa: church
gradi (grado): degrees
mezzo: half

Personaggi famosi nella storia

buona cucina: good cuisine

vino: wine

calcio: soccer

basta dare un'occhiata: it's enough to have a look

rendersi conto: to realize

ha regalato (regalare): has given, offered (to give, to offer)

campi (campo): fields

esauriente: exhaustive

gente: people

ha eccelso (eccellere): have excelled (to excel)

uomo: man

genio: genius

cantante lirico: opera singer

per citare: to mention

in questo paese: in this country

ricordiamo (ricordare): let's remember (to remember)

commerciante: trader

vissuto (vivere): lived (to live)

tredicesimo secolo: 13th century

raggiungere: to reach

la lontana Cina: the far distant China

viaggio: journey

venne a contatto (venire): came in contact (to come)

nipote: grandson

abilità della loro penna: their ability to write

matita: pencil

del suo tempo: of his time

nato (nacsere): born (to be born)

lo ha reso immortale (rendere): has made him immortal (to make)

perché: because

ricco: rich, full

hanno fatto (fare): have made (to make)

prodotti letterari: literary works

pittore: painter

scultore: sulptor

andata al di là (andare): has gone beyond (to go)

tanto che: in so much as

ancora: still

oggi: nowadays

L'Italia è molto più della **buona cucina**, del **vino** e del grande **calcio**! **Basta dare un'occhiata** alle innumerevoli personalità italiane famose, per **rendersi conto** di quanti talenti questo Paese **ha regalato** nei vari **campi**: artistico politico, scientifico. L'Italia ha una lista **esauriente** di **gente** famosa che **ha eccelso** in tutti i campi immaginabili dall'**uomo**. Dalla potente famiglia dei Medici al **genio** di Leonardo da Vinci fino al talento del **cantante lirico** Pavarotti, solo **per citare** alcuni grandi nomi nati **in questo paese**.

Fra i personaggi italiani famosi **ricordiamo** ad esempio Marco Polo, un **commerciante vissuto** nel **tredicesimo secolo** che fu il primo europeo a **raggiungere la lontana Cina**. Durante il suo **viaggio venne a contatto** col **nipote** di Genghis Khan, il Kublai Khan.

Molti sono stati resi famosi grazie all'**abilità della loro penna** e della loro **matita** come Dante Alighieri, uno dei poeti più famosi **del suo tempo**, **nato** a Firenze nel 1265. L'opera che **lo ha reso immortale** è la *Divina Commedia* componimento diviso in tre parti: il Paradiso, il Purgatorio e l'Inferno, quest'ultimo particolarmente famoso **perché ricco** di allusioni e allegorie di personaggi famosi contemporanei che **hanno fatto** di quest'opera uno dei **prodotti letterari** più popolari dell'epoca medioevale.

Poi c'è Donatello, famosissimo **pittore** e **scultore** italiano del XIV secolo, vissuto a Firenze. La sua arte è **andata al di là** del tempo, **tanto che ancora oggi** è considerato uno dei maggiori artisti non solo del suo periodo, ma anche dei giorni nostri.

L'Italia ha dato i natali ad un altro **nome** illustre come Leon Battista Alberti, eclettico personaggio che **si occupò di** filosofia, di **poesia**, di **criptografia,** musica ed architettura. La sua fama si deve **soprattutto** alla **sua ricerca** di una fondamento scientifico delle **proprie** teorie.

Un altro grande nome **legato** alla pittura è Alessandro di Mariano Filipepi, **meglio conosciuto** col nome di Botticelli. Artista fiorentino del Rinascimento, fu creatore della **celeberrima** *Venere* conosciuta in tutto il **mondo**.

E chi **non conosce** Cristoforo Colombo, il **marinaio** genovese che **grazie alla** sua **caparbietà** nel 1492 **approdò** sulle coste dell'America? Di tutti gli **uomini** famosi che l'Italia può **vantare** uno fra tutti può considerarsi il genio assoluto. Parliamo ovviamente di Leonardo da Vinci: artista, musicista, architetto, scienziato, inventore, scultore e molto di più, un genio a **360 gradi**. È opera sua uno dei **dipinti** più discussi al mondo: *La Gioconda*.

Altro fenomenale artista che **vive** ancora attraverso le sue opere è Michelangelo, considerato uno tra i più grandi pittori e scultori del Rinascimento. **A lui si devono** l'affresco della Cappella Sistina e la scultura della *Pietà* situata nella basilica di S. Pietro a Roma. Altro pittore **degno di nota** vissuto tra il **quindicesimo** e **sedicesimo** secolo è Raffaello. La sua opera di **maggiore impatto** è *La Madonna col bambino*.

La lista della gente famosa italiana **richiederebbe** un **libro** a sè per **racchiuderla** tutta. Galileo lo scienziato, Vivaldi il compositore di musica, Puccini il compositore di **opere liriche** e poi ancora Verdi, Doninzetti e Lanza se **parliamo** di musica e inoltre Garibaldi, Mazzini e Mussolini, personaggi politici che **hanno fatto la storia** del nostro Paese. E ancora, S. Francesco e Padre Pio, uomini di Chiesa tanto straordinari da essere stati beatificati… La lista è **veramente molto lunga**.

---

nome: name
si occupò di (occuparsi di): dealt with (to deal with)
poesia: poem
criptografia: cryptography
soprattutto: especially
sua ricerca: his research
proprie (proprio): his own

legato: related
meglio conosciuto: better known
celeberrima: very famous
mondo: world

non conosce (conoscere): doesn't know (to know)
marinaio: sailor
grazie alla: thanks to the
caparbietà: obstinacy
approdò (approdare): landed (to land)
uomini (uomo): men
vantare: to boast
360 gradi: complete, all around
dipinti (dipinto): paintings

vive (vivere): lives (to live)
a lui si devono: thanks to him
degno di nota: noteworthy
quindicesimo: 15th
sedicesimo: 16th
maggiore impatto: biggest impact
bambino: child

richiederebbe (richiedere): would require (to require)
libro: book
racchiuderla (racchiudere): to hold them (to hold)
opere liriche: opera
parliamo (parlare): we talk (to talk)
hanno fatto la storia (fare): have made history (to make)
veramente: really
molto lunga: very long

L'epoca del Rinascimento

L'epoca del Rinascimento italiano è spesso definito il "secolo dei lumi" e l'"epoca dell'eleganza", anche se possiamo affermare che ha solo tracciato la strada ad altrettante forme d'arte e scoperte scientifiche di enorme interesse.

Scultura e pittura

La scultura rappresenta il simbolo dell'eleganza e della plasticità delle arti rinascimentali, che si esprimono attraverso la monumentalità delle sculture sia maschili che femminili, come la *Pietà* e il *David* di Michelangelo, solo per citarne alcune. Anche la pittura si arricchisce in questo periodo dell'importante tecnica della

prospettiva che, attraverso la visione tri-dimensionale, conferisce ai dipinti maggiore realismo. Leonardo Da Vinci, il Giorgione, Giotto e in seguito tanti altri famosi artisti, inseriscono nella propria pittura la rappresentazione dello spazio, i giochi di luce ed ombre, l'uso del colore in maniera del tutto innovativa. Anche per i soggetti dal tema religioso rappresentati nella scultura e nella pittura, questi artisti si concentrano maggiormente sull'uomo come individuo, rappresentandone le emozioni.

Musica

In Italia, nel XIV secolo, anche nell'ambito della musica ci fu un'esplosione di attività innovative. I moduli principali erano il madrigale EDI, la caccia e la ballata. In generale, lo stile musicale del Rinascimento italiano è spesso denominato *nova ars italiana*.

La struttura musicale **ha continuato** ad **evolversi fino a**lla metà del XVI secolo, quando una **marea** di compositori di talento **si trasferì** in Italia da tutte le parti d'Europa. Uno dei compositori di musica **sacra** più importanti del XVI secolo fu Palestrina, **il più stimato membro** della scuola romana.

L'Italia ha rappresentato il centro dell'innovazione nella musica strumentale. All'**inizio** del XVI secolo, l'improvvisazione alla **tastiera** è **stata molto apprezzata** e numerosi compositori di musica **si accostarono** a questo nuova tecnica. Molti strumenti a noi oggi familiari sono stati inventati e perfezionati nel **tardo** Rinascimento **proprio** in Italia, come l'uso del violino che **risale** al 1550. Nel XVI secolo l'Italia **divenne** il centro della musica innovativa in Europa.

Letteratura

In tempi moderni **sentiamo** spesso il termine "rompere gli schemi mentali", ma è proprio nel periodo rinascimentale che questa **frase ha più senso**. Infatti, mai come prima, tutte le forme d'arte **sperimentano** nuove filosofie. A questa politica **non si sottrae** certo la letteratura che, pur se **rifacendosi** agli stili dei grandi autori romani Cicerone, Orazio, Virgilio, e **greci** come Aristotele, Omero, Platone e Socrate, matura un **nuovo modo** di **concepire il mondo** e se stessi, **sviluppando** in ambito letterario la **corrente** dell'Umanesimo.

Gli aspetti più salienti della nuova cultura furono i **seguenti**: si estese sempre più l'uso della **lingua** "volgare", **affinchè** gli **scritti fossero accessibili** a tutti, anche al **popolo**, e **si diffuse** una grande **fiducia** nella capacità **umana** di **penetrare** nei **segreti** della natura attraverso la scienza. Uno dei maggiori **esponenti** di questa corrente fu Petrarca per la poesia e Boccaccio per la prosa: Le loro **opere esaltavano** le qualità dell'uomo quali dignità, umanità e libertà di **pensiero**.

---

ha continuato (continuare): has kept on (to keep on)
evolversi (evolvere): evolving (to evolve)
fino a: up to
marea: tide, big quantity
si trasferì (trasferirsi): moved (to move)
sacra (sacro): religious
il più stimato: the most highly regarded
membro: member

inizio: beginning
tastiera: keyboard
stata molto apprezzata (apprezzare): has been much appreciated (to appreciate)
si accostarono (accostarsi): approached (to approach)
tardo: late
proprio: just
risale (risalire): goes back (to go back)
divenne (divenire): became (to become)

sentiamo (sentire): we hear (to hear)
frase: phrase
ha più senso (avere): has more meaning (to have)
sperimentano (sperimentare): tested (to try out)
non si sottrae (sottrarre): doesn't shirk (to shirk)
rifacendosi (rifarsi): harking back to (to hark back to)
greci (greco): Greeks
nuovo modo: new way
concepire il mondo: to see the world
sviluppando (sviluppare): developing (to develop)
corrente: trend

seguenti (seguente): following
lingua: language
affinchè: so that
scritti (scritto): writings
fossero accessibili: could be accessible
popolo: people
si diffuse (diffondersi): spread (to spread)
fiducia: trust
umana: human
penetrare: to get in
segreti (segreto): secrets
esponenti (esponente): exponents
opere (opera): works
esaltavano (esaltare): exalted (to exalt)
pensiero: thought

lingue (lingua): languages
radici (radice): roots
risalgono (risalire): go back to (to go back to)
imposero (imporre): imposed (to impose)
lingua natale: mother tongue
popoli (popolo): people
sotto il loro dominio: under their supremacy
raggruppate: grouped
lingua parlata: spoken language
vicina (vicino): close
sviluppo: development
si è assistito (assistere): was a witness
  (to watch)
diffondersi: spreading
anticamente: in the past
infatti: in fact
non esisteva (esistere): there was no (to exist)
ogni: every
il proprio: its own

passaggio: changeover
volgare: everyday language
mondo: world
contadino: farmer
pian piano: slowly
si liberava (liberarsi): liberated itself
  (to liberate)
schiavitù: slavery
servitù: servitude
medioevo: Middle Ages

quattordicesimo secolo: 14th century
ha cominciato (cominciare): has begun
  (to begin)
acquisire: to acquire (importance)
fiorente: growing

letterarie (letterario): literary
risalenti (risalire): that go back to (to go back)
decimo: 10th
intorno: around
emergere: to emerge
unificarsi: to unite

Così come per molte altre **lingue**, le **radici** della lingua italiana **risalgono** ai romani che **imposero** la loro **lingua natale** a tutti i **popoli sotto il loro dominio**, il latino. È una delle lingue romanze **raggruppate** sotto la famiglia indoeuropea delle lingue. L'italiano è considerato la **lingua parlata** più **vicina** al latino. Contemporaneamente allo **sviluppo** della lingua italiana, **si è assistito** al **diffondersi** dei vari dialetti. **Anticamente infatti non esisteva** un'unica lingua uguale per tutti, ma **ogni** regione parlava **il proprio** dialetto.

Il **passaggio** dall'uso del latino a quello del **volgare** deriva dalla graduale e progressiva importanza sociale ed economica acquisita dal **mondo contadino** che **pian piano si liberava** dalla **schiavitù** e dalla **servitù** tipiche del **medioevo**.

Durante il **quattordicesimo secolo,** il dialetto toscano **ha cominciato** ad **acquisire** sempre più importanza, sia a causa della posizione centrale della regione che del commercio molto **fiorente** della città più importante, Firenze.

Le opere **letterarie** più importanti **risalenti** al **decimo** secolo sono state scritte usando il dialetto. Soltanto **intorno** al quindicesimo secolo, quando Firenze ha cominciato ad **emergere** come centro della cultura e del commercio, la lingua italiana inizia ad **unificarsi** usando la lingua toscana.

Il latino **veniva ancora usato** dai **nobili** e per i servizi religiosi o per documenti **giuridici**. Le regioni ebbero difficoltà ad **adattarsi** ai graduali **cambiamenti** della grammatica e questo portò alla diffusione del "vernacolo" parlato a Firenze. Il primo documento letterario in lingua italiana è **considerato** il *Cantico delle Creature* scritto da S. Francesco d'Assisi e risalente al 1226.

Possiamo far risalire la storia della letteratura italiana **intorno** al 1200, quando nelle penisola italiana **si cominciò** a **scrivere** in italiano **grazie alla scuola** Siciliana di Federico II di Svevia, **imperatore** del Sacro Romano Impero e re di Sicilia.

Questa nuova lingua fu usata inizialmente negli **scritti** di Dante e successivamente di Ariosto, di Boccaccio, di Tasso e degli altri **autori** del **rinascimento** italiano. Infatti la prima edizione di un vocabolario italiano ufficiale, **pubblicata** nel 1612 dall'Accademia Della Crusca, **è stata basata su**gli scritti della *Divina Commedia* di Dante, *Decameron* di Bocaccio e *Canzionere* di Petrarca. Ed è con l'unità d'Italia nel 1860 e con lo **sviluppo** delle **ferrovie** che si comincia a parlare una lingua **comune** che **accomuna** il **nord** e il **sud,** anche per **favorire** gli **scambi** commerciali e sociali.

Nelle varie città italiane è ancora molto **vivo** l'uso dei vari dialetti regionali. Nel nord-ovest si parla il lombardo, il piemontese, il ligure e l'emiliano. Nelle regioni del nord-est che **circondano** Venezia, il dialetto più diffuso è il veneziano. Il centro dell'Italia è dominato dai dialetti toscano, marchigiano, umbro, abruzzese, romano, molisano e campano. I dialetti del sud, come il pugliese, il lucano o il calabrese, hanno accenti molto **marcati** e distinti, così come quelli delle **isole maggiori** come la Sicilia e la Sardegna.

veniva ancora usato (usare): was still used (to use)
nobili (nobile): nobles
giuridici (giuridico): legal
adattarsi: to adapt to
cambiamenti (cambiamento): changes
considerato (considerare): is considered (to consider)

possiamo far risalire (potere): we can trace back (can, to be able to)
intorno: around
si cominciò (cominciarsi): they began (to begin)
scrivere: to write
grazie alla: thanks to the
scuola: school
imperatore: emperor

scritti (scritto): writings
autori (autore): authors
rinascimento: Renaissance
pubblicata (pubblicare): published (to publish)
è stato basata su (basarsi): has been based on (to be based on)
sviluppo: development
ferrovie (ferrovia): railways
comune: common
accomuna (accomunare): unites (to unite)
nord: north
sud: south
favorire: to promote
scambi (scambio): exchanges

vivo (vivere): alive (to live)
circondano (circondare): surround (to surround)
marcati (marcare): marked (to mark)
isole (isola): islands
maggiori (maggiorare): larger (to increase)

Prova la sua comprensione

Gli stemmi, page 146

1. What is the main element of the coat of arms?

2. The coat of arms was regulated by whom and it became a symbol of what?

Il tricolore, page 147

1. What changes happened to the flag in 1798?

2. Legend says the color of the flags represent what?

3. The colors of the flag represent what three principals?

La reggia di Caserta, page 148

1. Carlo wanted to make a Royal Palace to compete with what other palace?

2. Describe the grounds where the palace was built.

3. How many rooms did the Royal Palace have?

Monumenti italiani famosi, page 150

1. The Roman Coliseum was originally known by what name?

2. Describe the *Altare della Patria*.

3. Why was the *Altare della Patria* rebuilt?

Test your comprehension

Imperatore di Roma, page 152

1. How is Nero's mother remembered?

2. Describe some of the reforms Nero made during his reign.

3. What did Nero do as soon as he heard about the fire in Rome?

La Torre di Pisa, page 155

1. What was the Tower of Pisa designed to be?

2. The ground around the tower is mainly what kind of soil?

Personaggi famosi nella storia, page 156

1. Marco Polo was the first European to go where?

2. Who is Donatello?

3. Alessandro di Mariano Filipepi is better known by what name?

L'epoca del Rinascimento, page 158

1. What is another name for the Renaissance?

2. The paintings of the Renaissance represent what kind of techniques?

3. What musical instrument was introduced in the XVI century?

Geografia

I mari d'Italia

La penisola italiana e **le sue isole** sono nel Mediterraneo, un **mare** che **unisce** l'Europa, l'Asia e l'Africa. **Infatti** il suo **nome deriva dal** latino *mediterraneus* **che vuol dire "in mezzo alle terre"**. Le isole più grandi di questo mare sono le regioni italiane della Sicilia e della Sardegna, **seguita da** Cipro e dalla francese Corsica. Sono **oltre venti gli stati** che **si affacciano** sul Mediterraneo e oltre una **dozzina** i **mari interni**.

Il mar Tirreno **si estende** ad **ovest** della penisola italiana **fino alla** Corsica e la Sardegna, Basilicata, Campania e Lazio e a sud fino alla Calabria e la Sicilia. Questo mare **non raggiunge** i 4,000 metri di **profondità** e **comprende** numerose **catene montuose** create dal movimento dei continenti. I suoi **porti commerciali principali** sono Olbia, Napoli, Palermo, Civitavecchia e Piombino, ma sono i suoi porti turistici ad essere i **più noti.** Il Tirreno comprende **decine** di **piccole** isole come il Giglio e Giannutri per la Toscana o Ponza e Ventotene nella parte centrale e al sud le Egadi o le Eolie. Queste isole sono particolarmente frequentate per la loro bellezza naturale ed il **clima** nei **mesi** di **primavera** e **estate**. Il Tirreno prende il suo nome dal **popolo** dei Tirreni, **meglio conosciuti** come Etruschi.

Appartenente al Mediterraneo è anche il mare Adriatico, situato tra la penisola
italiana e gli stati **balcanici**,
lungo circa 800 km, largo
in media 150 km e **molto
meno profondo** del Tirreno. Il **fiume** più grande d'I-
talia, il Po, **sfocia** nel Adria-

tico **assieme a vari altri** fiumi tra i quali l'Adige, l'Isonzo e il Brenta.
I porti principali sono Venezia e Trieste al nord, Ancona e Pescara al
centro e Bari e Brindisi al sud.

La costa **occidentale** è bassa e sabbiosa e quindi **ottima per la
villeggiatura** mentre quella **orientale** e **rocciosa** è ricca d'**insenature**.
Navigare tra le isole come l'Istria e la Dalmazia **può essere pericoloso**
quanto **affascinante**. Il **confine** a sud con il mar Ionio è **delineato**
dallo stretto di mare **fra** il Salento e l'Albania noto come il Canale
d'Otranto.

Il mar Ionio è situato tra l'Italia meridionale, l'Albania e la Grecia
ed è il più profondo del Mediterraneo, **raggiungendo** una profondità
di 5.000 metri. Lo Ionio è **collegato** al Tirreno **tramite** lo Stretto
di Messina e al mare Greco, l'Egeo, **attraverso** il canale di Corinto.
In questo mare **affacciano** solo le regioni più meridionali d'Italia: la
Sicilia con il Golfo di Catania, la Calabria, la Basilicata e la Puglia,
quest'ultima con in Golfo di Taranto, che **forma il tacco e la punta
dello** "**stivale**" italiano. Lo Ionio **prende il suo nome da** Ionio, un
discendente di Poseidone.

---

appartenente: belonging to, part of
balcanici: Balkan
lungo: long
circa: about, approximately
molto meno profondo: much less deep
fiume: river
sfocia (sfociare): flows (to flow)
assieme a: together with
vari altri: several other

occcidentale: western
ottima (ottimo): excellent
per la villeggiatura: for vacation
orientale eastern
rocciosa: rocky
insenature: inlets
può essere (potere): it can be (can, to be
  able to)
pericoloso: dangerous
affascinante: fascinating
confine: border
delineato (delineare): outlined
  (to outline)
fra: between

raggiungendo (raggiungere): reaching
  (to reach)
collegato (collegare): connected
  (to connect)
tramite: through
attraverso: through, via
affacciano (affacciare): appear
  (to appear)
quest'ultima: the latter
forma (formare): forms (to form)
il tacco e la punta dello stivale: the heel and
  the toe of the "boot"
prende il suo nome da (prendere): takes its
  name from (to take)

Il fiume più lungo

Inizialmente viene chiamato dai Greci Eridanio, che significa "**fiume** che **scorre lento verso** il **mare**". Viene successivamente **battezzato** dagli **antichi liguri** col **nome** di Botinco per **diventare** poi Padu, dalla cui contrazione deriva l'attuale nome Po, **lungo e forte**.

Il Po è il fiume **più lungo** e importante d'Italia. **Nasce** dalle sorgenti del Piano del Re sul **versante nord occidentale** del Monviso e scorre con **forte pendenza** verso est. Lungo il suo corso il fiume viene **alimentato** da 141 affluenti. La sua foce si trova a nord di Ravenna; il suo delta è di 380 chilometri e **si dirama** in cinque **bocche**. Il **bacino** del Po è il più grande d'Italia (71.000 metri quadrati).

Una volta entrato nella **pianura** Padano-Veneta, all'altezza di Casale Monferrato, assume le caratteristiche di fiume di pianura, **scorrendo** lento e **raccogliendo** le **acque** del Ticino, **uno dei suoi maggiori** tributari. Il fiume **attraversa** le regioni del Piemonte, della Lombardia e dell'Emilia Romagna e del Veneto, **nonché** parte del Canton Ticino in Svizzera.

Il Po raggiunge la **lunghezza** di 652 chilometri e la **profondità** dei **fondali**, superiore ai due metri, consente il **transito** di **piccole imbarcazioni**. Dalla caratteristica "zampa d'oca", il delta **padano** occupa un'area di circa 400 chilometri. Nel corso dei secoli **ha subìto** profondi mutamenti a causa delle grandi **piene**, dell'**azione erosiva** dell'acqua e dei frequenti fenomeni di **bradisismo**.

Gravi inondazioni

Si verificano soprattutto in occasioni di **stagioni** particolarmente **piovose**, quando le piene non vengono adeguatamente contenute dagli **argini**. Tristemente famosa fu quella del 1951. Nella catastrofe, **avvenuta** nella zona del Polesine, le case **distrutte furono** circa 900. Trentotto **comuni** furono **invasi** dalle acque, un **centinaio** di persone **persero** la **vita** e i profughi furono 160.000. Il Polesine fu invaso da circa trè miliardi di metri cubi di acqua. I danni furono **incalcolabili**. A questa catastrofe **seguirono** quelle del 1968, 1994, 2000 e per **ultima** quella del 2009.

Malgrado l'elevato volume d'acqua, il Po è un fiume poco navigabile a causa dei suoi **fondali instabili**. Tuttavia, attraverso dei **lavori** di consolidamento, **si sta cercando** di **rendere** possibile una **rete di comunicazioni** interna per **favorire** uno **sviluppo idroviario**, importante sia per l'aspetto economico agricolo che industriale. Il fiume, oltre che **essere utilizzato** per l'irrigazione delle **campagne circostanti**, **riveste** una **notevole** importanza nell'**ambito** della produzione energetica nazionale.

Nel febbraio del 2010 il fiume **ha rischiato** di essere protagonista di un grave disastro **ambientale**, **arginato grazie al tempismo** dell'intervento dei Vigili del Fuoco e della Protezione Civile.

Ignoti criminali **hanno riversato** nel fiume Lambro tre silos di petrolio e **idrocarburi**, apartenenti ad una fabbrica **in disuso**. Attraverso i canali di **scolo**, le sostanze inquinanti hanno raggiunto le acque del Po, col rischio di riversarsi nel Mare Adriatico. Come dicevamo, l'intervento degli **esperti** è **riuscito** a limitare il **danno** al minimo.

Attualmente vi sono grandi **progetti legati a**llo sfruttamento di questo grande fiume come mezzo di comunicazione e di commercio.

---

si verificano (verificarsi): it happens (to happen)
soprattutto: above all
stagioni (stagione): seasons
piovose: rainy
argini: riverbanks
avvenuta (avvenire): happened (to happen)
distrutte (distruggere): destroyed (to destory)
furono (essere): were (to be)
comuni (comune): towns
invase (invadere): invaded (to invade)
centinaio: hundred
persero (perdere): lost (to lose)
vita: life
incalcolabili: incalculable
seguirono (seguire): followed (to follow)
ultima: last

malgrado: despite
fondali instabili: unstable depths
lavori (lavoro): works
si sta cercando (cercarsi): they are trying (to try)
rendere: to make
rete di comunicazioni: communications networks
favorire: to foster
sviluppo idroviario: hydrology development
essere utilizzato (utilizzare): to be utilized (to utilize)
campagne circostanti: surrounding countryside
riveste (rivestire): holds (to hold)
notevole: remarkable
ambito: area

ha rischiato (rischiare): has risked (to risk)
ambientale: environmental
arginato: limited
grazie al tempismo: thanks to the timing

hanno riversato (riversare): have poured (to pour)
idrocarburi: hydrocarbons
in disuso: no longer in use
scolo: drain
esperti (esperto): experts
riuscito (riuscire): succeeded (to succeed)
danno: damage

progetti (progetto): projects
legati a: related to

come lo chiamereste (chiamare): how would
   you call (to call)
monte: mountain
ricoperto: covered
ghiaccio: ice
neve: snow
tutto l'anno: all the year
che dite (dire): what do you say (to say)
perché: because

appartenenza: attribution
invece: instead
non è sicura (sicuro): is not sure (to be sure)
se chiedete ... di chi sia (chiedere): if you ask
   . . . whose it is (to ask)
vetta: peak
vi risponderà (rispondere): he will answer
   (to answer)
risposta: answer
sarà opposta: it will be opposite
se fate la stessa domanda: if you ask the
   same question
cima: peak
dovrebbe essere (dovere): it should be (must)
a metà fra: halfway between
dato che: since
nome: name
carenza: lack
non amo (amare): I don't love (to love)
dico (dire): I say (to say)
almeno: at least
era loro: it was (to be) theirs

mondo: world
vero e proprio: complete and utter
si eleva (elevarsi): rises (to rise)
piedi (piede): feet

oggi: nowadays
non fa più notizia: it's no longer newsworthy
scalatore: climber
che riesca ad arrampicarsi: who succeds in
   climbing
prima volta: first time
impresa: challenge
ebbe (avere): had (to have)
nascita dell'alpinismo: birth of mountain
   climbing
chiaramente: clearly
impressa: business

trovare: to find
pietre uniche: unique stones
fluoriti rosa: pink flourite
vedere: to see
piante (pianta): plants
ranuncolo: buttercup
ghiacciai (ghiacciaio): glaciers
avvistare: to sight
aquila: eagle
gipeto: vulture
patrimonio mondiale: World Heritage site

Monte Bianco

Come lo chiamereste un **monte** che è **ricoperto** di **ghiaccio** e **neve** per **tutto l'anno**? La montagna più alta d'Europa si chiama Monte Bianco in italiano e Mont Blanc in francese. **Che dite**, l'hanno chiamato così **perché** la neve è bianca? Sicuramente!

L'**appartenenza** geografica di una montagna così importante, **invece**, **non è sicura**. **Se chiedete** a un francese **di chi sia** la **vetta** del Mont Blanc, **vi risponderà** che è della Francia. La **risposta sarà opposta se fate la stessa domanda** a un italiano. In realtà, la **cima** del Monte Bianco **dovrebbe essere a metà fra** i due stati, ma **dato che** il **nome** della montagna indica una incredibile **carenza** di fantasia, io — che **non amo** i francesi — **dico** che la vetta, in origine **almeno**, **era loro**!

Scherzi a parte, il Monte Bianco è maestoso e imponente come poche altre montagne al **mondo**. È un **vero e proprio** miracolo della natura, che **si eleva** fino a 4.810.45 metri, pari a 15.782 **piedi**.

Oggi non fa più notizia uno **scalatore che riesca ad arrampicarsi** fin sulla cima, ma l'8 agosto del 1786, quando il Monte Bianco è stato asceso per la **prima volta**, l'**impresa ebbe** un'eco internazionale. Non a caso, la **nascita dell'alpinismo** come sport coincide con quella data e **chiaramente** con quell'**impresa**.

Sul Monte Bianco è possibile **trovare** delle **pietre uniche**, come i quarzi e i **fluoriti rosa**, **vedere piante** bellissime e rare, come il **ranuncolo** dei **ghiacciai**, ed **avvistare** un'**aquila** reale o un **gipeto**. Per tutto questo è uno dei luoghi turistici più visitati delle Alpi ed è stato classificato dall'UNESCO come **patrimonio mondiale** dell'umanità.

Vulcani italiani

Vi ricordate il film *Dante's Peak*, successo cinematografico del genere catastrofico nel 1997? Il **nome** di quel vulcano **evoca** l'"Inferno" di Dante più che l'Italia. **Sappiate** però che l'Italia, **insieme** all'Islanda, è il paese europeo con più vulcani attivi.

Ma che si intende per vulcano attivo? Ci sono varie interpretazioni su questo: c'è **chi sostiene** che un vulcano è ancora attivo se **ha eruttato almeno una volta negli ultimi** 10.000 **anni**; **altri lo ritengono** tale se **esiste** la presenza di qualunque tipo d'attività, dall'**uscita** di **vapore** alle **piccole** eruzioni di lava. Detto questo, **possiamo affermare** che i vulcani attivi in Italia sono 10: il Vulcano Laziale (cioè l'intera zona dei Colli Albani, nel Lazio), il Vesuvio, i Campi Flegrei, Ischia e Procida (Campania), l'Etna, lo Stromboli, Lipari, Vulcano e Pantelleria (Sicilia).

Lo Stromboli è considerato uno tra i vulcani più attivi della **terra**, anche se in Italia **non se ne parla granché**. Dell'Etna, **invece, si parla eccome**, dato che è una delle attrazioni turistiche della Sicilia e **che ha spaventato** i siciliani in numerose occasioni. Nel 1951 scaturì una lunga eruzione **che ricoprì** la Valle del Bove. La lava arrivò alle porte dei Comuni di Milo e Zafferana e **distrusse molte case** a Fornazzo. Pochi anni fa il fenomeno si è ripetuto: eruzioni di lava alte più di 400 metri ricoprirono di **cenere** le città di Giarre e Messina.

Non dimentichiamoci del Vesuvio, **celebre per** l'esplosione del 79 d.C. che **seppellì** Ercolano e Pompei. Ora è in fase di **quiescenza**, **ma se decidesse**, all'improvviso, di **tornare in azione**, **sarebbe** un disastro, **perché** alle sue **pendici**, negli **ultimi decenni**, i **campani hanno costruito** milioni di case.

Comunque se avete in mente di **fare un viaggio** in Italia, state tranquilli: i vulcani attivi sono **monitorati** continuamente e **ormai** sono solo una bellezza in più da visitare.

---

vi ricordate (ricordarsi): do you remember (to remember)
nome: name
evoca (evocare): evokes (to evoke)
sappiate (sapere): you should know (to know)
insieme: together

ma che si intende (intendere): but what do they mean (to mean)
chi sostiene (sostenere): those who claim (to claim)
ha eruttato (eruttare): has erupted (to erupt)
almeno una volta: at least once
negli ultimi ... anni: in the past . . . years
altri: others
lo ritengono (ritenere): they consider it (to consider)
esiste (esistere): exists (to exist)
uscita: exit
vapore: steam
piccole: little
possiamo affermare: we can affirm

terra: Earth
non se ne parla granché (parlare): nobody talks about it much (to talk)
invece: instead
si parla (parlare): people talk (to talk)
eccome: a lot
che ha spaventato (spaventare): that has frightened (to frighten)
che ricoprì (ricoprire): that covered (to cover)
distrusse (distruggere): destroyed (to destroy)
molte case (casa): many houses
cenere: ash

non dimentichiamoci: let's not forget
celebre per: famous for
seppellì (seppellire): buried (to bury)
quiescenza: dormancy
ma se decidesse (decidere): but if it decided (to decide)
tornare in azione: to become active again
sarebbe (essere): it would be (to be)
perché: because
pendici: mountainside
ultimi decenni (decennio): recent decades
campani (campano): people from Campania
hanno costruito (costruire): they have built (to build)

comunque: however
se avete in mente (avere): if you have in mind (to have)
fare un viaggio: to take a trip
monitorati: monitored
ormai: now

Isole italiane

L'Italia, si sa, è una penisola **circondata** su **tre lati** dal **mare**, **ma anche** dalle sue numerose **isole**. Oltre alle due più evidenti per dimensioni, la Sicilia e la Sardegna, che **costituiscono** due regioni, le isole presenti nel territorio italiano sono ben più di quante si possa immaginare. L'arcipelago Toscano ne **contiene** varie ma altre sono presenti anche nel Mar Ionio oltre alle più **conosciute** isole del Tirreno e dell'Adriatico. **Inoltre dovrebbero essere considerate** nel computo finale anche le isole lagunari di Venezia, le isole **lacustri** dei **laghi maggiori** e anche le **poche** isole fluviali.

La Sicilia è la più grande delle isole italiane, la più estesa del Mediterraneo e la **settima** d'Europa. L'isola maggiore d'Italia **ha intorno a se altre** isole molto più **piccole** e incluse nella regione siciliana: le Egadi nella parte **occidentale** dell'isola, le Eolie nel parte **settentrionale** e le Pelagie, Ustica e Pantelleria. A nord la Sicilia si affaccia sul Tirreno, ad Est, sul mar Ionio è divisa dalla penisola solamente dallo **stretto di Messina attraverso il quale ormai** da **decenni** è **prevista** la costruzione di un **ponte**. A sud il canale di Sicilia la divide dall'Africa, alla quale è più **vicina** di quanto la Sardegna sia vicina alla penisola italiana. **Infatti** geologicamente la Sicilia **appartiene** alla **placca** Africana e lo **scorrimento** nel corso dei millenni delle placca **ha determinato** la creazione delle **montagne** e **insieme** ad esse una forte attività sismica.

Inoltre la Sicilia, **vista** la sua particolare situazione geologica, ha una forte attività vulcanica. I vulcani maggiori sono l'Etna, Stromboli e Vulcano. La Sicilia è una nota meta turistica sia internazionale che nazionale. Tutti gli italiani **apprezzano** la **cucina** ed i **vini** siciliani, **dai sapori particolarmente forti**, e naturalmente **le sue coste** meravigliose. I centri più **popolosi**, oltre alla capitale Palermo, sono Catania e Messina. La Sicilia, **grazie alla** sua complessa **storia** e grandi tradizioni, è una **terra** che **ha dato** molto anche in termini di arte e letteratura.

La Sardegna è la seconda isola più estesa del Mediterraneo e **la sua posizione** strategica al centro del mar Mediterraneo **ha suscitato in passato** l'interesse delle **varie potenze coloniali**. La Sardegna dista 187 km dalla penisola Italiana, dalla quale è separata dal mar Tirreno, **mentre** è il Canale di Sardegna **a separarla** dalla coste della Tunisia che **si trovano** solamente a 184 km. A nord, a soli 11 km, si trova la Corsica, isola francese divisa dalla Sardegna dalle **bocche** di Bonifacio, mentre a **ovest** il Mar di Sardegna la separa dalla Spagna e dalle sue isole Baleari. Il **clima** mediterraneo ed il suo **ambiente** naturale **rendono** la Sardegna una meta ambita per le **vacanze estive** di tutti gli Italiani e **non solo**. La cultura sarda ed il dialetto, che rappresenta una **vera e propria lingua**, **conferisce** alla sua popolazione un'identità ben distinta dal resto d'Italia.

L'isola d'Elba è la terza isola in ordine di grandezza. **Si trova a circa otto miglia** dalla costa Toscana ed è la maggiore delle isole dell'arcipelago toscano. Nonostante **il suo monte** principale superi di **mille metri** il **livello del mare**, l'isola d'Elba non è paragonabile per dimensioni alla Sicilia o alla Sardegna che formano delle regioni. Tuttavia è un isola molta **amata** dai turisti e molto nota **per aver ospitato** Napoleone nel suo periodo di carcerazione.

---

vista: in view of
apprezzano (apprezzare): appreciate (to appreciate)
cucina: cuisine
vini (vino): wines
dai sapori particolarmente forti: with particularly strong flavors
le sue coste: its coasts
popolosi: populous
grazie alla: thanks to
storia: history
terra: land
ha dato (dare): has given (to give)

la sua posizione: its position
ha suscitato (suscitare): has aroused (to arouse)
in passato: in the past
varie: various
potenze coloniali: colonial powers
mentre: while
a separarla (separare): which separates it (to separate)
si trovano (trovarsi): are (to be)
bocche (bocca): mouths
ovest: west
clima: climate
ambiente: environment
rendono (rendere): make (to make)
vacanze estive (vacanza): summer holidays
non solo: not only
vera e propria: true and real
lingua: language
conferisce (conferire): lends (to lend)

si trova (trovarsi): is (to be)
circa: about
otto miglia: eight miles
il suo monte: its mountain
mille metri: one thousand meters
livello del mare: sea level
amata: loved
per aver ospitato: for having hosted

Le spiagge italiane

"Per quest'**anno non cambiare**, stessa **spiaggia** stesso **mare**": è una **canzone** degli anni '60, ma ancora molto famosa. La spiaggia, **infatti**, è molto **amata** dagli italiani **che aspettano** tutto l'anno l'estate **per poter fare** una vacanza al mare.

Dove? C'è solo l'**imbarazzo** della **scelta**: nord, sud, centro e **isole** sono pieni di spiagge bellissime, ma per **scegliere meglio possiamo consultare** la classifica delle **Bandiere** Blu. Le Bandiere Blu sono infatti dei **riconoscimenti assegnati** dalla FEE, la Foundation for Environmental Education, alle spiagge più **pulite** e con i servizi più efficienti.

Diamo allora **un'occhiata** alla classifica più recente. Partendo dal sud, in Calabria, **troviamo** la spiaggia Punta Alice di Cirò Marina. Con **la sabbia dorata**, il mare cristallino e un **lungo litorale spazioso**, questa spiaggia è interessante anche **per gli amanti** degli **uccelli**: **vicino**, infatti, c'è la **foce** del **fiume** Neto dove è possibile **avvistare** tante specie di uccelli, tra cui **gli aironi**. Ancora sul mar Ionio troviamo Castellaneta Marina, un **piccolo** centro **popolato** quasi esclusivamente in estate. **Oltre al** mare cristallino e alla sabbia finissima, **si distingue** per la presenza di una grande **pineta**, con numerosi **alberi** sia nelle zone dell'interno sia sulla **fascia costiera**.

Affacciata sul mar Adriatico, in Molise, c'è Termoli dove i turisti **possono scegliere** tra due litorali: nord e sud. Dal litorale nord **si può ammirare** la vista del Paese Vecchio; il litorale sud con **la sua baia offre invece** la possibilità di divertirsi con gli sport acquatici.

Spostandosi più a Nord, nelle Marche, troviamo una località suggestiva: Gabicce Mare. La particolarità di questa **cittadina** sul mare è la presenza della **falesia**, **cioè** una costa rocciosa con **pareti a picco molto alte**, che parte **proprio** dalle spiagge **marchigiane**. Dalla cima delle pareti si può vedere tutta la costa e il mare Adriatico. La spiaggia di Gabicce è caratterizzata da **ciottoli** e **ghiaia**, molto diversa dalle spiagge delle altre località delle Marche e della vicina Romagna, che sono invece **sabbiose**.

Tra le spiagge romagnole, **non possiamo non parlare** di Rimini, spiaggia famosa e popolare non per il mare ma **per i servizi** e per le numerose occasioni di **divertimento** che offre: **lettini**, **ombrelloni**, **cabine**, **docce**, **chioschi**, bar, ristoranti, **vasche idromassaggio**, **biblioteche all'aperto**, **campi sportivi**, **palestre** per gli amanti del fitness e numerosi centri per sport acquatici, **feste** in spiaggia e musica di tutti i tipi. Inoltre la presenza di uno staff **di animazione** e di numerosi e **validi bagnini rendono** possibile la **villeggiatura** anche a famiglie con bambini. Intorno a Rimini ci sono, inoltre, molti parchi, tematici o acquatici, fra cui "Italia in miniatura", dove è possibile vedere tutti i più famosi monumenti italiani in miniatura.

Spostandoci a ovest troviamo il meraviglioso Mar Ligure, con tante località bellissime e molte spiagge con bandiera blu, **ad esempio** Lerici. Il comune di Lerici comprende spiagge, **baie** e il golfo **chiamato** "Golfo dei poeti" **perché** è **stato abitato** e visitato, **in passato** come nel presente, da molti poeti e artisti. È una meta ideale anche per chi **ama** la natura, poiché è parte del Parco Naturale Regionale di Montemarcello-Magra, un'area molto grande caratterizzata dalla macchia mediterranea. Non dimentichiamo il mar Tirreno, con le spiagge toscane, **laziali** e **campane**. Le spiagge italiane sono numerosissime: **più che parlarne bisogna visitarle**.

---

spostandosi (spostarsi): moving (to move)

cittadina: small town

falesia: cliff

cioè: that is

pareti a picco molto alte: very high sheer cliffs

proprio: right

marchigiane: from the Marche region

ciottoli (ciottolo): pebbles

ghiaia: gravel

sabbiose (sabbioso): sandy

non possiamo non parlare: we must talk about

per i servizi: for the facilities

divertimento: fun

lettini (lettino): sunbeds

ombrelloni (ombrellone): beach umbrellas

cabine (cabina): huts

docce (doccia): showers

chioschi (chiosco): vending stands

vasche idromassaggio: jacuzzis

biblioteche all'aperto: outdoor libraries

campi sportivi: sports grounds

palestre (palestra): gyms

feste (festa): parties

di animazione: lively

validi bagnini: trained lifeguards

rendono (rendere): make (to make)

villeggiatura: vacation

ad esempio: for example

baie (baia): bays

chiamato (chiamare): called (to call)

perché: because

stato abitato (abitare): was inhabited (to inhabit)

in passato: in the past

ama (amare): loves (to love)

laziali: of the Lazio region

campane: of the Campania region

più che parlarne: rather than talk about it

bisogna (bisognare): it is necessary (to be necessary)

visitarle: to visit them

L'Italia delle grotte

Parliamo di **luoghi pieni** di fascino: le grotte italiane. **Ce ne sono tante**, da nord a sud, sul **mare** e nell'**entroterra. Vediamone alcune.**

In Friuli Venezia Giulia **troviamo** la Grotta Gigante, la più grande grotta del **mondo. Si trova** a Sgonico, in provincia di Trieste, ed è formata da una caverna molto **ampia** e varie gallerie; la caverna centrale ha una **lunghezza** di 260 metri, un'**altezza** di 107 metri, una larghezza di 65 metri e una **profondità** di 120 metri. All'interno **si possono vedere** tante stalagmiti con delle forme particolari, **ad esempio** la "Palma", di 8 metri, e altre a forma di pile di piatti. La più alta è la "Colonna Ruggero", alta 12 metri. Questa grotta è molto importante come meta turistica, ma è usata anche per motivi scientifici: il dipartimento di geoscienze dell'Università di Trieste ha collocato due **pendoli geodetici con cui rileva** i movimenti della **crosta terrestre.**

Spostandoci a **ovest**, in Liguria, troviamo le grotte di Toirano, importanti dal **punto di vista storico perché all'interno** ci sono molti resti di epoca preistorica che gli archeologici **stanno ancora studiando.** Ancora in Liguria ci sono le grotte "colorate", cioè le grotte di Borgio Verezzi in cui ci sono molti tipi di minerali di colori diversi.

Scendendo verso la Toscana, nella provincia di Lucca, troviamo un'altra grotta molto particolare: la Grotta del Vento. Il **nome deriva** dall'**aria** che esce dalla cavità, dovuta alla presenza di due ingressi a due quote diverse: l'**ingresso** turistico è a 627 metri **sul livello del mare**, mentre quello **vietato** al pubblico è a 1.400 metri. Questa raffica d'aria **può essere talvolta** così forte che **viene bloccata** con una **porta blindata.**

Tra i percorsi che offre la Grotta del Vento c'è quello tra gli Abissi della Luce, destinato ai visitatori più avventurosi che possono anche calarsi con corde per vedere le conformazioni calcaree. Ad Ancona, invece, si trovano, le Grotte di Frasassi, in cui si può ammirare l'Abisso Ancona profondo 200 metri e ampio 2.000.000 di m³.

Andando più a sud, in Puglia, possiamo visitare le Grotte di Castellana in cui troviamo, tra tante meraviglie, la caverna della Torre di Pisa, con stalagmiti che ricordano nella forma la torre pendente, e la Grotta Bianca, considerata la grotta più bianca del mondo.

Molte grotte italiane si possono anche raggiungere via mare; è il caso della bellissima grotta Azzurra, vicino a Capri, famosa per il colore particolare dell'acqua al suo interno. Entrare nella Grotta Azzurra è un'esperienza unica: si entra stesi sul fondo di una barca, in cui c'è spazio al massimo per trè persone, e attraverso un'entrata naturale molto piccola nella roccia si arriva in questo luogo da favola. Oltre all'azzurro dell'interno, la grotta è famosa anche per i riflessi color argento che prendono gli oggetti immersi nell'acqua.

Le grotte italiane sono numerosissime, ma la loro bellezza non si può descrivere: bisogna andare a vederle e vivere per qualche ora un' esperienza indimenticabile in posti da sogno.

tra i percorsi: among the routes
offre (offrire): it offers (to offer)
più avventurosi: most adventurous
possono ... calarsi: they can . . . go down
corde (corda): ropes
vedere: to see
conformazioni calcaree: calcareous conformations
invece: instead
ammirare: to admire

visitare: visit
ricordano (ricordare): remind (to remind)
torre pendente: leaning tower
più bianca: whitest

raggiungere: reached
acqua: water
stesi: lying
fondo: bottom
barca: boat
piccola: small
roccia: rock
si arriva (arrivare): people arrive (to arrive)
oltre all'azzurro: in addition to the blue
riflessi color argento: silvery reflections
prendono (prendere): capture, take on (to capture)
oggetti (oggetto): objects

non si può descrivere: it's impossibile to describe
bisogna (bisognare): people have to (to have to, to be necessary)
andare: to go
vederle (vedere): see them (to see)
vivere: to live
per qualche ora: for a few hours
indimenticabile: unforgettable
posti da sogno: places of one's dreams

Laghi italiani

L'Italia è una delle nazioni europee **più ricca** di **laghi**. **Ne conta circa** 1000 e la maggior parte di essi **si trova** nella parte nord del **paese** ed è di origine alpina e prealpina. Al centro dell'Italia **troviamo** i laghi di origine vulcanica che si sono formati all'interno di **vulcani spenti**, e per questo presentano una forma circolare. Nella parte meridionale **invece** troviamo i laghi costieri, **vicini** al **mare**. I più importanti laghi in ordine di grandezza sono:

Lago di Garda

Chiamato anche Benaco, è il più grande lago d'Italia che **abbraccia** le regioni della Lombardia, del Veneto e del Trentino Alto Adige. **Meta** turistica di **rilevante** importanza, presenta un **paesaggio** suggestivo per la presenza di cinque **isole** che **emergono** dalle acque: l'isola del Garda (la più grande), **su cui sorge** un bellissimo palazzo **ottocentesco**, l'isola di S. Biagio, detta dei "conigli", **raggiungibile a piedi** nei periodi di **secca**, l'isola del Trimelone ex-polveriera e l'isola del Sogno e degli Olivi.

Lago Maggiore

Detto anche lago di Verbano, è il secondo lago italiano. Il lago interessa la regione piemontese, quella lombarda e l'**estremità settentrionale** della Svizzera. **Le sue coste** sono frastagliate e ricche di vegetazione esotica. Il lago è ricco di **ville antiche** e prestigiose, tra le più belle e suggestive quelle Borromee che **sorgono** sull'isola Bella, situata al centro del lago. È meta di turismo **tutto l'anno**.

Lago di Como

È il terzo lago in ordine di grandezza. Ha una forma caratteristica ad "Y" **rovesciata**. Si divide in tre **rami**: ramo di Colico, ramo di Como e ramo di Lecco. Presenta una vegetazione rigogliosa costituita da **azalee**, **camelie**, limoni e **datteri**. Il lago è **circondato da incantevoli** ville dalle quali **si può ammirare** un panorama **mozzafiato**. È meta di un turismo ricco e prestigioso.

---

più ricca: richest

laghi (lago): lakes

ne conta (contare): with numbers (to count)

circa: around

si trova (trovarsi): is (to be)

paese: country

troviamo (trovare): we find (to find)

vulcani spenti: inactive volcanoes

invece: instead

vicini (vicino): close to

mare: sea

chiamato (chiamare): called (to call)

abbraccia (abbracciare): touches (to touch)

meta: destination

rilevante: considerable

paesaggio: landscape

isole (isola): islands

emergono (emergere): they emerge (to emerge)

su cui sorge: on which rises

ottocentesco: of the 19th century

raggiungibile: reachable

a piedi: by foot, walking

secca: dryness

estremità settentrionale: northern point

le sue coste (costa): its coasts

ville antiche: old villas

sorgono (sorgere): they rise (to rise)

tutto l'anno: all the year

rovesciata: upside down

rami (ramo): branches

azalee (azalea): azaleas

camelie (camelia): camelias

datteri (dattero): date palms

circondato da: surrounded by

incantevoli (incantevole): enchanting

si può ammirare: you can admire

mozzafiato: breathtaking

Lago d'Iseo

Chiamato anche lago Sabatino, è il quarto lago italiano, situato in Val Camonica. Al centro di esso **sorge** la più grande isola **lacustre** italiana: Montisola. Il **clima mite** favorisce una **rigogliosa** vegetazione di **vigneti**, **frutteti** e **alberi di ulivo**.

Lago Trasimeno

È il maggiore dei **bacini** lacustri dell'Italia centrale e **si estende** per buona parte del territorio **umbro**. È un lago di origine **alluvionale** e dalle sue **acque affiorano** tre isole: Maggiore, Minore e Polvese.

Lago di Bracciano

Il lago è di origine vulcanica e come tutti i laghi che si sono **formati** nei crateri, **ha forma circolare**. **Si trova** nel Lazio e precisamente nella **località** di Bracciano da cui **prende il nome**.

Lago di Varano

Situato nella provincia di Foggia, è il maggiore lago meridionale. È diviso dal **mare** da un **cordone** di dune. È circondato dal promontorio del Gargano, zona turistica ricca di **boschi** e **spiagge** meravigliose.

Lago di Lesina

È un lago **salato** situato **lungo** la costa del Gargano in Puglia. Importante per i **reperti** archeologici **ritrovati**.

Laghi italiani: **ogni** lago in Italia è **meta di turismo** e **soddisfa ogni esigenza**!

---

sorge (sorgere): rises (to rise)
lacustre: of a lake
clima mite: mild climate
rigogliosa: flourishing
vigneti (vigneto): vineyards
frutteti (frutteto): orchards
alberi di ulivo: olive trees

bacini: basins
si estende (estendere): extend (to extend)
umbro: from Umbria
alluvionale: alluvial
acque (acqua): waters
affiorano (affiorare): surface (to surface)

formati (formare): formed (to form)
ha forma circolare (avere): has a circular form (to have)
si trova (trovarsi): is (to be)
località: town
prende il nome: it takes its name

mare: sea
cordone: cordon
boschi (bosco): woods
spiagge (spiaggia): beaches

salato: salty
lungo: along
reperti (reperto): finds
ritrovati (ritrovare): discovered (to discover)

ogni: every
meta di turismo: tourist destination
soddisfa ogni esigenza: meets everyone's needs

Prova la sua comprensione

I mari d'Italia, page 166

1. What continents are united by the Mediterranean Sea?

2. *Il Tirreno* is frequently visited when and why during this time?

3. Where can it be dangerous and fascinating to explore?

Il fiume più lungo, page 168

1. What was the original name of the Po river and what did this name mean?

2. What is one of the river's greatest tributaries?

3. What disaster happened in 1951 and what effects did it have on the Polesine region?

Isole italiane, page 172

1. What is the biggest Italian island?

2. What island is a paricularly good destination for summer holidays?

3. How far off the coast of Tuscany is the island of Elba?

Le spiagge italiane, page 174

1. What are *Le Bandiere Blu*?

2. What activity can you enjoy on the beaches of Punta Alice di Cirò Marina?

3. Describe the beaches of Gabicce Mare.

Test your comprehension

L'Italia delle grotte, page 176

1. Where will you find the largest grotto in the world?

2. What is significant about the Grotto of Toirano?

3. What will you find in the Grotto of Castellana?

4. What makes the Grotto of Azzurra special?

Laghi italiani, page 178

1. The biggest lake in Italy has two names; what are they?

2. What do you find in the middle of Lake Maggiore?

3. How does the article explain the shape of Lake Como?

4. What vegetation will you find on Montisola Island?

Gastronomia

Olio d'oliva

L'**olio d'oliva** è un prodotto tipico italiano presente in varie regioni ed **esportato** in molti **paesi**. Questo prodotto fa parte della tradizione **alimentare** italiana e **viene fatto** solo nelle regioni a **clima** mediterraneo. L'olio d'oliva è caratterizzato da un **contenuto** molto elevato di **grassi monoinsaturi**, che sono più **dietetici** di quelli **saturi**. **Inoltre** ha delle capacità benefiche, **grazie alla** presenza di **sostanze antiossidanti** e alla sua proprietà di **combattere** il colesterolo. **Per questo viene utilizzato soprattutto** in **cucina**, principalmente nelle varietà extravergine e vergine, per **condire insalate**, **insaporire** vari **alimenti** e conservare **verdure** in **barattolo** ed è molto **adatto** per le **fritture**.

L'Italia è il secondo produttore in Europa e nel **mondo** di olio di oliva, con una produzione nazionale media di oltre sei milioni di quintali. Le regioni che ne **producono** di più sono, **nell'ordine**, la Puglia, la Calabria e la Sicilia. L'Italia è di conseguenza anche il paese europeo che consuma più olio d'oliva, **davanti** alla Spagna ed alla Grecia.

Le olive sono ancora **raccolte** prevalentemente a **mano**, in particolare in molte zone dell'Abruzzo, della Basilicata, della Calabria, della Puglia e della Sicilia. Questa tecnica poco tecnologica e molto **dispendiosa** è ancora la preferita, **perché si evita** di **causare danni** alle olive ed agli alberi e consente di raccogliere i frutti **integri** ed **al giusto livello** di maturazione.

A differenza della raccolta, l'**estrazione** dell'olio d'oliva si basa esclusivamente su processi meccanici. La **lavorazione**, nell'estrazione meccanica, può avere diversi metodi ma generalmente la linea di produzione di un **oleificio comprende** cinque fasi fondamentali: le operazioni preliminari, la **molitura**, l'estrazione del mosto, la separazione dell' olio dall'**acqua** e **infine** l'**imbottigliamento**.

Il tiramisù

Uno dei **dolci** italiani più **apprezzati** anche oltre confine è il tiramisù, le cui origini sono **controverse**. Alcuni **dicono** che il dolce **nacque alla fine del** 1600 a Siena, in occasione della visita del Granduca di Toscana Cosimo III de Medici. I **pasticceri** della **città decisero** di preparare in suo **onore** un dolce e **crearono** il tiramisù, detto anche "zuppa del Granduca". Il dolce fu così apprezzato da Cosimo **da essere portato** a Firenze, da dove **si diffuse**.

Alcuni **ritengono** che quella **inventata** a Siena fosse solo una **torta spugnosa** e a strati e che **la vera ricetta** sia di origine veneta. Altri **lo credono** piemontese, non solo perché la ricetta originale **prevede** l'uso dei **savoiardi**, biscotti creati in onore dei Savoia ma anche perché **sostengono** che fu Camillo di Cavour, primo ministro, a **chiedere** a pasticceri piemontesi di confezionargli un dolce che **potesse tirarlo su** durante l'unificazione dell'Italia. Il nome tiramisù **sembra derivi** dalle virtù afrodisiache che **gli si attribuivano**. Numerose le varianti, che sostituiscono gli ingredienti originali, come i savoiardi, con **pan di Spagna**, il marsala con il brandy e il mascarpone con lo yogurt nell'illusione di **rendere dietetico** un dolce che non lo è.

Ingredienti:
- 500 gr di mascarpone
- 300 gr di savoiardi
- 150 gr di **zucchero**
- 6 **uova**
- 1 **bicchier**e di Marsala
- caffè **quanto basta**
- **cacao amaro** in **polvere**

In una **ciotola sbattete tuorli** e zucchero sino ad **ottenere** una crema **liscia e spumosa**. **Aggiungete** gradualmente il mascarpone e parte del Marsala e **mescolate bene**. Incorpore gli albumi **montati a neve**. A parte mescolate il caffè con il **rimanente** Marsala. Sul **fondo** di una terrina **stendete uno strato** di crema, poi uno di savoiardi inzuppati **velocemente** nella **miscela** di caffè e Marsala e **proseguite alternando** strati di crema a strati di biscotti. **Ultimate** il dolce con uno strato di crema che **spolverizzerete** con cacao amaro. **Ponete in frigo per tre ore prima di servire**.

---

dolci (dolce): sweets, desserts
apprezzati (apprezzare): appreciated (to appreciate)
controverse: controversial
dicono (dire): say (to say)
nacque (nascere): was born (to be born)
alla fine del: at the end of
pasticceri (pasticcere): pastry chefs
città: town, city
decisero (decidere): decided (to decide)
onore: honor
crearono (creare): they created (to create)
da essere portato (portare): that it was brought (to bring)
si diffuse (diffondere): it spread (to spread)

ritengono (ritenere): (some) think (to think)
inventata (inventare): invented (to invent)
torta spugnosa: sponge cake
la vera ricetta: the real recipe
lo credono (credere): they consider it (to consider)
prevede (prevedere): requires (to require)
savoiardi (savoiardo): ladyfingers
sostengono (sostenere): they claim (to claim)
chiedere: to ask
potesse tirarlo su: could cheer him up
sembra (sembrare): it seems (to seem)
derivi (derivare): comes from (to come from)
gli si attribuivano (attribuire): they attached to it (to attach)
pan di Spagna: sponge cake
rendere dietetico: to make it dietetic

zucchero: sugar
uova (uovo): eggs
bicchiere: glass
quanto basta: enough to taste
cacao amaro: unsweetened chocolate
polvere: powder

ciotola: bowl
sbattete (sbattere): whisk (to whisk)
tuorli (tuorlo): yolks
ottenere: to get
liscia e spumosa: smooth and frothy
aggiungete (aggiungere): add (to add)
mescolate bene (mescolare): mix well (to mix)
montati a neve: whipped
rimanente: remaining
fondo: bottom
stendete uno strato: spread a layer
velocemente: quickly
miscela: mixture
proseguite (proseguire): continue (to continue)
alternando (alternare): alternating (to alternate)
ultimate (ultimare): finish (to finish)
spolverizzerete (spolverizzare): you will sprinkle (to sprinkle)
ponete (porre): put (to put)
in frigo: in the fridge
per tre ore: for 3 hours
prima di servire: before serving

Cucina del nord e del sud

"Qui al **sud voi cucinate** tutto con l'**olio**, invece noi, al **nord**, **facciamo** tutto con il **burro**", **dice** una simpatica **signora piemontese** a Totò, famoso attore napoletano, in uno dei suoi film più **divertenti**, "Miseria e nobiltà". Questa, infatti, **sembra essere** la differenza più grande fra la cucina **settentrionale** e quella **meridionale**.

Troviamo testimonianze anche nei testi più **antichi**, dove c'è **scritto** che il burro **viene prodotto** in zone settentrionali ed è invece **sconosciuto** nelle zone mediterranee.

A questo proposito, si racconta un aneddoto molto simpatico che **riguarda** Giulio Cesare. In visita nella zona di Milano, **viene invitato a pranzo insieme** ai suoi generali. Quando arrivano gli **asparagi conditi con** il burro, Cesare e i generali **rimangono molto stupiti perché** a Roma il burro è usato come **unguento** e **sicuramente non** come condimento. I generali **esprimono chiaramente** il loro **disgusto chiamando** "barbaro" il burro, mentre Cesare, pur **non gradendo** molto, dice la frase, diventata poi un proverbio famoso, "**de gustibus non dispuntandum est**": **ognuno ha** i propri **gusti** e questi **non si possono giudicare**.

Ai giorni nostri olio e burro si **alternano** nella **cucina** italiana, ma indubbiamente il burro **ha bisogno** di temperature più basse, quindi viene ancora prodotto, ed usato, maggiormente nel nord; l'olio, invece, **continua ad essere** il prodotto tipico delle zone mediterranee, dove le temperature più **calde aiutano** la coltivazione degli **ulivi migliori**.

La differenza di **clima** sicuramente influisce sulle caratteristiche delle cucine del nord e del sud. La cucina settentrionale è caratterizzata, infatti, da **minestre** e **piatti caldi**, per **combattere** il freddo. **Ad esempio** in Piemonte **troviamo** la bagna cauda, **un brodo caldissimo** in cui **si intingono** tanti tipi di **verdure** di **stagione**, spesso accompagnata dal **vino rosso**.

Altro prodotto tipico del Nord è la polenta. La polenta è un impasto di **acqua** e **farina** di **granoturco**, cotto in una **pentola chiamata** "paiolo" e servito ancora **caldo** a **cucchiaiate**. Di solito **si mangia** con una salsa di **pomodoro**, di **funghi** o con dei salumi. A volte **si fa raffreddare** per avere un impasto solido che si taglia poi a fette; le fette vengono poi **fritte** o **arrostite** e usate come bruschette o come **tartine**.

Un prodotto tipico del sud, invece, sono le friselle, chiamate anche "frise" o "freselle", **fette di pane essiccate**, a forma di **ciambelline**. L'uso delle friselle è vario, **ma forse** il modo più comune di mangiarle è **bagnarle** leggermente con acqua e **condirle con** olio, sale e pomodori freschi.

Una caratteristica importante della cucina meridionale è il **sapore** piccante di molti prodotti. La Calabria, ad esempio, è famosa per la "'nduja", un salame **morbido** da **spalmare** e **piccantissimo**. Anche nella **vicina** Basilicata esistono inoltre una grande produzione di salumi piccanti e un'intensa coltivazione di peperoncino.

Anche i formaggi presentano delle differenze. Nel sud, infatti, è **notevole** la produzione di mozzarelle e altri **latticini**; nel nord troviamo formaggi **cremosi** e dal **gusto molto forte** come il tomino e il gorgonzola. Ricordiamo, a questo proposito, la "competizione" fra il parmigiano, formaggio del nord, e il pecorino, più usato nell'Italia centrale e meridionale.

clima: climate
minestre (minestra): soups
piatti caldi (piatto): hot dishes
combattere: to fight
ad esempio: for example
troviamo (trovare): we find (to find)
un brodo caldissimo: a very hot stock
si intingono (intingere): you dip (to dip)
verdure (verdura): vegetables
stagione: season
vino rosso: red wine

acqua: water
farina: flour
granoturco: corn
pentola: pot
chiamata (chiamare): called (to call)
caldo: hot
cucchiaiate: spoonful
si mangia (mangiarsi): it is eaten (to eat)
pomodoro: tomato
funghi (fungo): mushrooms
si fa raffreddare: you leave it to cool
fritte (fritto): fried
arrostite (arrostito): roasted
tartine (tartina): canapés

fette di pane (fetta): bread slices
essiccate (essiccato): dried
ciambelline (ciambellina): donuts
ma forse: but maybe
bagnarle (bagnare): sprinkle them, dip them (to sprinkle, to dip)
condirle con (condire): season them with (to season)

sapore: taste
morbido: soft
spalmare: to spread
piccantissimo: very spicy
vicina (vicino): nearby

notevole: remarkable
latticini: dairy products
cremosi (cremoso): creamy
gusto: taste

La pasta

Simbolo universalmente **conosciuto** della gastronomia italiana, la pasta **ha origini antichissime**, tanto che era conosciuta e **apprezzata** già dai romani e **prima ancora** dagli etruschi.

In alcune **tombe etrusch**e di Cerveteri, **risalenti** al IV **secolo** a.C., **sono state trovate** delle pitture che **raffigurano attrezzi** come **matterelli** e **rotelle**, simili a quelli **usati** ancora oggi per la preparazione della pasta **ripiena**. **Sembra** che sempre gli etruschi **amassero** preparare delle lasagne di **farro** e i romani **invece**, secondo quanto ci **racconta** Apicio nel I secolo d.C nel *De Re Coquinaria*, **fossero ghiotti** di lagana, **strisce** di pasta fatta con **acqua** e farina che **utilizzavano** anche per **torte** e **timballi**.

Il Medioevo ci **consegna** diverse testimonianze che **documentano** l'**abitudine** di **consumare** la pasta: dal *De arte Coquinaria per vermicelli e macaroni siciliani* di Martino Corno, **cuoco** presso il patriarca di Aquileia nel 1000, a due documenti genovesi del 1244 e del 1316 che **parlano** di pasta **secca** in Liguria, a un inventario, sempre **ligure**, del 1279, dove **si menziona** "**una bariscela plena de** macaronis".

La pasta era nota anche **nei paesi arabi** e la Sicilia, allora colonia araba, **ha un posto chiave perché** già nel 1154 **veniamo a sapere** dal geografo Al Idrisi che a qualche **decina** di chilometri da Palermo, a Trabia, si produceva molta pasta in forma di **fili** che **veniva esportata** in tutto il **bacino** del Mediterraneo e anche oltre. A Napoli, nel 1546, **si crea** la corporazione degli artigiani della Pasta mentre a Genova nasce nel 1574 la Corporazione dei Pastai e nel 1577 a Savona la Regolazione dell'Arte dei Maestri Fidelari.

---

conosciuto (conoscere): known (to know)
ha origini antichissime (avere): has very ancient roots (to have)
apprezzata (apprezzare): appreciated (to appreciate)
prima ancora: even earlier

tombe etrusche (tomba): Etruscan graves
risalenti (risalire): dated back (to date back to)
secolo: century
sono state trovate (trovare): they were found (to find)
raffigurano (raffigurare): depict (to depict)
attrezzi (attrezzo): kitchenwares
matterelli (matterello): rolling pins
rotelle (rotella): roller
usati (usare): used (to use)
ripiena: stuffed
sembra (sembrare): it seems (to seem)
amassero (amare): they loved (to love)
farro: spelt
invece: instead
racconta (raccontare): tells (to tell)
fossero ghiotti (essere): they were greedy (to be)
strisce (striscia): strips
acqua: water
utilizzavano (utilizzare): they used (to use)
torte (torta): pies
timballi (timballo): timbales *(a dish of finely minced meat or fish)*

consegna (consegnare): gives (to give)
documentano (documentare): prove (to prove)
abitudine: habit
consumare: to consume
cuoco: cook
parlano (parlare): talk about (to talk about)
secca (secco): dried
ligure: from Liguria
si menziona (menzionare): they mention (to mention)
una bariscela plena de a bowl full of

nei paesi arabi: in Arabian countries
ha un posto (avere): has a place (to have)
chiave: key, important
perché: because
veniamo a sapere (venire): we come to know (to come)
decina: tens
fili (filo): threads
veniva esportata (esportare): was exported (to export)
bacino: basin
si crea (creare): they create (to create)

Sino ad allora la pasta generalmente **si gustava in bianco** con formaggio o con **salse speziate**. Se nel 1300 le spezie pregiate furoreggiano sulle **tavole dei nobili**, nel 1500 i **banchetti rinascimentali vedono** un abbondante uso dello **zucchero** come ingrediente per **condire** la pasta. Bisognerà **attendere** il 1600, secolo in cui venne **diffusa la gramola** e **inventato** il **torchio meccanico** che **accelerò** la produzione, per avere il primo accostamento della pasta al **pomodoro**, **portato** nel **vecchio mondo in seguito** alla **scoperta** dell'America e **ritenuto a lungo pianta velenosa**.

Nel 1740 a Venezia, Paolo Adami apre il primo pastificio e nel 1800 il **connubio** pasta e pomodoro è ormai ampiamente diffuso e apprezzato non più solo dalle classi **povere**, per le quali la pasta era l'unico **alimento** possibile, ma anche dalle classi più **borghesi** e **agiate**. Sempre nel 1800 a Napoli alcuni **artigiani aprirono** un laboratorio industriale di pasta, aiutati anche dal **clima** che favoriva una rapida **essiccazione** della pasta.

Il **mercato si sviluppa** e **cresce** l'esportazione verso gli Stati Uniti, anche **grazie ai flussi** di emigrazione. È in questo periodo che i pastai **cominciano ad utilizzare nuove trafile**, cioè **stampi** in bronzo, per produrre nuovi formati di pasta.

Tra i principali formati di pasta abbiamo la pasta **corta**, a cui **appartengono** penne, maccheroni e fusilli, quella lunga, la pasta per **minestre**, la pasta **ripiena** come ravioli e tortellini e le lasagne. Per i condimenti, tanto numerosi sono i formati di pasta, quanto innumerevoli sono le salse, **legate** anche alle tradizioni regionali e alle **disponibilità** territoriali e **stagionali** degli ingredienti. La pasta **diviene al tempo stesso** simbolo di una nazione ma anche **portavoce** delle **abitudini** culinarie locali.

---

si gustava (gustare): they used to taste, to enjoy (to taste, to enjoy)
in bianco: white, without tomato
salse (salsa) speziate: spicy sauces
tavole dei nobili: nobles' tables
banchetti rinascimentali: Renaissance banquets
vedono (vedere): they saw (to see)
zucchero: sugar
condire: to season
attendere: to wait
diffusa (diffondere): spread (to spread)
la gramola: kneading machine
inventato: invented
torchio meccanico: mechanical press
accelerò (accelerare): sped up (to speed up)
pomodoro: tomato
portato (portere): brought (to bring)
vecchio: old
mondo: world
in seguito: following
scoperta: discovery
ritenuto (ritenere): considered (to consider)
a lungo: for a long time
pianta: plant
velenosa: poisonous

connubio: union
povere (povero): poor
alimento: food
borghesi (borghese): bourgeois
agiate (agiato): leisured
artigiani (artigiano): artisans
aprirono (aprire): opened (to open)
clima: climate
essiccazione: drying

mercato: market
si sviluppa (svilupparsi): develops (to develop)
cresce (crescere): increases (to increase)
grazie ai flussi: thanks to the flow
cominciano ad utilizzare (cominciare): begin to use (to begin)
nuove trafile (trafila): new procedures
stampi (stampo): molds

corta: short
appartengono (appartenere): belong (to belong)
minestre (minestra): soups
ripiena: stuffed
legate: related
disponibilità: availability
stagionali (stagionale): seasonal
diviene (divenire): becomes (to become)
al tempo stesso: at the same time
portavoce: spokesman, mouthpiece
abitudini (abitudine): habits

La storia della pizza

La **storia** della pizza **si è persa nel tempo**, ma tuttavia **rimangono** alcuni **indizi** che ci possono **aiutare** a **ritrovare** le tracce delle sue origini. La storia della pizza **risale** al periodo di Virgilio, celebre poeta e autore **morto** nel primo secolo a.C, il quale prima della sua morte **volle annotare** una **ricetta** della pizza **per i posteri**. **Intorno** all'**anno** 1000, la **parola** "picea" **iniziò a comparire** nel vocabolario italiano: **consisteva** in un **cerchio** di pasta composto da diversi tipi di **farina**, cotto **al forno senza lievito**. Più tardi **fu aggiunto** il lievito e la pizza è **diventata** come la **conosciamo** tutt'oggi.

Risalgono **alla fine** del diciottesimo secolo alcuni documenti **contenenti annotazioni storiche** che menzionano il "calzone", fatto di una **sottile sfoglia** che viene **arrotolata** e **farcita** con **pomodoro** e mozzarella e modellato come una **mezzaluna**.

La storia della pizza **non sarebbe** completa senza la storia classica della pizza Margherita. La pizza ebbe il suo momento di **massimo fulgore** nel 1889, in occasione della visita a Napoli degli allora **sovrani** d'Italia, il Re Umberto I e la Regina Margherita. La leggenda **racconta** che **il miglior pizzaiolo** di Napoli, Raffaele Esposito, **realizzò** per l'avvenimento una pizza con ingredienti dai colori della **bandiera** italiana, bianco, rosso e verde: mozzarella, pomodoro e basilico.

Dopo averla assaggiata, la Regina **rimase estasiata** e volle **elogiare per iscritto** il pizzaiolo, che in suo onore **diede il nome** alla pizza tradizionale napoletana più famosa: la pizza Margherita. **Possiamo** certamente **affermare** che oggi la pizza è veramente **uno degli alimenti** più conosciuti e più **apprezzati** in tutto il **mondo**.

Molti anni più tardi, gli emigranti italiani **portarono** la pizza in America. Fu Gennaro Lombardi a dare un enorme contributo **alla diffusione** della pizza negli Stati Uniti, **aprendo** la prima pizzeria di New York City nel 1905. Il ristorante **fu chiamato** Pizzeria Napoletana del Lombardi.

Parmigiano e prosciutto

Parma è una **città** dell'Emilia Romagna famosa **soprattutto per** due prodotti **alimentari**, **esportati** in tutto il **mondo**: il parmigiano e il prosciutto **crudo**. Il parmigiano **nasce** nel Medioevo nella zona tra Parma e Reggio, **piena di terreni** con abbondanza di **acqua** per il **bestiame** e di **sale** per la trasformazione **casearia**. Attualmente si produce nelle **colline** e nelle montagne tra il Po e il Reno, dove ci sono **allevamenti controllati** e **regolati** da un profondo **rispetto** per l'**ambiente**. **Non sono permessi**, **ad esempio**, **additivi chimici** o **conservanti**: il parmigiano **deve rimanere** un prodotto assolutamente naturale.

Anche la **lavorazione** viene continuamente **monitorata**: i **casari**, cioè i produttori di formaggio, controllano il **latte** nelle **vasche**, la temperatura e il lavoro delle macchine, fino al prodotto finale. Ma **come si fa** il parmigiano? Il latte, **raccolto** durante **la sera precedente**, viene messo in grandi vasche per **riposare** tutta la notte. Al **mattino** i casari **aggiungono** il **caglio** e il **siero innesto**, sue sostanze che **servono** per la coagulazione. Si forma una **cagliata** che viene **rotta** e poi **messa sul fuoco** per circa un'ora. Il casaro raccoglie il latte coagulato e **lo mette** in una **fascera tonda**, dove resta per circa **un anno a stagionare**. Prima della stagionatura, il parmigiano viene **marchiato** e messo in **acqua salata**. Dopo la stagionatura, viene controllato ancora da alcuni **esperti** che con un **martellino** controllano la qualità della forma e decidono **se può essere venduta o meno**.

Il prosciutto crudo ha una storia molto più antica: **ne parlano** molti storici antichi già nel I **secolo** a.C. C'è un aneddoto che riguarda Annibale: nel 217 a.C. entra a Parma e i **cittadini** per **festeggiarlo** gli **offrono** delle cosce di maiale conservate sotto sale **in barili di legno**. Nella zona di Parma ci sono tante **sorgenti saline**, quindi la **gente** da sempre usa il sale per conservare la **carne**. Il sale, inoltre, è **l'unico** conservante permesso: anche il prosciutto crudo, come il parmigiano, viene rigorosamente controllato per avere un prodotto del tutto naturale. Attenzione al **marchio**: il prosciutto di Parma originale è solo quello con la **corona**.

città: town
soprattutto per: especially for
alimentari (alimentare): foods
esportati (esportato): exported
mondo: world
crudo: raw
nasce (nascere): was born (to be born)
piena di terreni: full of plots of land
acqua: water
bestiame: livestock
sale: salt
casearia (caseario): dairy
colline (collina): hills
allevamenti (allevamento): farming
controllati (controllato): controlled
regolati (regolato): regulated
rispetto: respect
ambiente: environment
non sono permessi (permettere): are not allowed (to allow, to permit)
ad esempio: for example
additivi chimici: chemical additives
conservanti (conservante): preservatives
deve rimanere (dovere): should remain (must, to have to)

lavorazione: processing
monitorata (monitorare): monitored (to monitor)
casari (casaro): dairymen
latte: milk
vasche (vasca): tanks
come si fa (fare): how do they make (to make)
raccolto: gathered
la sera precedente: the night before
riposare: to stand
mattino: morning
aggiungono (aggiungere): add (to add)
caglio: rennet
siero innesto: whey
servono (servire): serve (to serve)
cagliata: curd
rotta: broken
messa sul fuoco: heated
lo mette (mettere): he puts it (to put)
fascera tonda: mold for making cheese
un anno a stagionare: one year to mature
marchiato: branded
acqua salata: salty water
esperti (esperto): experts
martellino: small hammer
se può essere venduta o meno (vendere): if it can be sold or not (to sell)

ne parlano (parlare): they talk about it (to talk)
secolo: century
cittadini (cittadino): citizens
festeggiarlo: to celebrate him
offrono (offrire): offer (to offer)
in barili di legno (barile): in wood barrels
sorgenti saline: saline springs
gente: people
carne: meat
l'unico: the only
marchio: trademark
corona: crown

una delle più antiche: one of the oldest
sopravvissute: endured
ai giorni nostri: nowadays
secoli (secolo): centuries
cambiate (cambiare): changed (to change)
in passato: in the past
ad esempio: for example
carne: meat
piatto principale: main dish
tavole (tavola): tables
zuppe (zuppa): soups
verdura: vegetables
contadini (contadino): farmers
poveri (povero): poor
oggi: today
invece: instead
rivalutati (rivalutare): revaluated (to revaluate)
presentati (presentare): presented (to present)

orari (orario): schedule
disponibilità: availability
tempo: time
pranzo: lunch
consumato in fretta: eaten in a rush
fuori casa: out of the house
cena: dinner
diventata (diventare): has become
   (to become)
riunione familiare: family reunion

amore: love
buona cucina: good cuisine
voglia di stare: wish to stay
amici (amico): friends
giorni di festa: holidays
si riuniscono (riunire): meet (to meet)
gustare: to enjoy
vero pranzo all'italiana: true Italian meal
dolce: sweet
come si può capire: as you can understand
nome: name
prima: before
leggero: light
in attesa: waiting for
a volte: sometimes
portata: course

tante (tanto): many
accontentano (accontentare): satisfy
   (to satisfy)
gusti (gusto): tastes
coppa: seasoned pork shoulder
salsiccia secca: dried sausage
affettati (affettato): cold cuts
costituiscono (costituire): constitute
   (to constitute)
formaggi (formaggio): cheeses
gamberi (gambero): shrimp
frutti di mare: seafood
olio: oil
aceto: vinegar
danno vita (dare): give life (to give)
fettine di manzo: thin slices of beef

Gli italiani e l'antipasto

La cucina italiana è **una delle più antiche sopravvissute** fino **ai giorni nostri**, anche se nel corso dei **secoli**, le abitudini alimentari degli italiani sono **cambiate**. **In passato**, **ad esempio**, la **carne** rappresentava il **piatto principale** nelle **tavole** dei nobili e dei ricchi mentre le **zuppe** e la **verdura** erano destinate ai **contadini** e ai più **poveri**; **oggi invece**, i piatti semplici e "campagnoli" sono stati **rivalutati** e vengono **presentati** come piatti tipici regionali.

Sono cambiati anche gli **orari** e la **disponibilità** di **tempo** degli italiani, per cui ad esempio il **pranzo**, in passato considerato il pasto più importante, viene **consumato in fretta** e **fuori casa** mentre la **cena** è **diventata** un momento di **riunione familiare**.

Ciò che non è cambiato è l'**amore** degli italiani per la **buona cucina** e la **voglia di stare** insieme a tavola con **amici** e familiari. Per questa ragione, la domenica o nei **giorni di festa** gli italiani **si riuniscono**, in casa o al ristorante, per **gustare** un **vero pranzo all'italiana** con primo, secondo, contorno, **dolce**, caffè e, naturalmente, l'antipasto.
L'antipasto, **come si può capire** dal **nome**, viene consumato **prima** della pasta, quindi nel menù italiano precede il "Primo" piatto. In passato era considerato come un semplice "apri - stomaco", **leggero** e semplice pasto **in attesa** del primo. Di recente gli antipasti sono diventati sempre più richiesti, fino a rappresentare, **a volte**, la **portata** principale.

Le varietà di antipasti sono **tante** e **accontentano** tutti i **gusti**: prosciutto, salame, **coppa**, **salsiccia secca** e altri **affettati costituiscono** il famoso antipasto all'italiana, il più tradizionale, accompagnato da olive e **formaggi**; **gamberi** e **frutti di mare**, spesso con **olio** e **aceto** o altri tipi di salse, **danno vita** all'antipasto di mare; **fettine di manzo** o di salmone con olio e limone sono gli ingredienti più usati per il carpaccio.

Non possiamo dimenticare il **pane**, **sempre** presente sulla tavola degli italiani, usato anche negli antipasti sotto forma di crostino o bruschetta. La differenza tra crostino e bruschetta **non è chiara**, ma in generale la bruschetta è una **fetta** di pane **abbrustolito** con **aglio**, olio e **pomodori** freschi, **mentre** il crostino è una fetta di pane **tostato** condito con salse varie: paté di **fegato**, **funghi porcini**, radicchio e molte altre.

Un tipico antipasto italiano è rappresentato dai fritti: **arancini** e **supplì**, cioè **polpette di riso** con pomodoro, formaggio, prosciutto, piselli, e mozzarella; olive ascolane, cioè olive **ripiene** di carne e **fritte**, tipiche della zona di Ascoli; **fiori di zucca**, zucchine e **melanzane**, fritti e serviti spesso con olio di oliva o con sugo di pomodoro; crocchette di **patate**. **Non mancano** nei menù le tartellette, il **vol-au-vent** e le pizzette di **pasta sfoglia** con mozzarella e pomodoro.

Naturalmente anche l'**occhio vuole** la sua parte, per cui anche gli antipasti sono **serviti** prestando molta attenzione ai particolari che possono **renderli belli**, **oltre che buoni**. Spesso, ad esempio, sono presenti delle **foglie di basilico**, **prezzemolo** o altro, come decorazione. A volte sono le **stesse fette** di salame o prosciutto **ad essere arrotolate** o **disposte** per **dare** l'immagine di un **fiore** oppure le salse vengono usate per **creare** delle **linee ondulate**, dei **riccioli** o dei **cerchi** che **rendono** il piatto quasi artistico. L'antipasto, **insomma**, è come un **biglietto da visita**: se è bello, buono ed interessante crea sicuramente un'attesa positiva per il resto del pranzo.

non possiamo dimenticare: we can't forget
pane: bread
sempre: always
non è chiara: it isn't clear
fetta: slice
abbrustolito: toasted
aglio: garlic
pomodori (pomodoro): tomatoes
mentre: while
tostato: toasted
fegato: liver
funghi porcini: porcini mushrooms

arancini: *rice croquette stuffed with minced meat, tomato sauce, peas, typical of Sicily*
supplì: *rice croquette stuffed with tomato sauce and mozzarella, typical of Rome*
polpette di riso: rice balls
ripiene (riempire): stuffed (to stuff)
fritte (friggere): fried (to fry)
fiori di zucca: zucchini flowers
melanzane (melanzana): eggplants
patate (patata): potatoes
non mancano (mancare): not to be missed (to miss)
vol-au-vent: *puff pastry stuffed with various fillings such as mushrooms, prawns, cheese*
pasta sfoglia: puff pastry

occhio: eye
vuole (volere): wants (to want)
serviti (servire): served (to serve)
renderli (rendere): make them (to make)
belli: beautiful
oltre che: as well as, beside
buoni (buono): good
foglie di basilico: basil leaves
prezzemolo: parsley
stesse fette (fetta): same slices
ad essere arrotolate (arrotolare): to be rolled (to roll)
disposte (disporre): placed (to place)
dare: to give
fiore: flower
creare: to create
linee ondulate (linea): wavy lines
riccioli (ricciolo): curls
cerchi (cerchio): circles
rendono (rendere): make (to make)
insomma: in short
biglietto da visita: business card

Il cioco-turismo

Per i turisti affascinati dalla cultura culinaria italiana, in particolari per gli **amanti** dei **dolci**, c'è un appuntamento a cui **non si può mancare**: il Festival del **Cioccolato**.

Nato nel 1994 a Perugia, l'Eurochocolate **si ripete ogni anno** in ottobre, con delle **manifestazioni gemelle** nelle città di Torino e Roma. Perugia è dunque la località più nota per il cioccolato italiano anche **grazie all'azienda chiamata** Perugina, che ha creato il famosissimo cioccolatino "Bacio". Nel 2003 il Bacio Perugina è stato, infatti, il protagonista principale di questa manifestazione perché i **maestri pasticceri ne hanno realizzato** uno gigante: **largo** più di sette metri ed **alto** due, realizzato con 3.500 chili di **cioccolato fondente** e **centinaia** di **migliaia** di **nocciole**, per un totale di 5.980 chili di peso, il maxi-Bacio è entrato nel Guinness dei primati come cioccolatino più grande del **mondo**.

Ci sono però **molte altre** sculture in cioccolato che **vengono costruite** e poi **distrutte negli ultimi giorni** del festival per distribuire i **pezzi** di cioccolato a tutti i partecipanti. Le piazze e **le strade principali** della **città** per otto giorni **si riempiono** di **mostre espositive** di cioccolata, di laboratori **all'aperto**, e di **banchetti** per le **degustazioni**. Inoltre gli chef sperimentano **nuovi sapori creando piatti** speciali a base di cioccolato, **non solo** dolci **ma anche** primi e secondi.

Non mancano gli **assaggini** di vario tipo **offerti** dalle più prestigiose aziende dolciarie italiane ed estere che **espongono** qui i propri prodotti. L'Eurochocolate è, però, anche un'occasione importante per **promuovere** e **valorizzare** il cioccolato non solo come **prodotto alimentare**, ma anche come prodotto della cultura e del costume sociale. Ci sono, infatti, mostre e **dibattiti** sull'evoluzione della cioccolata, dalla **scoperta** delle virtù nutrizionali della **pianta del cacao** circa 4000 anni prima di Cristo, grazie ai Maya, all'utilizzo che ne **facciamo oggi**.

Il gelato italiano

Gli italiani **amano mangiarlo** a tutte le **età** e in tutte le **stagioni**, anche se **fuori fa freddo**. **Parliamo** del gelato: alla frutta, al cioccolato, al caffè, con la **panna**, nella crêpe, nella brioche, in **spiaggia**, al bar, in **casa**, sempre e **dovunque viene consumato** anche da chi **non ama** molto i dolci.

Ma come **nasce** il gelato? L'**antenato** del gelato attuale è sicuramente rappresentato da frutta, **latte** e **miele ghiacciati** o, con l'avvento degli arabi in Italia, dalla prima forma di **granita** creata grazie alla **canna da zucchero** della Sicilia.

Sembra, invece, che la prima versione del gelato simile a quella attuale si debba ad un **cuoco** siciliano, Francesco Procopio dei Coltelli, famoso in Francia come "Le Procope". Francesco **prova ad usare** lo zucchero **al posto del** miele e a **mischiare** il **sale** al ghiaccio per **mantenere** la consistenza **più a lungo**. Questa geniale intuizione **lo porta** al successo che gli permette di **aprire** il "Café Procope" a Parigi, meta di **personaggi famosi** del **tempo**. **Altri storici attribuiscono** la nascita del gelato moderno a Bernardo Buontalenti, architetto fiorentino, che ha l'idea di usare come ingredienti il latte, la panna e le **uova**.

Come spesso accade, **non abbiamo notizie** certe riguardo alla nascita di questo alimento, ma sicuramente l'Italia è nota come la **patria** del gelato e all'estero la denominazione "**vero** gelato italiano" è sinonimo di "alta qualità". Il gelato italiano più **ricercato** è quello **artigianale** per cui **si affollano** le gelaterie che **accontentano** tutti i **palati**. Oltre a quelli classici, infatti, **troviamo gusti** sempre più strani e legati ad alimenti caratteristici delle varie regioni, come "spinaci", "peperoncino", "pesto" e **molti altri**.

Gli italiani, però, amano molto anche il gelato industriale come il **cornetto Algida**, il famoso "**cuore** di panna", semplice ma buonissimo, **apprezzato** da **ogni** generazione.

---

amano (amare): they love (to love)
mangiarlo: to eat it
età: ages
stagioni (stagione): seasons
fuori: outside
fa freddo: it is cold
parliamo (parlare): let's talk (to talk)
panna: cream
spiaggia: beach
casa: home
dovunque: everywhere
viene consumato (consumare): is eaten (to eat, to consume)
non ama (amare): doesn't love (to love)

nasce: birth
antenato: origins
latte: milk
miele: honey
ghiacciati: frozen
granita: ice
canna da zucchero: sugar cane

sembra (sembrare): it seems (to seem)
cuoco: cook
prova ad usare (provare): tested the use of (to test)
al posto del: in place of, instead of
mischiare: to mix, to blend
sale: salt
mantenere: to maintain
più a lungo: a little longer
lo porta (portare): it brought (to bring)
aprire: to open
personaggi famosi: famous characters
tempo: time
altri storici: other historians
attribuiscono (attribuire): attribute (to attribute)
uova (uovo): eggs

come spesso accade (accadere): as often happens (to happen)
non abbiamo: we don't have
notizie: information
patria: home (country)
vero: true
ricercato: sought after
artigianale: traditional, handmade
si affollano (affollarsi): they crowd (to crowd)
accontentano (accontentare): they satisfy (to satisfy)
palati (palato): palates
troviamo gusti (trovare): we find tastes (to find)
molti altri: many others

cornetto: ice cream cone
Algida: *a popular ice cream brand*
cuore: heart
apprezzato: appreciated
ogni: every

L'aperitivo

Chi **trascorre** un periodo in Italia **verrà** inevitabilmente **invitato** ad un aperitivo. Con questo **invito si intende ritrovarsi** in un locale per consumare **vini** e cocktail insieme a degli **stuzzichini prima di cena**. I cocktail più **in voga negli ultimi tempi** sono certamente lo Spritz, il Bellini, il Negroni e il Rossini. Una gran parte di persone preferisce un **bicchiere** di prosecco, come anche di altri vini, **al posto** dei cocktail, ma questa è una **tendenza soprattutto** degli **ultimi anni**.

Il prosecco è anche **conosciuto come** lo Champagne italiano, **per via** della sua **somiglianza** con la **bevanda** francese. Il prosecco più **apprezzato** è il prosecco di Conegliano e Valdobbiadene, prodotto unicamente nel territorio trevigiano, in Veneto. Le tipologie di prosecco sono infatti il tranquillo, il frizzante e lo spumante e i cocktail che **si preparano** con il prosecco sono principalmente lo Spritz, il Bellini, il Rossini e il Tintoretto.

Naturalmente con gli anni **cambiano** le **mode**. Negli anni '80 **andavano per la maggiore** il Long Island Ice Tea, il Whisky e il Campari e solo **alla fine di questo decennio divennero** popolari i cocktail di origine sud americana come il Daiquiri o il Margarita. Negli anni '90 invece, **presero piede** i cocktail a base di vodka.

Storicamente l'aperitivo è **nato** a Torino più di **duecento anni** fa. Al giorno d'oggi, infatti, l'aperitivo è al centro della **vita cittadina** di questa elegante città piemontese. Nel resto d'Italia **si diffuse velocemente** e **a macchia d'olio**, prima a Genova e poi a Firenze, città nella quale **fu inventato** il famoso Negroni. Ma oramai in tutta Italia l'aperitivo prima della cena è **diventata** una **consuetudine**. Questa moda cosi **ben radicata** in Italia si **sta diffondendo** anche nelle **vicine** nazioni come l'Austria, la Francia, la Svizzera, la Serbia e la Germania.

Le braciole

Le braciole sono **legate**, nella tradizione culinaria italiana, alla domenica come **giorno di festa**, quando ci si poteva **permettere**, **unica volta** a **settimana**, di **mangiare carne**. La braciola, una **sottile fetta** di carne di **manzo** o **maiale**, ma anche di **cavallo** o **pollo**, **veniva riempita**, a seconda della **disponibilità** e delle tradizioni regionali, con diversi ingredienti, dalle **verdure** alla pancetta, dal formaggio tipo pecorino, **spezie**, **aglio** e **pane grattugiato** alle **uova**. Gli **involtini ottenuti** venivano fatti **cuocere** nella salsa di **pomodoro**, che **diventava** ancor più **sapida** e **gustosa**, e con questa **si condiva** la pasta.

Di solito gli involtini, con un'abitudine che **persiste** ancora oggi, venivano **chiusi** e **fissati** con uno **stuzzicadenti** che teneva ferma la carne e il ripieno durante la **cottura** oppure con un **filo**. Il modo di cucinare questi involtini **cambia** da zona a zona dell'Italia, **celebri** le braciole alla napoletana, quelle **in bianco** di **pescespada**, tipiche siciliane e quelle pugliesi preparate con carne di cavallo.

Braciole alla Napoletana

Ingredienti per 4 persone:

       4 fettine di manzo
       150 gr. di salame piccante
       100 gr di pecorino
       600 gr di **passata di pomodoro**
       1 **cipolla**
       1 **bicchiere** di vino bianco secco
       2 **spicchi d'aglio**
       una **manciata** di **prezzemolo tritato**
       un **pizzico** di **noce moscata** e uno di **pepe**
       50 gr di **pinoli**
       50 gr di **uva sultanina**

Stendere le fettine di carne e **spolverarle** di sale e pepe. **Aggiungere** l'aglio **tritato finissimo**, il formaggio, il salame tagliato a listarelle, il prezzemolo, l'uva sultanina ed i pinoli. **Richiudere** le fettine a involtino e **fermarle** con un filo o uno stuzzicadenti. In una **pentola fate rosolare** la cipolla tagliata fine con l'olio di oliva, aggiungete le braciole e dopo averle fatte rosolare, bagnatele con il vino bianco fino a **farlo sfumare**. Aggiungete il pomodoro e cuocete a **fuoco lento per circa** un'ora e mezza.

legate (legato): related
giorno di festa: holiday
permettere: permitted
unica volta: the only time
settimana: week
mangiare carne: to eat meet
sottile fetta: thin slice
manzo: beef
maiale: pork
cavallo: horse
pollo: chicken
veniva riempita (riempire): is stuffed (to stuff)
disponibilità: availability
verdure (vedura): vegetables
spezie (spezia): spices
aglio: garlic
pane grattugiato: bread crumbs
uova (uovo): eggs
involtini: the rolls of meat
ottenuti (ottenere): obtained (to obtain)
cuocere: cooked
pomodoro: tomato
diventava (diventare): become (to become)
sapida (sapido): tasty
gustosa (gustoso): savory
si condiva (condirsi): they seasoned (to season)

persiste (persistere): persists (to persist)
chiusi (chiudere): closed (to close)
fissati (fissare): fixed
stuzzicadenti: toothpick
cottura: cooking
filo: string
cambia (cambiare): changes (to change)
celebri (celebre): famous
in bianco: white, without tomato
pescespada: swordfish

passata di pomodoro: tomato sauce
cipolla: onion
bicchiere: glass
spicchi d'aglio (spicchio): cloves of garlic
manciata: a handful
prezzemolo tritato: chopped parsley
pizzico: pinch
noce moscata: nutmeg
pepe: pepper
pinoli (pinolo): pine nuts
uva sultanina: grapes

stendere: roll out
spolverarle: sprinkle them
aggiungere: add
tritato finissimo: finely chopped
richiudere: close
fermarle (fermare): to keep them steady (to keep)
pentola: pot
fate rosolare: brown
farlo sfumare: make (the wine) evaporate
fuoco lento: on a low flame
per circa: for about

Risotto: leggenda e storia

legata: related
contadine (contadino): peasant
tuttavia: however
abbastanza elaborata: quite elaborate
prevede (prevedere): (it) requires (to require)
fasi (fase): phases
soffritto: frying
tostatura: toasting
riso: rice
cottura: cooking
burro: butter
cipolla tagliata finemente: finely cut onion

adatto: suitable
deve essere aggiunto (aggiungere): must be
    added (to add)
girato: stirred
cucchiaio di legno: wooden spoon
finché non diventa (diventare): until it
    becomes (to become)
aggiunta di brodo: addition of stock
mestolo: wooden spoon
dura (durare): lasts (to last)
si serve (servire): it is served (to serve)
ben caldo: piping hot
aggiungendo (aggiungere): adding (to add)
formaggio stagionato: mature cheese

parlare: talking
vuol dire (volere dire): means (to mean)
conoscere: to know
cerealicola: cereal
mondo: world
se ne conoscono (conoscere): we know of
    it (to know)
nato (nascere): born (to be born)
oriente: east
veniva impiegato (impiegare): was used
    (to use)
piccole dosi: small doses
era infatti ritenuto (ritenere): it was in fact
    considered (to consider)

lo si usava (usare): it was used (to use)
infusi (infuso): infusions
decotti (decotto): decoctions
rendere: to make
pelle: skin
tempi (tempo) antichi: ancient times
utilizzato (utilizzare): used (to use)
tranne: except
alimento: food
risale (risalire): dates back (to date back)
secolo: century
fu portato (portare): was brought (to bring)
regno: kingdom
consumato (consumare): eaten, consumed
    (to eat, to consume)
esportato: exported
abbondanza d'acqua: plenty of water
coltivazione: cultivation
si affermò (affermarsi): established itself
    (to establish itself)
settentrione: north

L'origine del risotto è molto modesta e **legata** alle tradizioni **contadine**. **Tuttavia** la sua preparazione è **abbastanza elaborata** e **prevede** trè **fasi** principali, ovvero il **soffritto**, la **tostatura** del **riso** e la **cottura**. Per il soffritto occorrono olio extra vergine d'oliva o **burro** e **cipolla tagliata finemente**.

La tostatura del riso: il riso più **adatto** ai risotti è il "superfino", che **deve essere aggiunto** al soffritto e continuamente **girato** con un **cucchiaio di legno finché non diventa** trasparente. La cottura avviene con l' **aggiunta di brodo**, un **mestolo** alla volta, fino a fine cottura, che **dura** circa 15–18 minuti. Il risotto **si serve ben caldo, aggiungendo** del **formaggio stagionato**.

Parlare del risotto **vuol dire conoscere** un pò la sua materia prima: il riso! Il riso è la pianta **cerealicola** più diffusa del **mondo. Se ne conoscono** infatti circa 120.000 varietà! Il riso è **nato** in Estremo **Oriente** e a causa del suo elevato costo, **veniva impiegato** in **piccole dosi. Era infatti ritenuto** un elemento raro.

Lo si usava come farmaco, sotto forma di **infusi** e di **decotti**, per malati di stomaco e di intestino, e anche come cosmetico, per **rendere** la **pelle** più morbida e luminosa. Insomma, nei **tempi antichi,** il riso veniva **utilizzato** per tutto **tranne** che come **alimento**. L'uso alimentare del riso **risale** infatti al XIV **secolo,** quando **fu portato** a Napoli dagli Aragonesi. Nel **regno** di Napoli il riso cominciò ad **essere consumato** in quantità sempre maggiori come alimento ed **esportato** in nord Italia, dove c'era **abbondanza d'acqua**, indispensabile per la sua **coltivazione**. Fu così che l'uso alimentare del riso **si affermò** soprattutto nel **settentrione**.

Fino al 1850, l'unica varietà di riso che veniva **coltivata** in Italia era il Nostrale. **In seguito**, **grazie ad** un missionario, furono **introdotte** altre 43 varietà. Il riso **si distingue** fondamentalmente in base alla **misura** e alle dimensioni dei suoi

chicchi: quelli **lavorati** in Europa, nella Cina del Nord e in Giappone sono **corti** e **tondeggianti**, mentre quelli che **provengono** dalle coltivazioni indiane e del sud-est asiatico sono più **stretti** e **affusolati**.

Appartiene a **quest'ultimo tipo** il **profumato** riso Basmati, che é caratterizzato da chicchi **allungati** e da un **piacevole** aroma di **nocciola** che conserva anche **dopo la cottura**. **Cresce** in India ai **piedi** dell'Himalaya ed è **conosciuto** e **diffuso** in tutto il mondo.

Una varietà molto **apprezzata** è il riso Jasmine, **bianco** e profumato, che **si serve** come contorno nella maggior parte dei piatti orientali. Da **ricordare** il riso Sushi, che, **ricoperto di amido** di **mais** e **sciroppo**, **viene appunto usato** nella preparazione del sushi giapponese. **Tende a diventare colloso** con la cottura. **Si sta sempre più diffondendo** sul **mercato** il riso parboiled, i cui chicchi, che rimangono **ben sgranati**, hanno la caratteristica di **non scuocere** e di essere **resistenti** alle alte cotture.

Grazie a queste sue caratteristiche, è indicato per la preparazione di **insalate**, di **piatti freddi** e di quelle ricette che **richiedono** che venga conservato cotto. Il riso viene classificato in base alla **lunghezza** del chicco, che **può essere** corto, medio e lungo e diviso in quattro diverse categorie merceologiche: **tondo**, fino, semifino e superfino. Sono categorie che **in nessun modo** rappresentano una scala qualitativa.

fino al: up to
coltivata (coltivare): cultivated (to cultivate)
in seguito: later
grazie ad: thanks to
introdotte (introdurre): introduced (to introduce)
si distingue (distinguersi): is differentiated (to differentiate)
misura: size
chicchi (chicco): grains
lavorati: processed
corti: short
tondeggianti: rounded
provengono (provenire): come from (to come from)
stretti: narrow
affusolati: tapered

appartiene (appartenere): belongs (to belong)
quest'ultimo tipo: the latter kind
profumato: fragrant
allungati: long
piacevole: pleasant
nocciola: hazelnut
dopo la cottura: after cooking
cresce (crescere): it grows (to grow)
piedi (piede): feet
conosciuto (conoscere): known (to know)
diffuso (diffondere): spread (to spread)

apprezzata (apprezzare): appreciated (to appreciate)
bianco: white
si serve (servirsi): is served (to serve)
ricordare: to be remembered
ricoperto di amido: covered with starch
mais: maize
sciroppo: syrup
viene appunto usato (usare): is precisely used (to use)
tende a diventare colloso: it tends to become glutinous
si sta sempre più diffondendo: used more and more often
mercato: market
ben sgranati: well separated
non scuocere: not to become overcooked
resistenti: resistant

insalate (insalata): salads
piatti freddi (piatto): cold dishes
richiedono (richiedere): require (to require)
lunghezza: length
può essere (potere): can be (can, to be able to)
tondo: round
in nessun modo: in no way

Prova la sua comprensione

Olio d'oliva, page 184

1. Olive oil is said to have what health benefit?

2. How are the olives harvested?

3. Why is this method preferred?

Il tiramisù, page 185

1. What was the first creation of tiramisu called?

2. The original recipe requires the use of what key ingredient?

3. In the recipe it tells you to mix the sugar with the egg yolks to obtain what consistency?

Cucina del nord e del sud, page 186

1. The article begins by stating what two differences in northern and southern Italian cooking?

2. Why was Caesar surprised to find butter on his asparagus?

3. What environmental difference effects the cooking in the north and south?

La pasta, page 188

1. What was found on the walls of the Etruscan tombs?

2. In 1279 what documentation about pasta is made?

3. At the Renaissance banquets what ingredient was used to season the pasta?

Test your comprehension

La storia della pizza, page 190

1. What word begin to appear in the Italian vocabulary in the year 1000?

2. Historical notes documented what kind of food?

3. How did pizza make it to the United States?

Gli italiani e l'antipasto, page 192

1. When do Italians meet to enjoy a true Italian meal?

2. What is the difference between *crostino* and *bruschetta*?

3. What decorations are used to make the trays of antipasto look nice?

Le braciole, page 197

1. Braciole is related to what tradition?

2. How can you keep the slices of meat together while cooking?

3. What is the traditional braciole of Naples?

Risotto: leggenda e storia, page 198

1. What are the three main phases in making risotto?

2. Rice was used to treat what ailments?

3. What aroma does Basmati rice have?

Risposte

Cultura

Caffè cultura, page 4 1. invite you for coffee 2. a very strong/concentrated coffee 3. You will receive your coffee in a glass. **Il mammone, page 6** 1. parents, children, grandparents, aunts, and uncles 2. 45% 3. scarcity of jobs, low wages, and high costs of living **Stereotipi: veri o falsi?, page 8** 1. romanticism, fashion, excessive gestures, being noisy, musical talents 2. the flag 3. spaghetti or pasta **L'oro di Napoli, page 10** 1. Greeks 2. pizza, spaghetti, ragu, mozzarella **La città eterna, page 12** 1. history and architecture 2. the enjoyable lifestyle **La cultura del vino, page 14** 1. the land of wine and vineyards 2. optimal climate and variety of the land/soil 3. Piemonte has big reds like Barolo and Barbaresco. Friuli has big whites that are elegant and aromatic. **Il passatempo nazionale, page 16** 1. England, 18th century 2. prints on pink paper 3. campanilistico, people only interested in their cause **La passeggiata, page 18** 1. piazza; the pulsating heart of the city 2. trades, fairs, markets, executions 3. playing cards

Viaggi

Le Cinque Terre, page 24 1. A strip of land that contains five villages 2. drystone walls 3. created the "via dell'amore" **Città d'arte e d'amore, page 25** 1. the story of Romeo and Juliet, architecture and art 2. Roman, Gothic, Medieval, and the Renaissance 3. the red marble fountain, the statue of Madonna Verona, the column of San Marco, and the statue of Leone **Vacanze ad Alghero, page 26** 1. Catalonia in Spain 2. relax on the beach, swim, sunbathe 3. Nuraghe, a stone dwelling **La città di Siena, page 28** 1. that you feel you have been transported to medieval times and the buildings are so well preserved 2. It is shaped like a shell. 3. game, wild boar sauce, *la ribollita* (pasta made by hand), cabbage and bean soup **Brindisi e San Teodoro, page 30** 1. a fishing competition 2. la Santa Messa; a fireworks show 3. The remains arrived wrapped in silver and gold, arranged in an arc, and the sides covered in silver. On the relic were scenes depicting the life of the saint. **Le colline umbre, page 32** 1. It doesn't have access to the sea. 2. Assisi 3. It is perched on a hill of olive trees, it has many fountains and piazzas and great buildings. **La costiera amalfitana, page 34** 1. fishermen and agriculture 2. paper, macaroni, mills 3. the conservatory of San Giuseppe and San Teresa where a liqueur called *il Concerto* is made **Venezia romantica, page 36** 1. crowds and high prices 2. a typical Venice tavern or bar 3. meatballs and mixed fried foods

Answers

Tradizione

Le maschere veneziane, page 44 1. They guaranteed people anonymity and the ability to forget the strong divisions of the people. 2. a cat 3. a small velvet mask with refined veils **Il presepe, page 45** 1. by hand 2. Christmas Eve 1223; daily life during the nativity 3. at church **Agriturismo, page 46** 1. The agriculture community (farming) went through a crisis and farmers abandoned their land to find work in the city. People started businesses to integrate cultivating and caring for the land with tourism. 2. The farmers' land is cared for and the traveler gets to experience and enjoy the food and rural lifestyle of Italy. 3. riding stables, swimming pools, tennis courts **Il Natale italiano, page 48** 1. colorful balls and lights 2. to eat and drink and play cards 3. fish **La Pasqua, page 52** 1. snow-white cows 2. the white dove of Easter 3. 20 minutes **Buon anno!, page 54** 1. You go to the window and throw bits of glass and kitchen objects to drive away the bad that has accumulated throughout the year. 2. to celebrate the arrival of the new year and to drive away bad spirits 3. lentils and grapes **Se mangi italiano, page 56** 1. five courses; antipasto, first dish, second dish, side dishes, dessert 2. polenta with black cuttlefish and bigoli pasta with sweet and sour sardine sauce 3. *la ribollita*, a Tuscan soup; pasta with porcini mushrooms; and panforte, a special cake made in Sienna **Le tradizioni di matrimonio, page 58** 1. In Northern Italy the wedding may be smaller and moderate. In Southern Italy the wedding may be large with hundreds of guests. 2. They are colorful. 3. He serenades her.

Celebrazione

La Festa della Repubblica, page 64 1. Fourth of July 2. 85 3. It affirms that the Italian Republic is a democratic society founded for the work and the sovereignty of the people. **Festa de la Madonna Bruna, page 65** 1. July 2. It starts at the Piccianello church and it ends at the piazzale del Duomo. **Autunno in festa, page 66** 1. mushrooms, chestnuts, pumpkins, meat, sausages, bread 2. basil; Liguria 3. The girls of the village crush the grapes with their bare feet. **Calendimaggio, page 68** 1. a spiritual capital of Italy 2. spring 3. the delivery of the key to the city; the mayor **Ferragosto, page 70** 1. a celebration in August (*Feriae Augusti*) 2. the beach, the sea 3. getting hit with a water balloon **C'era una volta a Gubbio, page 72** 1. wolves 2. wax candlesticks; a wooden structure **Festival di Spoleto, page 74** 1. Gian Carlo Menotti; to make the artistic worlds of Europe and America meet. 2. The exhibition "Sculture nella città" (Sculpture of the City) 3. towering over the train station **Il Palio, page 76** 1. six 2. three 3. Mass, "messa del Fantino"

Risposte

Biografia

La voce baciata da Dio, page 88 1. Ghirlandina Tower, Duomo, Piazza Grande, and the production of salami and parmesan 2. His father was an amateur singer in a choir and he passed on his passion for opera to Pavarotti. 3. Luciano Pavarotti, José Carreras, and Placido Domingo **Sofia Loren, page 89** 1. fourteen 2. Aida 3. Vittorio De Sica; *L' Oro di Napoli* **Marco Polo, page 90** 1. The precise date is not known; it is believed he was born around 1254. 2. Marco Polo's father and Kublai Khan 3. Christopher Columbus **Galileo Galilei, page 94** 1. the birth of modern science 2. He discovered the moons of Jupiter. 3. He proposed that the sun was the center of the universe. **Lucrezia Borgia, page 95** 1. seven children and three husbands 2. He makes her get married. 3. She is loved and respected by her subjects and her husband. **Caterina de Medici, page 96** 1. She was forced to marry young; her husband had a mistress, Diana de Poitiers. 2. gelato and sorbet 3. cutlery, specifically forks **Architetto italiana, page 98** 1. Guglielmo di Marsiglia, Andrea Del Sarto, and Michelangelo 2. A passage/bridge that connects the Uffizi with Palazzo Pitti. 3. *Delle vite de più eccellenti pittori, scultori ed architettori* **Leggenda vivente del calcio, page 99** 1. a knee injury 2. 27 goals in 56 games

Costume

Costume della cucina Italiana, page 108 1. remain sitting at the table 2. hot and frothy 3. An after-dinner drink such as a bottle of limoncello, grappa, or amaro. **Espressioni idiomatiche, page 110** 1. To touch the sky, to be happy because you have obtained something that you desired. 2. Toccare ferro 3. In bocca al lupo **Galateo degli affari, page 112** 1. seven seconds 2. present your credit card to pay for the meal 3. blue or gray 4. reassured and appreciated **Saluti e buone maniere, page 114** 1. enthusiasm and personality 2. "Le presento…" 3. use the term "signora" 4. a tray of sweets bought at a bakery **Gesti Italiani, page 118** 1. Raise your index and middle finger with the palm facing out. 2. veni qui (come here) 3. perfetto (perfect)

Le Arti

La musica folk italiana, page 124 1. the instruments and the dances 2. fast 3. Tarantola (tarantula); part of the dance is related to the bite of the spider and the convulsive dance movements **Strumenti musicali italiani, page 125** 1. a smooth shape that reminds people of a goose without a head 2. pipes inserted in a leather bottle and function with an air tank 3. bamboo and animal skin **La letteratura italiana, page 126** 1. Latin 2. the arrogance of his thoughts, vividness, fluidity of his verse and his imagination 3. hell, purgatory, and paradise **Paese di cantanti e poeti, page 128** 1. the evolving country, the artistic literary movement, and historical changes 2. the house of Count Bardi; to create something where they could merge theatre and music – the operatta was born 3. easy listening **Liscio e balere, page 130** 1. Because of the way the dancers drag their feet across the floor, in a smooth manner 2. Secondo Casadei 3. older people, adults **Musei di Roma, page 132** 1. Capitoline Museum 2. surgical instruments, anatomical models, accessories used in medicine and pharmacies 3. La Crypta dei Cappuccini; a cemetery **L'arte del mosaico, page 135** 1. "musa" or decoration 2. marble, precious stones, onyx 3. The Basilica San Vitale in Ravenna **Sculture italiane, page 138** 1. 1501 and 1504 2. a white marble statue made by Michelangelo; the San Pietro Basilica, in the Vatican 3. a statue that represents an athlete throwing the discus; it has been lost

Answers

Storia

Gli stemmi, page 146 1. the shield   2. the king; nobility   **Il tricolore, page 147** 1. The stripes went from horizontal to vertical and the color green became the first color.   2. Green represents the Italian meadows, white represents snow, and red represents the blood from war.   3. justice, equality, and fraternity (brotherhood)   **La reggia di Caserta, page 148** 1. Versailles   2. rich with woods, at the foot of Mount Tifatini 3. 1,200   **Monumenti italiani famosi, page 150** 1. Flavio Amphitheater   2. a white monument constructed out of limestone with towers in the center of Piazza Venezia   3. It became the tomb of the unknown soldier, the burial site of a soldier who died during The First World War.   **Imperatore di Roma, page 152** 1. ambitious and unscrupulous   2. pensions, abolition of expensive gladiator shows, cut lawyer fees, abolition of taxes on goods   3. He ran back to Rome to check on the people and to organize a rescue.   **La Torre di Pisa, page 155** 1. a bell tower 2. soft clay   **Personaggi famosi nella storia, page 156** 1. China   2. a famous Italian painter and sculptor 3. Botticelli   **L'epoca del Rinascimento, page 158** 1. The Age of Enlightenment   2. space, play of shadow and light, and the use of color in a new/innovative way   3. the keyboard

Geografia

I mari d'Italia, page 166 1. Europe, Asia, and Africa   2. spring and summer months; because of the nice climate   3. the islands Istria and Dalmazia on the eastern coast   **Il fiume più lungo, page 168** 1. Eridanio; river that runs toward the sea   2. Ticino   3. a flood; 38 towns were flooded and 100 people lost their lives   **Isole italiane, page 172** 1. Sicily   2. Sardinia   3. about 8 miles   **Le spiagge italiane, page 174** 1. awards given to the cleanest beaches   2. bird watching   3. lined with high cliffs, beaches have pebbles and gravel rather than sand   **L'Italia delle grotte, page 176** 1. la Grotta Gigante in Friuli   2. It is historically significant because of archeological findings and studies being conducted there.   3. stalagmites shaped like the leaning tower of Pisa   4. You can enter only by boat.   **Laghi italiani, page 178** 1. Lago di Garda and Benaco   2. Borromee, an island that is a tourist destination   3. an upside down "Y"   4. olive trees, orchards, and vineyards

Gastronomia

Olio d'oliva, page 184 1. to fight/lower cholesterol   2. by hand 3. creates little waste, it avoids causing damage, and you can better tell if the olives are mature/ripe   **Il tiramisù, page 185** 1. "zuppa del Granduca"   2. lady fingers   3. smooth and frothy   **Cucina del nord e del sud, page 186** 1. The south cooks with oil and the north cooks with butter.   2. Because in Rome, butter was used as an ointment, not as a seasoning.   3. the climate   **La pasta, page 188** 1. paintings of kitchenwares and rolling pins similar to the ones used for the preparation of stuffed pasta   2. a bowl full of macaroni   3. sugar   **La storia della pizza, page 190** 1. picea   2. calzone, a thin pastry that is rolled up and stuffed with tomato and shaped like a half moon 3. Gennaro Lombardi opened the first pizzeria in New York City in 1905.   **Gli italiani e l'antipasto, page 192** 1. Sundays or holidays   2. Bruschetta is a slice of toasted bread with fresh tomatoes, oil, and garlic. Crostino is a slice of bread with different types of pâté.   3. basil and parsley, salami, or prosciutto rolled into the shape of flowers; sauces used to create artistic lines and circles   **Le braciole, page 197** 1. Sunday is the only day you are allowed to eat meat.   2. use a toothpick or string   3. with a white sauce and swordfish   **Risotto: leggenda e storia, page 198** 1. frying, toasting, cooking   2. stomach problems and to make the skin luminous   3. a pleasant aroma of hazelnuts

Audio Recordings

Recordings of the following twenty-four passages are available via the online and mobile McGraw-Hill Education Language Lab app (see page iv for details).

22267.5

Il Galateo
libro de regole per
comportarsi

macchino – left handed
in scriveva al contrario
libro di schizzi